춘추 시대

KB106915

흉노(匈奴)

연(燕)

무종(無終)

제(齊)

기(杞)

거(莒)

담(郯)

서(徐)

오(吳)

회계(會稽)

구(郚)

월(越)

노(魯)

송(宋)

주(邾)

진(陳)

채(蔡)

황(黃)

조(曹)

위(衛)

정(鄭)

신(申)

수(隨)

등(鄧)

영(郢)

조(趙)

중산(中山)

진(晉)

제(齊)

한단(邯鄲)

초(楚)

진(秦)

임호(林胡)

여(黎)

이석(離石)

평양(平陽)

곡옥(曲沃)

안읍(安邑)

낙양(洛陽)

상(商)

의거(義渠)

옹(雍)

함양(咸陽)

무도(武都)

파(巴)

촉(蜀)

임조(臨洮)

개정판

사기
서

史記書

개정판

사기서 史記書

사마천 지음 김원중 옮김

민음사

필자가『사기』번역 작업에 매진한 지 어언 20년 가까운 세월이 흘렀다.『사기 서』가 민음사에서 나온 지도 벌써 4년이 넘었다. 다른 편들과 달리, 이 책은 여덟 편의 짧은 분량에도 불구하고 고대 중국의 예악과 제도, 과학, 치수治水 등과 전장·제도典章制度에 대해 치밀한 논리로 전개하고 있어 사마천의 예리한 안목이 돋보이는 명문장들이라고 평가되어 왔다.

이 책은 사마천 자신이 추구하는 이상적인 정치 질서를 다룬 「예서禮書」와 「악서樂書」, 정치 상황을 전쟁과 연관시켜 다룬 「율서律書」와 「역서曆書」, 사회 변혁과 개혁의 밑그림을 그리고 있는 「천관서天官書」와 「봉선서封禪書」, 치수와 경제의 문제를 다룬 「하거서河渠書」와 「평준서平準書」 등 모두 여덟 편으로 이루어져 있다. 각 두 편씩 짝을 이루고 있으며, 사마천이 「태사공 자서太史公自序」에서 피력한 대로 고금古今을 두루 아우르면서 당대 사회에 대한 날카로운 비판의 잣대를 들이대는 한편 자신이 추구한 이상 세계가 무엇인지 분명히 드러내고 있다.

그러므로 여기에서 다루어진 내용들은 무겁고 논조도 가라앉아 있어, 『사기』의 본기, 세가, 열전에서 나타나는 것 같은 극적인 장면들은 거의 없어 무미건조해 보이는 것이 사실이다. 그러나 사마천이 단어 하나하나 공을 들여 치밀하게 쓴 만큼, 찬찬히 읽을수록 『사기』의 다른 편들과 다른 글맛을 느낄 수 있다. 『사기 서』에서 논의되고 있는 내용들은 당시 천하를 다스리는 데 필요한 것이 무엇인지에 관한 것들이라서 오늘날 우리 현실에도 여전히 참조할 만한 가치가 있다. 모쪼록 공부하듯 천천히 읽어 보길 바란다.

이번 개정 작업을 하면서 필자는 사마천이 역사적 인물에 대한 평가 작업 못지않게 국가의 주요 경영 사안에 대해 철저히 인식하고 있었다는 점이 놀라웠다. 아무리 시대가 변하더라도 기본적인 문제는 영원히 바뀌지 않는다는 것을 보여 주는 것이 아닌가.

이번 개정 작업의 방향도 얼마 전에 출간된 『사기 본기』의 방향과 크게 다르지 않다. 다만 『사기 서』는 『사기 본기』, 『사기 열전』, 『사기 세가』 등과 내용상 관련된 정도가 덜하므로 다른 편들과 번역을 통일해야 할 일은 그다지 많지 않았다. 『사기』 전체의 맥락에서 용어의 미묘한 차이들을 찾아내 어감을 살리고, 해제와 각주를 손보아 원전의 의미에 보다 충실하게 하려고 노력했다.

최선을 다했지만 이번 개정 작업으로도 『사기 서』가 완벽하게 복원되었으리라고는 생각하지 않는다. 현명한 독자들의 판단을 기다릴 뿐이다.

　『사기』 완간이라는 대작업을 성원해 주시고 늘 동양 고전의 절대적 가치와 힘을 말씀해 주시는 민음사 박맹호 회장님께 깊이 감사드린다. 아울러 늘 나의 작업을 지지해 주는 『사기』 애독자들께도 깊이 감사드린다.

2015년 10월

김원중

역사를 안다는 것은 인생을 두 배로 사는 것과 같다는 말이 있다. 역사는 반복되고 역사 속의 인물은 거듭해서 등장하며, 오늘을 사는 우리에게 삶의 방향을 제시해 준다. 거세당한 채 살아가는 고통 속에서 인간의 본질을 꿰뚫어 본 사마천은 『사기』 전편에서 인간학의 교과서로 불릴 만큼 수많은 인물군을 역사 속으로 끌어들였다. 그는 이 책에서 냉정한 역사의 잣대로 인물을 재단하거나 서릿발 같은 말로 단죄하는가 하면 때로는 감성적인 언어로 인물을 감싸며 인간 그 자체를 탐색해 나간다. 치열하게 살다 간 인물들의 실패와 성공, 좌절과 재기를 다룬 그는 자객과 상인, 모사가, 골계가, 풍자가 등 역사의 뒤안길로 사라질 뻔한 인물들을 역사의 전면으로 끌어내면서 승자와 패자는 언제나 공존한다는 사실, 나아가 성공과 실패 사이의 간극은 그리 크지 않다는 것을 보여 준다. 그러기에 우리는 삶이 힘들 때 역사 속의 해당 인물들을 떠올리면서 그들의 삶과 자신의 삶을 동일시하며 정신적 위안을 찾기도 하는 것이다. 강자만이 살아남는 정글의 법칙에서 헤어나지 못하는 한 우리의 삶은 거칠고 메마른 것이 될 수

밖에 없다. 그러나 궁형을 받은 사마천이 『사기』를 통해 역사 속에서 재기했듯이, 우리도 승자와 패자, 성공과 실패라는 이분법에서 벗어나 양자 사이의 경계에서 진리를 찾을 필요가 있지 않을까?

사마천이라는 사성史聖을 만나 그의 대작을 한글로 복원하는 일에 매진하여 16년의 세월이 지나는 동안, 나 역시 난해한 『사기』의 문장에 휘둘리면서 끝도 모를 번민과 고뇌에 휘감기곤 했고 가장 난해하기로 정평이 나 있는 이 서書 부분에서는 더욱 그러했다. 그러나 나의 역량을 헤아리지 않고 『사기』 전편 완역에 감히 도전한 이유는 단 하나였다. 사마천이 쓴 이 글이 2000여 년의 시간이 흐른 지금의 시점에서도 여전히 우리 삶에 유효하다는 확고한 믿음 때문이었다.

어찌 보면 『사기』 전편을 완역했다는 것만으로 다 끝난 것은 아닐 것이다. 그저 사마천과 독자 사이의 거리를 조금 좁혀 놓은 것에 지나지 않는 일이리라. 진정으로 사마천 글의 행간을 하나하나 읽어 가면서 그의 내면세계로 들어가 역사의 숨결을 느끼는 것은 결국 독자들의 몫이기 때문이다.

불광불급不狂不及미치지 않으면 이루어지는 일은 없는 법이라고 했다.

지금 마지막 교정지의 색인 목록을 점검하면서 나는, 열 평 남짓한 내 공간에서 조교 한 명 없이 홀로 해 나가는 이 작업이 앞으로도 계속 정진해야 할 행복한 길임을 다시 한 번 되새긴다. 주말과 방학을 거의 반납해 버리고 연구실이나 도서관으로 향하는 나를 이해

해 준 가족들의 성원이 없었다면 작업은 도중에 그만두어졌을지도 모를 일이다. 그러니 이 작업의 진정한 조력자들은 가족들인 셈이다. 아울러 내가 이 『사기』 완역에 정진하도록 격려해 준 애독자들께 진심으로 감사드린다. 마음이 담긴 전화나 이메일을 통해 북돋아 주고 눈에 띄는 오자를 지적해 주거나 정성 어린 비판과 조언을 해 주는 이 시대의 『사기』 애독자들이야말로 내가 작업에 힘이 부칠 때 큰 용기를 불어넣어 준 제2의 조력자들이다. 특히 이번 작업 과정에서 무엇보다도 나의 작업에 무한한 신뢰를 보내 준 민음사 박맹호 회장님께 깊은 감사의 말씀을 드린다.

오늘이 가면 내일이 오고, 내일이 가면 역사가 된다.

2011년 9월
반야산 기슭의 연구실에서
김원중 적다

팔서 명칭의 유래와 사상적 맥락

서는 『사기』 중에서도 어렵기로 정평이 나 있는 부분으로 예악, 제도, 과학, 민생, 치수 등과 같은 전장·제도典章制度를 이론적·역사적으로 기록하고 있어 제도사의 성격을 갖는다. 즉 『사기 서』 여덟 편은 사마천의 학문적 입장과 사마천이 주목한 제도와 사상, 이상과 현실, 그리고 변혁과 민생 문제 등을 보여 주는 명편들로서 상당히 중요한 학술적 의미를 갖는다.[1]

'팔서八書'라는 명칭의 유래에 대해 살펴보면 대체로 다음과 같은 측면에서 거론된다. 우선 청 대淸代의 왕명성王鳴盛은 『사기 서』가 "『예기禮記』, 『대대예기戴大禮記』, 『순자荀子』, 가의賈誼의 『신서新

---

1 『사기 서』는 『사기』의 척추에 해당되는 부분으로 그 중요성은 대단하지만, 이에 대한 연구는 그리 많이 이루어지지 않았다. 지금까지 발표된 연구 성과는 대부분 전장·제도를 중심으로 전개되어 있으며, 문화사적 시각에서 접근한 것은 상대적으로 적은 편이다. 사실상 '예禮', '악樂', '율律', '력曆', '천관天官', '봉선封禪', '하거河渠', '평준平準'이라는 여덟 방면에 대한 연구는 적어도 문화사의 방면에서 이루어져야 할 성질의 것이지만 말이다.

書』등의 책들을 채록하여 지은 것이다."『십칠사상각十七史商権』「팔서소본
八書所本」라고 하면서 이 책에 수록된 내용이 기존 서적들의 해당 부
분과 상당한 관련이 있음을 밝혔다. 이에 따르면 국가의 정치는 천
天, 지地, 춘春, 하夏, 추秋, 동冬 등 육관六官에 의해 주재되니, 천관天
官이란 나라의 다스림을 장악하며 모든 관리를 총괄하는 업무를 갖
는다. 지관地官은 사도를 지칭하는데 백성들의 교육 업무 및 관리 업
무를 맡는다. 춘관春官은 종백宗伯을 지칭하는데 나라의 예를 관장
하며 종교와 문화 사업을 주관한다. 하관夏官은 사마司馬를 지칭하
는데 나라의 정치, 제후와 군대 및 오랑캐 평정 등을 관장한다. 추관
秋官은 사구司寇를 지칭하는데 나라의 금령을 주관하니 형벌과 송사
를 주관한다. 동관冬官은 사공司工을 지칭하는데 모든 공인工人들의
일을 주관한다. 이 육관들이 주관하는 권한 내에는 적지 않은 여덟
방면의 정무가 있다. 예컨대 천관에는 관청을 다스리는 '팔법八法'과
도성을 다스리는 '팔칙八則', 군신들을 제어하는 '팔병八柄'과 백성을
다스리는 '팔통八統'이 있는 것이다.

　다른 견해로는 서를 여덟 편으로 한 것이 『상서尙書』의 '팔정八政'
편에서 비롯되었다고 보는 시각²이 있는데 이 또한 타당성이 있다. 사

2　사학자 범문란范文瀾은 팔서의 명칭이 『상서』에 근본을 두고 있다고 하였으며 저명한
『사기』 연구자인 장대가張大可 역시 이 견해에 찬성하였다.

마천은 팔정 중에서 식食, 화貨, 사祀, 빈賓, 사師를 평준平準, 예禮, 병兵, 봉선封禪 등 네 부문으로 나누고, 팔정의 사공司空, 사도司徒, 사구司寇 등 세 부문을 악樂, 천관天官, 역曆, 하거河渠 등 네 부문으로 나누어 '팔서'를 만들었다는 것이다. 그러나 『상서』의 팔정과 사마천의 팔서는 그 시대적 상황의 차이로 말미암아 성격상 상당히 큰 차이점을 갖고 있다. 팔정은 서주 시기에 쓰였는데 이때는 먹고사는 문제가 핵심 과제였기에 농업을 우선시하고 먹는 문제를 근본으로 삼았다. 치국의 근본으로서 농사짓는 일이 가장 중요한 것인 셈이다. 그리하여 『상서』에서 말하는 팔정은 '식'과 '화'를 최우선시하고 있으며, '사祀'는 세 번째 위치에 두고 '사師'를 맨 마지막에 두었으니 사마천 시대와는 그 우선순위 면에서 적지 않은 차이를 보인다. 그럼에도 팔서가 분명 팔정과 밀접한 관계가 있음을 부인할 수는 없다. 특히 민생 문제에 주목하여 천하의 다스림을 밝혀 보고자 한 사마천의 경제 우선주의적 면모와 의도는 시대적 맥락을 고려하더라도 대단히 소중한 의미를 지니고 있기 때문이다.

또 다른 관점으로 이 '팔서'의 명칭이 『주역周易』의 팔괘八卦에서 착안하여 삼라만상의 제 문제를 여덟 가지로 압축하여 그려 내고자 한 데서 왔다는 견해도 설득력이 있다. 이는 사마천이 한 무제 때 태사령太史令에 임명되면서 황로 사상을 받들고 당대의 저명한 지식인들에게 천문학과 『주역』 및 음양의 원리 등을 배운 학문 역정과도 상당 부분 연관된다. 사마천은 열 살 때 아버지 사마담을 따라 수도인 장안長安에 와서 당시 경학대사인 동중서董仲舒와 공안국孔安國에게 고문을 배웠고, 아버지가 죽은 후 3년이 지나 무제 원봉元封 3년기원 전 108년에 태사령이 되어 무제를 시중하면서 천제天帝에 제사 드리는 봉선封禪에 참여하기도 하고 역법을 개정하기도 하였는데 이러한 경험들이 중요한 집필의 근거로 작용했다.

팔서에 드러나는 주도적 사상은 사마천이 『사기』를 집필한 취지와 도 연결된다. 「태사공 자서太史公自序」에서도 밝히고 있듯이 사마천의 사상이 총체적으로 보면 황로 도가 사상에 속한다는 것은 널리 인정되는 바다. 사마천이 말하는 도道는 노자의 도를 발전시킨 것인데, 이는 국가의 흥망과 성쇠와 연관된다. 사마천이 말하는 '왕도王道', 즉 제왕의 '도'는 「소 상국 세가蕭相國世家」에도 나온 바와 같이, 국가는 아무 일도 없이 편안하며 백성은 편안하게 살면서 일을 즐거워하는 그러한 다스림을 말한다. 사마천이 말하는 무위의 정치관은 곧 그의 사상이며 '무불위無不爲', 즉 '하지 않음이 없는' 정치 이상은 바로 진나라 말기부터 한나라 초기에 유행된 하나의 사상 조류이기도 하다. 사마천은 한나라 초기에 사회의 발전을 주도하는 데에는 황로 도가가 유리하다고 보았으며 아울러 사회가 요구하는 것도 이러한 사상임을 증명하고자 한 것이다.

그렇다면 사마천이 팔서의 첫머리에서 '예'를 존중한 것은 어떤 맥락을 지니고 있는가? 사마천의 사상적 궤적이 분명 도가 계열이기는 하나 유가에서 말하는 '예'의 가치를 부정하지는 않았고, 오히려 신상 필벌과 개혁 사상이 강한 법가류를 예로써 비판하고자 한 의도가 상당 부분 작용되었을 것이다. 사실 사마천이 황로를 숭상하고 『주역』과 『예기』를 존중한 데에는 가학家學이 그 근저에 자리 잡고 있다. 사마천은 그의 아버지 사마담의 뜻을 계승하였는데 그가 쓴 「논육가요지論六家要志」라는 글에서도 음양가를 첫머리에 두고 도가로써 끝맺은 데서 그의 가학의 밑바닥에 자리 잡힌 도가적 성향을 충분히 알 수 있다. 사마천의 삶은 한 무제의 통치 시기와 상당 부분 겹치지만, 고후高后와 문제文帝와 경제景帝 등의 '무위이치'의 정치적 분위기를 함께 받아들였다. 쇠락한 진나라의 피폐함을 이어받아 경제적으로 궁핍했던 한 고조유방 시기를 극복한 문제와 경제는 사마천이 추구한 정치의 이상이기도 했다. 그에 반해, 「혹리 열전酷吏列傳」에도 나와 있듯이 사마천은 한 무제가 혹리를 임용하고 중앙 집권을 강화하면서 오히려 경제적 문제가 심화되었다는 점을 드러내고자 했다.

『사기 서』는 모두 여덟 편인데 각기 두 편씩 짝을 이루고 있다. 우선 첫 부분인 「예서禮書」와 「악서樂書」는 사마천이 추구하는 이상적인 정치 질서를 다룬 것이고, 「율서律書」와 「역서曆書」는 전쟁을 둘러

싸고 벌어지는 정치 현실을 거론한 것이며, 「천관서天官書」와 「봉선서封禪書」는 사마천이 추구하는 변화와 개혁의 문제를 짚어 낸 것이고, 「하거서河渠書」와 「평준서平準書」는 치수와 경제라는 민생 문제를 거론한 것이다. 이런 구분의 근저에는 위로는 사계절과 여덟 방위라는 천하의 기강에 부합되고 아래로는 옛날과 오늘의 시대적 변용에 맞추고자 한 의도가 담겨 있다.

이런 점을 염두에 두고 간단히 이 여덟 편의 의미를 탐색하기로 한다.

제국의 이상적인 질서 확립을 위한 이념적·제도적 문제를 제시하다: 「예서」와 「악서」

중대한 문화 권력이라고 해도 과언이 아닌 예악禮樂은 유가 정치 윤리 사상의 핵심이다. 예가 인간의 성정을 융합하는 데 중점을 두었다면, 악은 엄숙한 종법과 등급에 중점을 두었다. 이 둘은 상보적인 관계로서 모두 상하의 관계를 조율하고 종법 사회를 유지하는 초석이다.

사마천은 "예는 사람의 성품에 근거하여 수식을 더하고 대략 고금古今의 변화에 어울리게 하는 것"「태사공 자서」이라고 하면서 「예서」를 쓴 목적을 밝혔다. 여기에서도 드러나듯이 사마천은 기본적으로 자신의 사상의 핵인 황로 사상에 입각한 무위無爲의 다스림을 강조했다. 이는 한 무제의 대통일 정책의 일환으로 제왕 중심의 통치 질서 체계를 확립하려는 현실적 측면과 관련되며 유가에서 말하는 예악의 개념과는 상당히 차이가 있다. 사마천은 예란 왕도와 통하며 인륜의 버팀목이 된다고 생각했으니, 인간의 행위를 인도하는 모든 사회 활동의 공동 규범이며 아울러 나라를 다스리고 천하를 평정하는 수단이 된다는 것이다.

사마천은 예의 질서 체계로 회복하는 것을 중요하게 여겼고, 백성들을 강제된 법으로 다스리는 자는 예의 제도를 벗어난 행위로써 스로 멸망에 이르게 될 것임을 경고했다. 사마천은 황로 사상을 숭상하여 무위의 다스림을 찬양했고 법가에 대해서는 인륜의 질서를 어그러뜨린다고 보아 결과적으로 엄격하기만 하고 은혜가 결핍된 것이라고 비판했으니 한때의 계책으로는 쓸 만하지만 오랫동안 사용할 수는 없다고 본 것이다. 진 왕조가 세워진 이후에도 여전히 법가에 의존하고 예로 다스리지 않아 결과적으로 13년 만에 멸망한 것도 한 사례다. 『사기 열전』에서 사마천이 한비韓非에 대해 각박하고 정이 없다고 표현한 것이나, 효공을 도와 변법을 단행한 상앙商鞅에 대해서도 각박하다는 평가를 내린 것, 「혹리 열전」에서 노자의 말을 인용해 상덕上德의 개념을 동원하여 특별히 『주례周禮』의 시대를 숭상하고 인성에 바탕을 둔 예의의 문제를 중시한 것도 동일한 맥락이다. 그들의 공을 일정 부분 인정하면서도 인간적인 면을 홀시한 점을 비판하고 있는 것이다.

그리하여 사마천은 「예서」의 첫머리에서 "(예가) 천하의 인심을 통일하고 모든 백성을 다스린다."라고 하면서 예가 만물을 주재하고 백성들과 신하들을 다스릴 수 있다고 보고 치국의 방법으로 예의를 주창했다. 그는 하·상·주 삼대의 예의 증감을 고찰하여 예라는 것이 감정의 산물임을 인식하고 인성에 부합하는 기준임을 알았다. 그는 사람을 다스리는 원칙은 수만 가지가 있지만 예의 제도야말로 백성을 올바르게 인도하는 가장 유효한 수단이라고 생각했다.

「예서」와 짝을 이루는 「악서」는 '악樂'의 문제를 중점적으로 다루고 있다. 사마천은 「태사공 자서」에서 "음악이란 풍속을 옮기고 바꾸는 것이다. …… 사람의 정감이 느끼는 것은 다 같아 (음악을 사용하면) 풍속이 다른 먼 곳의 사람들도 이에 따른다."라고 했듯이 음악과 정치의 밀접한 관계에 근거하여 중국의 '악'의 제도사를 서술한다. 예는 사람의 겉모습에서 생겨나는 것이고 악은 사람의 마음속에서 생겨나는 것으로서 바른 교화는 모두 악에서 시작되며 악이 바르면 인간의 행동도 바르게 된다는 것이다. 사마천은 유가를 국가의 통치 이념으로 설정하고 법가적 체제를 겸비하고 있는 한 무제의 치도를 의도적으로 반영하면서 후자의 것을 버리고 국가의 제도의 기본 축의 하나로 '악'의 문제를 다룬다.

음양의 원리는 대자연의 조화이며, 이는 마치 사회에 인의와 예악이 있는 것과 같다. 질서가 파괴되면 예악도 붕괴된다. 이 편에서 공자가 노나라의 집정을 풍자한 다섯 편의 이야기들은 결국은 악이 바르게 되어야만 정치도 잘된다는 것을 의미한다. 군자는 겸양으로써 예를 삼고 절제로써 악을 삼는다. 좋은 음악이란 사람을 바른 데로 이끌며 사악한 것을 버리게 만드는 무한한 힘이 있다는 것이 사마천의 생각이다.

사마천은 단순히 당대의 현실 사회에 대한 비판을 제기하는 것뿐 아니라, 예악의 시대를 회복하자는 취지에서 「예서」와 「악서」 편을 통해 올바른 정치의 도리를 제대로 밝혀내고자 한 이상주의자였던 것이다.

한 무제의 전쟁관을 풍자하고 역법 개혁에 대해 비판하다: 「율서」와 「역서」

사마천은 전쟁이란 폭력을 제압하고 선량함을 구축하는 도구로서 나라를 일으키게 할 수도 있고 나라를 멸망하게 할 수도 있다고 보았다. 중요한 점은 전쟁이란 명분이 있어야 하니 정의에 입각해야 하며 부도덕하거나 하늘의 이치를 거스르는 전쟁을 해서는 안 된다는 것이다. 당시 무제는 대외적으로 전쟁에 온 힘을 기울인 탓에 국가와 백성에 해를 끼쳐, 나라의 국고는 피폐해지고 호구 수는 절반으로 감소한 상태였다. 사마천이 보기에 강성했던 전한 시대가 한 무제 때부터 쇠퇴의 길로 접어든 것은 바로 무분별한 군사력 확장 때문이었다.

이런 문제를 다루고자 지은 「율서」는 중국 고대 군사학의 성취를 다루고 있는 중요한 편이다. 이 편의 전반부에서 사마천이 한 문제漢文帝가 문치를 중시하고 무위의 다스림을 국가 정책으로 삼은 것에 빗대 한 무제의 무치를 비판하고자 한 의도를 충분히 엿볼 수 있다. 사마천은 「율서」의 첫머리에서 "전쟁이란 성인이 난폭한 자를 토벌하고 난세를 평정하며 장애가 되는 세력을 없애고 위태로움에서 구하는 것이다."라고 하면서 그 구체적인 근거를 "옛날에 황제가 탁록의 전쟁에서 염제의 재앙을 평정했고 전욱은 공공과 싸워 수해를 없앴으며, 성탕은 [걸왕을] 남소로 쫓아내어 하 왕조의 어지러움을 평정했다. 흥함과 망함은 번갈아 일어나는데, 이긴 자가 권력을 잡는 것은 하늘의 명을 받아야 하는 것이다."라고 하였으니, 이는 바로 전쟁의 효용과 사람의 덕행의 상관성을 밝히고자 한 예다. 즉 하·상·주 삼대는 무로써 흥성했으나 걸주는 무로써 멸망했으니 '무'를 어떻게 사용하는가의 문제가 대단히 중요하다고 본 것이다. 그러기에 사마천은 「평진후·주보 열전平津侯主父列傳」에서도 "나라가 크더라도 싸움을 좋아하면 반드시 멸망한다."라는 경구로써 한 무제의 전쟁 방식을 비판했으며, 정의와 명분에 바탕을 둔 전쟁은 지지하면서도 민생을 고려하지 않는 정벌 정치에 대해서는 언제나 단호한 반대 입장을 드러냈다. 더욱이 한나라 초기에는 진나라의 폐단이 이어져 매우 곤궁했으나 문제와 경제景帝를 거치면서 천하는 부유하게 되어 덕치가 행해졌고 비로소 안정을 찾게 되었으니, 오로지 덕으로써 백성들을 교화하면 나라가 풍성하고 예의가 일어나게 된다는 것이다. 사마천은 물론 무제를 직접적으로 진시황과 비교하지는 않았다. 그러나 행간을 읽어 보면 그가 한 무제의 정치 스타일에 대해 비판적 입장을 가지고 있다는 점이 분명하다.

그런데 유감스럽게도 이 편의 후반부는 위작의 소지가 있다. 이 편 중간의 "태사공은 말한다." 부분을 기점으로 전·후반부를 나눌 수 있는데 후반부는 팔방, 팔풍, 이십팔수, 십이월, 십이율, 십이자, 십모 사이의 대응 관계 등을 다루고 있어 군사 관련 내용이라기보다는 오히려 「천관서」의 내용과 연관성이 깊다.

한편 「역서」를 보면 역법曆法이란 음양과 오행의 운행 원칙에서 나온 것으로 천문학에서 중요한 부분을 차지한다. 이는 농사와도 관련되며 전쟁을 일으키는 등 군사 작전에도 두루 운용되었고, 왕조의 흥망과 성쇠를 점치거나 국가에서 발생하는 중대한 사건을 예측하는 데 쓰이기도 했다. 사마천은 「태사공 자서」에서 "악률은 음陰에 입각하여 양陽을 다스리고, 역법은 양에 입각하여 음을 다스린다. 율력과 역법이 서로 다스리므로 그 사이에 조그만 틈도 허락하지 않는다."라고 했는데, 이 말은 한 무제 때에 태초력으로 바꾸려는 시도를 빗댄 것이다. 태초력이란 무제의 개원改元의 필요에 영합하기 위하여 만든 것으로, 결국 역법의 주기에도 맞지 않아 27년 동안 운용하다가 한나라 소제에 의해서 폐기되고 그 일을 주창한 등평鄧平이라는 자는 하옥되었으니 태생적으로 문제점이 도사리고 있었다. 이 「역서」에서 사마천은 등평이라는 사람의 구체적인 면모나 태초력 문제를 직접적으로 다루지는 않는다. 대신 그는 자신의 관점, 즉 천하의 도가 있고 그 원칙은 바뀌지 않아야 한다는 논법을 「역서」의 첫머리에서 "왕이 된 자가 성을 바꾸고 〔하늘의〕 명을 받으면 반드시 〔건국의〕 초석을 닦는 데 신중하여야만 하며 정삭의 역법을 고치고 복식의 색깔을 바꾸며, 하늘의 원기의 법칙을 살펴 그 뜻을 순수하게 따른다."라는 말로 밝히면서, 한 무제가 개인의 사욕 추구를 위해 치밀하지 않게 역법을 개혁하려고 하고 민생을 돌보지 않은 것을 비판하고자 했다. 사마천은 역법이 도덕과 상관관계가 밀접하며, 연호를 바꾸고 역법을 제정할 때에는 국가의 운명도 함께 고려해야 한다는 사실을 분명하게 말하고 있는 것이다.

하늘의 형상과 인간사를 빌려 변혁을 추구하다:
「천관서」와 「봉선서」

중국에서 가장 빠른 천문의 역사인 「천관서」는 사마천의 역학易
學과 황로 사상을 유기적으로 반영한 것이다. 이 편에서 사마천은 변
혁을 추구하려는 의도를 드러내면서 천도天道와 덕정德政이라는 개
념을 논의의 핵심으로 다룬다. 즉 덕을 닦고 형벌을 줄여야 한다는
것이 그의 기본적 생각이기에 '수덕修德'이 최상이고 '수정修政'은 그
아래 단계에 속한다는 것이다.

『사기』 전체에서 가장 긴 편에 속하는 「천관서」는 전체 8107자에
서 논찬 부분이 1111자이고 6896자가 점술에 관한 내용이다. 이 편
의 중반부에서 사마천은 "무릇 천운은 30년에 한 번 작게 변하고,
100년이 지나면 중간쯤 변하며 500년에 한 번 큰 변화가 있다."라고
하면서, '변화(變)'의 문제를 추적했음을 밝혔는데 바로 주공이 죽은
다음 공자에 이르는 기간과 다시 공자에서 사마천 자신에 이르는 기
간이 거의 500년이라는 계산법이다. 이 시기는 예악이 붕괴하고 왕
도가 쇠락하면서 다양한 자연재해가 일어나고 천하의 패권을 위해
군웅들이 다투던 시대였다.

천상의 조짐으로 인간의 문제를 예견하고 일식의 문제를 덕치와
인정으로 연관시켰으니, 천상의 변화에 따라 끊임없이 정책을 변화

시키고 조정해야만 비로소 아무런 탈이 없게 될 것이며 그러지 않으면 상상하기 어려운 재난이 닥친다고 사마천은 생각했다. 특히 사마천이 수덕과 감형을 제시하면서 덕성이 있어야만 나라가 창성한다는 논법을 내세운 것은 바로 한 무제에 대한 경고인 동시에 한 무제가 설정하고 있는 무치 위주의 정책 전반에 관한 근본적인 수정 방안을 제시한 것이다. 덕치를 펼쳐야만 비로소 백성들을 보존할 수 있다고 여긴 사마천이 보기에 한 무제는 진시황과 비견될 정도로 덕정 면에서 형편없었다.

「봉선서」는 하늘과 인간의 관계에 주목하고 국가 제사의 의미를 정치와 군사, 천문, 지리 등과 함께 국가의 대전大典으로 본 것이다. 사마천은 자신이 직접 한 무제의 봉선 대전에 참여한 경험으로 다른 어떤 문제보다도 봉선에 관해 제대로 다룰 수 있었던 것으로 보인다. 그는 「봉선서」를 통해 성덕聖德, 수덕修德, 무덕無德의 사례를 정치와 긴밀하게 연관시켜, 순임금이 천하를 다스리면서 오악을 순행하고 태산에 제사를 지내는 일을 추존했고 우임금과 주나라 성왕 등 삼대에 걸친 성대한 봉선을 찬양했다. 반면 진시황이 폭정을 하면서 덕을 잃어버린 이후에는 봉선을 거행했음에도 마침내 멸망했으니, 시황제가 태산에 올라갔을 때 폭풍우가 들이닥친 것은 그에게 봉선할 자격이 없음을 의미한 것으로 이는 무덕無德의 필연적 결과임을 드러낸다. 결국 사마천은 이 편의 후반부에서 한 무제 시대를 다루면서는 무제가 봉선을 좋아하고 귀신에게 제사를 지내고 소인과 방사들을 가까이하고 신선을 찾는 등 민폐 끼치는 행위를 한 것만을 열거하면서 무제를 한낱 방사에 빠진 인물로 폄하해 버린다.

제국의 진정한 기반은 민생 안정에 있다: 「하거서」와 「평준서」

「하거서」는 중국 고대의 역대 수리 사업에 대해 서술하면서 치수의 상황 및 한 무제 때의 수리와 수해의 상황을 다루고 있다. 이 편은 "하천을 소통시켜 구주를 안정시킨"「태사공 자서」 우임금의 치수에서 시작하여 우임금으로 끝맺는다. 이는 물을 잘 다스린 최초의 위대한 황제인 우임금의 공적에 대한 찬사로서 사마천은 조운漕運과 관개灌漑라는 국가 사업이 바로 민생과 직결된 중대한 사업임을 밝히는 데 이 편의 주안점을 둔 것이다.

황하하수河水를 다스리는 문제는 중국이 대대로 온 힘을 기울인 사안으로, 통치자의 역량을 평가하는 중요한 지표 중의 하나였다. 황하를 기준으로 보면 유사 이래 1575차례의 범람이 있었으니 대체적으로 3년에 한 번씩 작은 수재가 있었고 5년에 한 번씩 큰 수재가 있었다고 기록되어 있다. 우임금은 치수에 힘쓰는 동안 세 번이나 집 앞을 지나가면서도 들르지 않을 정도로 온 힘을 기울인 인물이다. 사마천은 우임금의 치수를 하나의 지표로 삼았으며 우임금 이래 역대 통치자들의 치수와 수리 사업에 대한 이해와 득실 등에 대해 평가하면서 한 무제 때의 호자瓠子를 거론하고 있다.

기원전 132년 동군인 호자에서 둑이 터져 황하가 범람했는데, 당시 한 무제는 급암汲黯과 정당시鄭當時 등을 파견하여 제방을 막으려 했으나 터진 입구가 너무 커서 여러 차례의 시도에도 실패하고 말았다. 당시 전횡을 부리던 외척인 무안후武安侯 전분田蚡이 무제에게 황하가 범람한 것은 하늘의 일이지 인간으로서는 어찌할 수 없는 것이라고 말하자 무제는 그의 말을 듣고 정신적 위안을 삼았다. 그러나 전분이 한 말의 근본적인 의도는 황하가 터진 곳이 남안南岸이었는데 전분의 식읍지가 황하의 북쪽에 있어 수해의 영향을 받지 않을 뿐 아니라 오히려 홍수로 인해 그의 봉읍에서 더 많은 수확을 거둘 수도 있다고 생각한 데 있었다. 한 무제는 점성가에게도 의견을 구했는데 그 역시도 제방을 막을 필요가 없다고 하니, 더는 복구에 힘쓰지 않았다. 그 이후 20년 동안 황하는 하류의 많은 유역을 물에 잠기게 하여 백성들에게 거대한 재난을 안겨 주었다.

사마천은 이러한 일들을 상세하게 기록하면서 이러한 잘못의 근본이 장상將相들을 잘못 뽑은 데에 있음을 드러냈다. 사마천은 스무 살에 전국을 유람했는데 그가 주로 다닌 중원에서 체득한 것은 수리 사업이 백성들에게 큰 이익을 가져다주었다는 것이다.

팔서의 맨 마지막 편인 「평준서」는 「화식 열전貨殖列傳」과 자매편
의 성격을 가지는데 민생이라는 실제적인 문제와 관련되며, 한 무제
의 지나친 영토 확장 정책에서 야기된 백성들의 경제난 등을 거론하
면서 한 무제의 경제 정책을 비판하고자 지은 것이다. 한나라 건립
때부터 무제 초기까지 대략 70여 년 동안은 금고에 보관되어 있는
돈이 억만금이나 되었고 돈을 묶은 줄이 낡아서 셀 수조차 없었다.
조정의 창고에는 묵은 곡식이 넘쳐 노천에 모아 두었다가 썩는 바람
에 먹지 못할 지경이었는데, 이러한 풍족함이 무제 시대의 폐단으로
다 사라져 버렸다는 것이다.

'평준平準'이란 물가 조절 정책을 말하는데, 상홍양이 원봉 원년기
원전 110년에 만든 것으로 그 목적은 물가를 억제하여 고르게 하기
위한 것이었다. 그런데 국가가 장악하면서 대량의 물품을 낮은 가격
에 사서 높은 가격에 되파는 일종의 매점매석 행위로 발전되는 등
폐단도 적지 않았다. 사마천은 이와 더불어 당시 권력화된 거대 상인
들의 모습을 간접적으로 다뤄 나가면서 농업, 공업, 상업 등의 분업
은 사회·경제 생활에서 중요한 작용을 하는 필연적인 것임을 피력했
으며, 상업 또한 농업, 공업과 함께 중시하려는 유연성을 보인다.

「평준서」는 한나라가 흥기하면서부터 한 무제 태초까지 100여 년
의 경제적 상황을 기록하면서 노자의 무위를 언급하는 데서 출발하
고 있다. 사마천의 사상적 기저라고 할 수 있는 노자에 대한 찬미는

겉으로 요란하게 드러내지 않는 무위의 정치를 하면서도 치적을 이룬 문제와 경제의 성세를 빗댄 것이다. 그에 반해 무제는 즉위하면서 해마다 전쟁에 병력을 동원했고 사리사욕과 화려함에 치우치다 보니 날이 갈수록 경제적으로 궁핍하게 되어 결국 상당한 제도적 문제까지 야기했다. 막대한 전쟁 비용을 충당하기 위해 매관매직이나 화폐 개혁, 염철 전매 등과 같은 경제 정책이 나오게 되었고 이로 인하여 혹리들을 양산하는 지경에까지 이르렀다. 그래서 그는 복식卜式이란 자의 진언[3]을 인용하여 상홍양 같은 자들을 삶아 죽여야 한다고까지 주장한 것이다.

사마천은 당시의 사회적 문제였던 매관매직, 보석 제도 및 화폐 개혁 등 3대 정책을 집중적으로 부각하면서 이러한 정책들이 합리성이나 형평성 등의 잣대도 없이 무분별하게 진행되어 사회적 모순을 악화시켰고, 불평등한 법률 문제로 인하여 양극단으로 치닫게 되었다고 말한다. 결과적으로 돈 있는 자들은 더 부유하게 되고 가난한 자들은 더 못살게 되었으니 이러한 부분은 사마천이 이야기한 대로 결코 공정하지 않은 일이었다. 그가 보기에 정치는 무엇보다도 경제와

---

3 "조정은 조세만으로 입을 것과 먹는 것을 충당해야 할 뿐인데, 지금 상홍양은 관리들로 하여금 시장에 늘어선 점포에 앉게 하고는 물건을 팔아 이익을 찾고 있습니다. 상홍양을 삶아 죽인다면 하늘이 비를 내릴 것입니다."「평준서」

밀접한 것이며, 민생의 기본적인 의식衣食 문제를 해결하는 것은 위정자라면 당연히 거쳐야만 하는 통과 의례인 셈이다.

『사기 서』를 둘러싼 위작 시비

『사기 서』는 분명 사마천의 사상을 집약적으로 보여 주는 중요한 기록으로 그 위상과 의미는 확고하다. 그런데 장중한 내용을 담고 있다 보니 사마천도 이 편명에서는 자신의 날카로운 필치를 제대로 발휘하지 않고 기존의 문헌들을 통해 얻어진 내용들을 일정 부분 취사선택하여 수정·재가공한 것들이 적지 않다. 예를 들어 진晉나라 장안張晏은『사기 서』의 첫 편인「예서」가 목록만 남아 있고 내용은 없는 편명 가운데 하나라고 지적했는데,「예서」에는『순자荀子』의「예론禮論」과「의병議兵」편에서 내용을 취해 온 부분이 적지 않아 그의 주장을 뒷받침한다.「악서」도 마찬가지로,『사기지의史記志疑』에 의하면 이 편 역시 후인이『예기禮記』의「악기樂記」를 취하여 보충한 것이라고 하며, 장안은『사기』에서 목록만 있고 글이 없는 열 편 중에 하나라고 언급했다. 어디 이뿐인가? 제3편「율서」역시「태사공 자서」에 밝혀진 집필 취지와 달리 후반부는 음률 문제를 다루고 있어, 서문을 포함한 전반부를 제외하면 위작의 소지가 있다고 볼 수 있다.

이 편은 앞의 두 편인 「예서」와 「악서」의 내용과도 관련이 깊으며 후반부의 내용은 「천관서」의 내용과 연관성을 갖는다. 또한 「봉선서」는 후반부의 한 무제 시기를 설명한 부분부터 『사기』 「효무 본기孝武本紀」의 해당 부분과 내용이 모두 똑같아 위작 시비를 남겼다.

그럼에도 「천관서」는 완벽한 성관星官 체계를 구축한 것으로 평가되며 고대 천문학을 연구함에 있어 중요한 자료가 된다. 그리고 민생에 중요한 부분을 차지하는 치수 사업을 다룬 「하거서」와 사마천의 경제 사관이 집약되어 있는 「평준서」는 시대와 역사를 꿰뚫는 사마천의 문제의식이 제대로 돋보인다는 점에서 그 의의를 찾을 수 있다.

이렇듯 많은 위작 논란에도 불구하고 『사기 서』는 천문과 역사, 제도와 율법, 치수와 경제 등 사회의 제반 문제에 대한 포괄적이고 체계적인 기록이다. 여기에 수록되어 있는 논점들이 당시 국가의 주요한 경영 사안이었고, 사마천이 고민한 많은 문제점들이 오늘날에도 여전히 유효하다고 본다면, 이 편들을 진지하게 곱씹어 볼 필요가 있는 것이다.

차례

일러두기

1 이 책은 북경北京의 중화서국中華書局에서 간행한 사마천의 『사기』전 10권, 2013년 수정판 중에서 권23 「예서」부터 권30 「평준서」에 이르는 서 여덟 편을 완역한 것이다.

2 권말의 「보임소경서報任少卿書」는 본래 『한서漢書』 「사마천전司馬遷傳」에 실려 있는 글이나 사마천과 『사기』를 이해하는 데 중요한 자료로서 함께 수록하였다.

3 번역의 원칙은 원문에 충실한 직역을 위주로 하였다. 역자가 독자의 이해를 돕기 위해 부가한 말과 원문과 역어가 다른 말은 〔 〕 안에 넣었다.

4 각 편의 소제목과 해제는 독자의 이해를 돕기 위해 역자가 붙인 것이다.

5 맞춤법과 띄어쓰기는 한글 맞춤법과 외래어 표기법을 따르되 널리 통용되는 용어는 일부 예외를 두었다.

6 단행본은 『 』, 개별 작품이나 논문은 「 」로 표시하였다.

1

예서
禮書

예악禮樂은 유가 정치 윤리 사상의 핵심이다. 유가는 예와 악을 함께 거론하였는데 예가 인간의 성정을 융합하는 데 중점을 두었다면, 악은 엄숙한 종법과 등급에 중점을 두었다. 이 둘은 상보적인 관계로서 모두 상하의 관계를 조율하고 종법 사회를 유지하는 초석이다. 주나라를 정점으로 하는 천자의 제국에서 예악은 세월이 흘러가도 여전히 각 시대의 제도와 맞물리면서 중대한 문화 권력으로 작용하였다. 춘추 시대만 보더라도 각 제후국들은 패권을 차지하기 위해 치열하게 투쟁하였지만, 그들 사이에도 일정한 수준의 신의와 예절은 존재하였다. 예를 들어 진晉나라 문공文公이 삼군을 통솔할 때 반드시 시, 서, 예, 악에 능통한 덕망 있는 사람을 선발했고, '송양지인宋襄之仁'이란 고사성어에서 알 수 있듯이 송宋나라 양공襄公이 전쟁터에서 예법와 군자의 도를 따진 것도, 자신이 전쟁에서 지고 상처를 입었다가 죽게 되는 상황 속에서도 하나의 명분을 찾으려 한 것이었다. 지식인으로 불리는 '사士' 계층도 육예六藝라고 불리는 예禮, 악樂, 사射, 어御, 서書, 수數 방면에 깊이 있는 수행을 하지 않으면 사회 활동이 불가능할 정도였다.

사마천은 "예는 사람의 성품에 근거하여 수식을 더하고 대략 고금古今의 변화에 어울리게 하는 것"「태사공 자서」이라고 하면서 이 편을 쓴 목적을 밝혔다. 이 편은 '예'의 발생과 기능 및 그 발전 역사의 중요한 문헌 등을 중심으로 서술하고 있는데 대체로 다음과 같은 내용을 포함한다. 첫째, 사마천은 기본적으로 유가의 예제禮制에 대한 관점을 견지하면서 그 연원 관계를 유가의 이단적 사상가 순자荀子로부터 찾고 있다. 둘째, 서문에서 이미 서주西周 시대로부터 전한 시기에 이르기까지 예제의 변화를 회고하면서

기본적으로 사마천 자신이 일관되게 주장하는 세이비변世異備變세상이 다르면 변화를 갖추어
야만 함의 문제를 다루고 있다. 사마천이 이 서書를 지은 목적에서도 알 수 있듯이 역대
예제禮制의 변천에 대한 통변通變, 즉 전통의 계승과 새로운 창조라는 입장을 강조하고
자 하는 점도 눈에 띈다.

특히 사마천이 「예서」를 첫머리에 둔 이유는 자신이 추구하는 황로 사상에 입각한 무
위無爲의 다스림을 강조한 측면이 있으며 아울러 한 무제의 대통일 정책의 일환으로 제
왕 중심의 통치 질서 체계를 확립하려는 현실적 측면과 관련이 있다.

한편 이 「예서」에서 예의 개념을 맺히는 부분은 순자의 「예론禮論」과 상당 부분 유사
하고 다른 문장도 「의병議兵」 편에서 문장을 따온 부분이 적지 않아 위작 시비가 제기
된다. 특히 『한서』 「사마천전」의 장연의 주석에 의하면 이 「예서」가 저소손褚少孫이 순
자의 「예론」에서 취하여 기술했다는 설이 있는데, 문장의 구절도 비슷한 부분이 많아
어느 정도 설득력이 있다.

大輅圖

「대로도大輅圖」, 『삼재도회三才圖會』

도덕규범은 씨줄과 날줄처럼 얽혀 있다

태사공太史公은 말한다.

〔예禮는〕 얼마나 성대하고 아름다운 덕이던가! 만물을 주재하고 군중을 부리는 것이 어찌 사람의 힘에 의지할 수 있는 것인가? 나는 대행大行예의를 주관하고 빈객을 접대하는 관직명의 **예관禮官**진泰나라 때 예의를 주관하던 관서 이름에 갔을 때 삼대三代하夏·상商·주周의 〔의례儀禮의〕 증감을 살펴보고 나서야 비로소 인간의 감정에 따라 예법을 제정했으며 사람의 성품에 따라 의례를 제정했음을 알았으니 그 유래는 참으로 오래되었다.

사람의 도道는 씨줄과 날줄처럼 만 가지가 얽혀 있고 준칙이 꿰뚫지 않는 곳이 없으니, 인의로써 나아가게 하고 형벌로써 속박한다. 이런 까닭에 덕이 두터운 사람은 지위가 높아지고 봉록이 많은 사람은 총애와 영예를 누리니, 그래서 〔예가〕 천하의 인심을 통일하고 모든 백성을 다스린다. 사람의 몸은 수레를 타면 편안하므로 그것을 위해 수레의 본체와 **거원車轅**수레 앞의 양쪽에 대는 기다란 채을 금으로 치장하고 〔멍에를〕 장식하여 아름답게 꾸민다. 눈은 오색五色청·황·적·백·흑의 다섯 가지 색깔, 즉 여러 가지 빛깔을 가리킴을 좋아하므로 그것을 위해 옷에 아름다운 문채문장文章[1]를 새겨 그 자태를 더욱 아름답게 하고, 귀는 **종경鐘磬**종鐘은 청동으

---

1 본래 청색과 적색을 배합한 것을 문文이라 하고, 적색과 백색을 배합한 것을 장章이라고 한다. 여기서는 이런 문양이 섞여 있는 무늬를 의미한다.

로 만든 악기, 경磬은 옥석이나 금속으로 만든 악기의 소리를 듣기 좋아하여 그

것을 위하여 팔음八音고대 악기의 총칭으로, 금金, 석石, 토土, 혁革, 사絲, 목木, 포匏,

죽竹, 즉 쇠, 돌, 흙, 가죽, 끈, 나무, 박, 대나무로 만든 여덟 가지 악기을 조화시켜 그

의 마음을 깨끗하게 하려고 한다. 입은 오미五味다섯 가지 맛, 즉 신맛, 쓴맛,

매운맛, 단맛, 짠맛를 좋아하므로 그것을 위하여 여러 가지 맛있는 음식을

시게 하거나 짜게 하여 그 맛에 이르게 하고, 감정은 진기하고 좋은 물건

을 좋아하므로 이를 위하여 규벽圭璧²을 갈고 쪼아서 그 마음에 통하게

하려 한다. 그러므로 대로大路³에 자리를 깔고 피변皮弁천자가 조회할 때 쓰

는, 사슴 가죽으로 만든 예모禮帽에 베로 만든 아래옷을 입으며 [거문고와 비

파의] 붉은 현 아래에 구멍을 내고⁴ 태갱大羹⁵과 현주玄酒⁶를 쓴 것은 지

나치게 음란하고 사치스러운 것을 방지하고 꾸미고 치장하는 것을 없애

기 위함이었다. 이 때문에 [위로는] 임금과 신하, 조정의 높은 자리와 낮

은 자리, 신분의 귀함과 천함의 질서를 잡고, 아래로는 서민들의 수레와

의복, 가옥과 음식, 혼례와 장례, 제사에 이르기까지의 구분이 일마다 마

---

2 제후들의 조회나 제사 때 증표로 삼던 옥그릇으로 규圭는 위가 뾰족하고 아래는 각진 오각형
모양이고 벽璧은 원 모양으로 가운데에 구멍이 있다.

3 대로란 소박하게 장식한 큰 수레로, 옛날에 천자가 하늘에 제사 지낼 때 타고 갔던 것이다. 대
로의 가운데에 풀로 엮은 자리를 깔아 검소한 마음의 상태를 보여 준다. 본래 천자에게는 옥玉,
금金, 상象, 혁革, 목木 등 다섯 가지 수레가 있는데 이 중에서 목로가 가장 소박한 수레이고 옥로
가 가장 호화로운 수레이다.

4 비파 아래에 두 구멍이 서로 통하게 하여 비파 소리가 탁하고 더디게 나게 하기 위한 것이다.

5 제사 지낼 때 사용하는, 조미료를 넣지 않은 맑은 고깃국을 말한다. 여기서 '대大' 자는 '태'로
읽는다.

6 제사 때 사용하는 맑은 물을 현주라고 하는데, 물의 빛깔이 검게 보여 '현玄'이라 했다.

땅한 자리를 얻고 사물마다 문식文飾[7]을 절제함이 있게 되는 것이다. 중니仲尼공자를 가리킴는 말한다.

"체제禘祭를 지낼 때 관灌의 의식 이후는 나는 보고 싶지가 않다."[8]

주周나라 왕조가 쇠미해지면서 예악禮樂이 없어지거나 무너졌으며, 신분이 높거나 낮거나 서로 〔그 본분을〕 어겨 관중管仲[9]의 집에는 삼귀三歸 세 명의 여자를 두기도 했다.[10] 법도를 따르고 정도를 지키는 사람은 세상에서 모욕을 당하고, 사치스럽고 분수에 넘치는 일을 하고, 위아래 구분을 두지 않는 사람은 출세하게 되고 영광스럽게 되었다고들 한다. 비록 자하子夏[11]는 〔공자〕 문하의 뛰어난 제자였지만 오히려 이렇게 말했다.

---

7 다양한 문체 장식의 수레와 복장, 깃발 등을 일컫는 것으로 신분의 존비尊卑를 표시하는 것을 말한다.

8 체제는 천자가 조상에게 지내는 제사의 일종으로 여기에서는 노魯나라의 조묘祖廟에서 거행한 체제를 가리킨다. 일찍이 주周나라의 성왕成王은 주공周公 단旦의 공로를 기리기 위하여 노나라의 군주에게 주공 단에게 제사할 때 특별히 체제를 지낼 수 있도록 허용했는데, 노나라 문공文公 2년에 노나라에서 체제를 지내면서 희공僖公의 신주를 민공閔公의 것보다 앞에 놓았다. 비록 희공이 민공을 계위했지만 민공의 형이라는 이유 때문이었다. 그러나 공자는 민공의 신하였던 희공을 민공의 앞에 둔 것은 군신君臣의 상하 관계를 깨뜨리는 것으로 예에 어긋난다고 보았기 때문에 관灌체제를 거행할 때 맨 처음 태조太祖의 망령에게 헌주獻酒하는 의식의 이후는 보고 싶지가 않다고 말한 것이다. 이 말은 『논어論語』「팔일八佾」에 나온다.

9 생졸 연대는 ?~기원전 645년이다. 자字는 이오夷吾이며 일찍이 제齊나라 환공桓公을 보좌하여 정치, 경제 방면에 혁신적 개혁 조치를 건의했다. 제나라는 한때 쇠약하기도 했으나 관중이 나라를 다스리면서 경중구부輕重九府를 두었고, 환공은 이것으로써 패자가 되어 제후들을 아홉 차례나 모이게 하여 천하를 바로잡았다.

10 사마천은 「화식 열전」에서 "관중 또한 후 신분으로 있으면서도 열국의 왕들보다 부유하여 삼귀를 가질 정도였다. 이리하여 제나라의 부강함은 위왕威王과 선왕宣王 대에까지 이르렀다."라고 했다. 공자가 관중에 대해 소인이라고 하면서 폄하한 것은 관중이 신분을 벗어나게 행동하여 분수를 어그러뜨린 것을 비판한 것이다.

"밖에 나가서는 화려함을 추구하고 아름다움을 꾸미면서 기뻐하고, 들어와서는 선생의 도를 듣고 즐거워하여 두 가지 마음이 서로 싸우고 있어 스스로 해결할 수 없다."

하물며 보통 사람 이하의 인물들은 점점 잘못된 교육에 빠져들어 익숙한 풍속에 감화되었음에랴? 중니가 말하기를 "반드시 명분을 바르게 할 것이다."[12]라고 했다. 그러나 위衛나라에는 〔예법에〕 들어맞는 사람이 살고 있지 않았다.[13] 공자가 세상을 떠난 후에 학업을 전수받던 제자들은 점차 몰락하고 자리에 나가지 못하여 어떤 사람은 제齊나라나 초楚나라로 갔고, 어떤 사람은 하수河水황하와 바다로 들어갔으니 어찌 통탄스럽지 않겠는가!

진秦나라가 천하를 차지하고[14] 나서 육국六國[15]의 예의 제도를 모두 받아들여 그중에서 잘된 것을 택하여 취했으니, 비록 성인이 만든 제도와

---

11 복상卜商이 이름이고 자가 자하子夏이며 공자보다 마흔네 살 아래인데 공자와 더불어 『시경』을 즐겨 담론했다.

12 『논어論語』「자로子路」에서 볼 수 있다. "자로가 물었다. '위나라 군주가 선생님을 붙들어 정치를 하시게 되면, 선생님께서는 맨 먼저 무엇을 하시겠습니까?' 공자가 대답했다. '반드시 명분을 바르게 할 것이다.'"

13 당시 공자가 위나라에 갔을 때 느낀 것은 신분이 높은 자와 낮은 자의 위아래 예법이 없다는 것이었다. 「공자 세가孔子世家」에 보면, 공자는 위나라 영공을 네 차례나 만나러 갔으나, 갈 때마다 공자는 그곳의 상황이 마음에 들지 않아 위나라를 떠났다. 여기서 말하는 예법에 들어맞지 않는다는 말은 위 영공이 색을 좋아하고 전쟁을 좋아하여 공자가 주장하는 인의와 존비, 양보와 들어맞지 않는다는 의미이다.

14 기원전 221년, 시황제가 왕위에 오른 지 26년 만의 일이었다. 그의 나이 서른아홉이었다.

15 전국 시대 진나라 이외의 여섯 나라, 즉 초나라, 연나라, 제나라, 한나라, 위나라, 조나라를 지칭한다.

들어맞지는 않더라도 군주를 존중하고 신하를 업신여겨 조정에서는 서열이 정연한 것이 옛날부터 내려오던 그대로였다. 고조高祖유방에 이르러 널리 중원을 차지하고 숙손통叔孫通[16]이 〔조정의〕 의례를 제정함에 더하고 뺀 것이 꽤 있었으나, 대체로 모두 진秦 왕조의 옛 제도를 이어받은 것이다. 천자의 칭호로부터 아래로는 관료 및 궁실의 관직명에 이르기까지 변하거나 바뀐 것은 적었다. 효문제孝文帝[17]가 제위에 오르고 나서 담당 관리가 의례를 제정할 것을 논의했는데, 효문제는 도가의 학설[18]을 좋아하여, 예를 번다하게 하고 모양을 꾸미는 것이 다스림에는 도움이 되지 않는다고 여기고 자신이 스스로 모범을 보이려고 하여 그것들을 모두 내치고 없애 버렸다. 효경제孝景帝효문제의 아들 때 어사대부御史大夫[19] 조조晁錯[20]는 세상의 일과 형명刑名전국 시대의 법가法家의 일파에 밝아서 효경

─────

16 진秦나라와 한漢나라에 걸쳐 박사博士를 역임했다. 유방이 천하를 차지하여 한漢 왕조를 열자 그는 고례古禮를 참조하고, 진秦의 제도에 더하거나 빼서 조정의 의례를 제정했다. 자세한 것은 『사기』 「유경·숙손통 열전劉敬叔孫通列傳」에 나온다.

17 한 문제 유항劉恒으로 유방의 넷째 아들이다. 고조의 여덟 아들 중에서 장남인 유비를 제치고 넷째인 그가 제위에 오른 것은 무엇보다 그가 어진 마음과 덕망을 갖추었기 때문이었다. 기원전 179년에서 기원전 157년까지 재위했으며, 그는 백성들과 더불어 일하고 쉰다는 정책을 취하고 어짊과 절약을 몸소 실천했다. 또한 백성들의 게으름에 관심을 기울이고 세금 감면, 형벌 감면 등을 원칙으로 하는 덕치를 실시해 나라를 안정시키고 예의를 일으키기 시작했다. 한 왕조는 황제가 죽은 다음에 시호에 '효孝' 자를 덧붙였다.

18 여기서는 한나라 초기에 형성된 황로黃老 형명刑名의 학술을 말한다. 청정 무위와 천명에 순응할 것을 강조한 것으로 도가와 법가가 합쳐진 것이다.

19 승상 다음가는 최고 관직이었다. 관료들의 탄핵과 감찰을 담당했고, 서적과 공문서 등을 관장했다. 한나라 때는 승상·태위太尉와 더불어 삼공三公이라 총칭되었다.

20 조조는 내사內史수도의 행정 장관가 되어 효경제의 총애를 받으면서 정권을 마음대로 휘둘렀다. 법령·제도를 많이 고치고, 제후들의 잘못을 찾아내어 처벌 방법으로 그들의 영지를 깎도록

제에게 간언하여 말했다.

"제후의 번국은 모두 천자의 신하들로, 예나 오늘이나 통용되는 제도입니다. 큰 나라는 멋대로 정치하고 정사를 다르게 하며 조정에 보고도 하지 않으니, 후세에 법도를 전하지 못할까 두렵습니다."

효경제가 그의 계책을 받아들이자 조조를 참수하겠다는 구실로써 육국六國사실은 오吳, 초楚 등 칠국七國을 말함이 모반하자 경제는 조조를 주살하여 난을 해결했다. 이에 대한 일은 「원앙·조조 열전袁盎鼂錯列傳」에 기록되어 있다. 이후 관리들은 교분을 잘 맺고 봉록에 만족해할 뿐, 감히 다시 논의하는 자가 없었다.

지금의 황상한나라 무제武帝를 가리킴이 즉위하면서 유가의 학설을 신봉하는 지식인들을 불러 모아 〔그들로〕 하여금 함께 의례를 정했으나, 10년이 지나도록 성과를 얻지 못했다. 어떤 사람이 말하기를 "옛날에는 태평하여 만백성이 서로 화합하고 기뻐하여 상서로운 감응이 번갈아 이르렀으니, 이에 풍속을 채택하고 제도를 제정했습니다."라고 했다.

황상은 그 말을 듣고는 어사御使에게 조서를 내려 말했다.

천명을 받아 왕 노릇 하는 데는 저마다 흥하게 된 까닭이 있으니, 길은 달라도 돌아가는 길은 같다. 이는 백성들의 마음으로 인해 일어나며, 민속에 따라 제도를 만든다는 것이다. 논의하는 자들은 한결같이 아주 옛날의 것을 거

―――――――

건의했다. 중앙 집권화를 도모하기 위해 효경제가 이를 받아들이자 이에 불만을 품은 오왕 유비가 주도하여 오나라와 초나라 등 일곱 개 제후국이 함께 난을 일으켰으니 이를 '오초칠국의 난'이라 한다.

론하고 있으니, 백성들은 무엇을 바라겠는가? 한나라 역시 하나의 제왕이니, 전장典章과 법도가 전해지지 않는다면 자손에게 무엇을 말하겠는가? 교화가 융성하면 (전장과 법도는) 크고도 넓지만, 다스림이 얕으면 편협할지니, 정녕 힘쓰지 않을 수 있겠는가.

이에 태초太初한 무제의 연호로서 기원전 104~기원전 101년 원년에 정삭正朔을 고치고[21] 복색服色옛날 각 왕조에서 정한 거마車馬와 복식의 색깔을 바꾸었으며, 태산太山태산泰山을 가리킴에서 봉제를 거행했고, 종묘宗廟와 백관百官의 의례를 제정하여 변치 않는 법도로 삼아 후세에 이를 전했다고 한다.

예란 인간의 욕망과 원망, 절제의 집합체다

예禮는 사람으로 말미암아 일어난다. 사람은 태어나면서부터 욕망이 있어, 하고자 하는 바를 이루지 못하면 원망이 없을 수 없으며, 원망하는데도 절제가 없으면 다투게 되고, 다투게 되면 혼란스럽게 된다. 선왕은 그처럼 어지러워지는 것을 싫어했으므로 예의를 제정하여 사람들의

---

21 '정正'이란 음력으로 한 해의 첫 달로 원단元旦이라고 한다. 한나라 이전의 각 조대마다 역법이 달랐으니, 하 대夏代에는 맹춘孟春정월을, 주 대周代에는 중동仲冬11월을 진 대秦代와 한 태초漢太初 원년 이전에는 맹동孟冬10월을 각각 한 해의 첫 달正로 삼았다. 즉 정삭을 고친다는 것은 역법을 바꾼다는 말이다.

욕망을 길러 주고, 사람들의 욕망을 만족시켜, 욕망으로 하여금 사물에 대하여 고갈됨이 없게 하고, 사물은 욕망에 굴복됨이 없도록 하여 두 가지가 서로 기대어 성장하였으니, 이것이 예가 일어난 바이다. 따라서 예라는 것은 기른다는 뜻이다. 벼와 기장 등 다섯 가지 맛은 입의 욕망을 길러 주는 까닭이며, 초란椒蘭과 향초는 코의 즐거움을 길러 주는 까닭이며, 종鐘, 고鼓북, 관管, 현弦과 같은 악기는 귀를 길러 주는 까닭이며, 조각과 무늬는 눈을 길러 주는 까닭이며, 트인 방과 침상의 자리와 책상 및 자리는 몸을 길러 주는 까닭이니, 예는 기른다는 뜻이다.

군자는 이미 그 기르는 것을 얻고, 또 그것을 분별하는 것을 즐긴다. 분별이라고 하는 것은, 존귀하고 비천함에 등급이 있고, 연장자와 젊은 이의 차별이 있고, 못살거나 잘살거나 [신분상의] 가벼움과 무거움에 모두 알맞은 명분이 있다. 때문에 천자의 대로에 풀로 자리를 만드는 것은 몸을 기르는 까닭이요, 곁에 냄새가 나는 향초를 두는 것은 코를 기르기 위한 까닭이요, 수레 앞에 장식한 멍에는 눈을 기르는 까닭이요, 화란和鸞고대 거마에 달았던 방울의 소리와 [수레가] 천천히 걸을 때에는 「무武」주나라 무왕武王의 덕을 기리는 악장와 「상象」주 대周代의 음악의 박자에 맞추고 [수레가] 빨리 달릴 때에는 「소韶」순임금 때 지었다는 음악의 이름와 「호濩」상 탕商湯 시대의 음악 이름의 선율에 맞추는 것은 귀를 기르려는 까닭이다. 또 용을 수놓은 기旂용을 그려 넣고 방울을 매단 커다란 깃발와 아홉 개의 유斿는 천자에 대한 만인의 믿음을 기르기 위함이며, 침시寢兕와 지호持虎,[22] 교

///////////

22 천자의 수레바퀴 위에 그려진 장식들로서 엎드린 무소와 웅크린 호랑이를 뜻한다.

현교鮫韆과 미룡彌龍[23]으로 장식한 것은 천자의 위엄을 길러 주려는 까닭이다. 그리고 대로를 끄는 말은 반드시 가장 믿음직한 것을 유순하게 길들이고 나서 그것을 타니, 이는 천자의 안전을 기르기 위한 까닭이다. 누가 죽음에 처해서도 이름과 절개를 지키는 것이 양생하는 까닭임을 알겠으며, 누가 비용을 절약하는 것이 재물을 기르는 것임을 알겠으며, 누가 공경하고 사양하는 것이 편안함을 길러 주는 까닭임을 알겠으며, 누가 예의와 문리文理가 정을 길러 주는 것임을 알겠으리오?

사람이 구차하게 목숨을 보존하기만을 바란다면 이러한 자는 반드시 죽고, 구차하게 이익만을 바란다면 이와 같은 자는 반드시 손해를 볼 것이며, 게으름 피우는 것을 편안하게 여기면 이러한 자는 반드시 위태롭고, 감정이 이성과 지혜를 이기는 것을 편안하게 여기면 이러한 자는 반드시 멸망하게 된다. 이 때문에 성인은 예의에 일관되게 하여 예의와 성정性情 그 두 가지를 얻었으니, 성정에만 일관되면 두 가지를 모두 잃는다. 따라서 유자儒者는 사람들로 하여금 두 가지를 얻게 하는 자요, 묵자墨者는 사람들로 하여금 두 가지를 잃게 하는 자이니, 이것이 유가儒家와 묵가墨家의 구분이다.[24]

---

23 상어 가죽으로 만든 말의 복대와 수레의 횡목에 그려진 황금빛 용을 가리킨다.
24 묵자는 유학을 배웠지만 유가 학설이 귀족들의 예禮, 상喪, 악樂, 장葬을 옹호하여 백성을 상하게 한다고 보고 유가의 반대파에 섰다. 묵자가 유가를 집중 공격했지만 결국 묵자도 유가의 한 이단적 지파에 속한다.

예는 견고한 갑옷과 날카로운 무기보다 무섭다

〔예란〕 나라를 다스리고 명분을 분별하는 궁극의 도이고, 나라를 강성하고 굳건하게 하는 근본이며, 위엄이 행해지는 길이고, 공명의 총체다. 왕공王公은 이로 말미암아 천하를 통일할 수 있고 제후를 신하로 삼을 수 있으며, 이로 말미암지 않으면 사직을 버리게 될 것이다. 따라서 견고한 갑옷이나 날카로운 무기는 승리하기에 부족하고, 높은 성이나 깊은 못[25]은 굳건히 하기에 부족하며, 엄한 법령이나 번잡한 형벌은 위엄으로 삼기에 부족하다. 〔예의〕 도로써 말미암으면 행해지고, 그 도로써 말미암지 않으면 없어진다.

초楚나라 사람들은 상어 가죽과 무소 가죽으로 갑옷을 지었으므로 그 견고함이 쇠붙이나 돌과 같았으며, 완宛 땅의 거대한 쇠붙이로 만들어지는 창은 마치 벌이나 전갈의 침처럼 가볍고 날카로우며 민첩함이 질풍과 같고, 병졸들은 바람처럼 날렵하다. 그러나 〔초나라〕 군사는 수섭垂涉[26]에서 지고 당말唐眛초나라 장수은 전사했다. 장교莊蹻초나라 장왕莊王의 후손으로 초나라 위왕威王 때 장수가 전滇에서 왕이라고 일컫자[27] 초나라는

---

25 못이란 성을 지키는 해자, 즉 움푹 파 놓은 인공 연못을 말한다.

26 초楚나라의 지명이다. 『순자荀子』「의병議兵」과 『전국책戰國策』「초책楚策」과 『회남자淮南子』「병략兵略」에는 '수사垂沙'라고 기록되어 있다.

27 초나라 위왕은 그를 파견하여 파, 촉과 검중군 서쪽을 정벌토록 했는데, 그가 서쪽 깊숙이 전지滇地 일대까지 진격했다가 진秦나라 군대의 공격으로 돌아올 길이 막히게 되자 바로 그 땅에서 왕이라고 일컫었던 것이다.

〔소왕昭王 때에〕 서너 개로 나뉘게 되었으니 이 어찌 견고한 갑옷과 날카로운 병사가 없어서이겠는가? 그 통솔한 까닭이 그 도의로써 하지 않았기 때문이다. 〔초나라는〕 여수汝水와 영수潁水를 요새로 삼고, 강수江水와 한수漢水를 못으로 삼고, 등鄧 땅의 삼림으로 경계를 삼았으며, 방성方城[28]을 변경으로 삼았던 것이다. 그런데도 진秦나라 군대가 언영鄢郢에 이르는 것이 마치 시든 고목 잎을 떨어내는 것 같았다. 이 어찌 견고한 요새와 험준한 산이 없어서였겠는가? 그것은 바로 통치하는 방법에 있어 그 도로써 이끌어 가지 않았기 때문이다. 〔은殷 왕조의〕 주紂[29]는 비간比干주왕紂王의 숙부로 주왕에게 간언하다가 죽임을 당함을 도려내고, 기자箕子[30]를 가뒀으며, 포락炮烙포격炮格이라고도 하며, 기름칠한 구리 기둥을 숯불 위에 걸쳐 놓고 그 위를 죄인이 맨발로 걷게 하는 형벌을 만들어 무고한 사람을 학살했다. 당시 신하들은 모두 공포에 떨며 자기의 생명이 언제 달아날지 모르는 불안감에 싸여 있었다. 그러나 그토록 엄중한 형벌에도, 주周나라의 군대가 일단 쳐들어오자 〔주왕이〕 명령을 내려도 아랫사람에게까지 이행되지 않았으며, 그 백성들을 임용할 수도 없었다. 이 어찌 법령이 엄격

---

28 춘추 시대 초나라 북부에 있는 장성으로 그 성은 지금의 하남성 북쪽의 등현鄧縣에 있다.

29 은 왕조 마지막 군주로 이름은 수受이고 호는 제재帝辛다. 성격이 포악하기 이를 데 없었으며, 하夏 왕조의 걸桀과 더불어 폭군으로 유명하다. 자세한 내용은 「은 본기殷本紀」를 참조하라.

30 은나라 주왕의 숙부로 이름은 서여絮余 또는 수유須臾이다. 기국箕國에 봉해져 기자로 불렸다. 기자는 자기 나라가 멸망한 뒤 조선에 와서 예의, 전잠田蠶, 직작織作, 팔조지교八條之敎를 가르치고 기자 조선의 시조가 되었다고 하는데 일부에서는 부정하기도 한다. 은나라 주왕이 음란한 행위를 그치지 않자 기자는 힘껏 간언했다. 그러나 주왕은 받아들이지 않고 오히려 그를 붙들어 노예로 삼았다. 주나라 무왕이 은나라를 멸망시킨 후에 기자는 풀려났다. 공자는 일찍이 은나라에 어진 이가 셋 있다고 했는데 이는 기자, 미자微子, 비간을 가리킨다.

하지 못하고 형벌이 가혹하지 않아서였겠는가? 그의 통치 방법에 있어 도의로써 하지 않았기 때문이다.

옛날의 병기는 창과 활, 화살뿐이었으나 적국은 이러한 병기를 써 보기도 전에 굴복해 왔다. 높은 성벽을 쌓지 않고, 깊은 못도 파지 않고, 견고한 요새를 만들지도 않고 기변機變궁노弓弩를 발사하는 기계도 설치하지 않았다. 그런데도 나라는 편안하고, 외적을 두려워하지 않았으니, 굳건한 것은 다른 까닭이 있는 것이 아니라, 도道를 밝혀 본분을 지키도록 하고, 백성들을 부리되 시기에 맞게 하고, 또 그들을 진심으로 사랑하여, 명령을 아랫사람에게 내리면 그에 호응하는 것이 마치 그림자가 형체를 따르고 소리가 울리는 것과 같았기 때문이다. 또 명령에 따르지 않는 자가 있을 때에 비로소 형벌로 다스리니, 백성들은 자신의 죄를 알았다. 그래서 한 사람을 벌주면 천하가 복종하게 된 것이다. 죄인은 그 윗사람을 원망하지 않았고 죄가 자신에게 있다는 것도 알았다. 이 때문에 형벌은 줄어드는데도 위엄은 물 흐르는 듯 행해지니 다른 까닭이 있는 것이 아니라, 그 도道로 말미암은 까닭이다. 그러므로 그 도를 따르게 되면 행해지고, 그 도를 따르지 않으면 없어진다. 옛날 요임금이 다스릴 적에 모두 합쳐 한 사람을 죽이고 두 사람에게 형벌을 내렸음에도 천하가 다스려진 것이다. 전傳선인들의 서전書傳, 기록 등을 통칭한 것에서는 "위엄이 엄격하더라도 사용하지 않고, 형법을 두고도 쓰지 않는다."라고 말했다.

천지는 생명의 근본이요, 조상은 인류의 근본이며, 군주와 스승은 다스림의 근본이다. 천지가 없는데 어찌 태어날 수 있겠는가? 조상이 없는데 어찌 나올 수 있겠는가? 군주와 스승이 없는데 어찌 다스려지겠는가? 이 세 가지 가운데 하나라도 없으면, 사람들을 편안하게 할 수 없다.

그러므로 예란 위로는 하늘을 섬기고, 아래로는 땅을 섬기며, 조상을 높이고 군사를 받드는 것이니, 이것이 예의 세 가지 근본이다.

따라서 왕 노릇 하는 자는 태조太祖를 배천配天王이 조상을 하늘과 함께 제사 지내는 것하게 되는데 제후는 감히 이를 어그러뜨릴 수 없으며, 대부大夫와 사士는 영원한 조종祖宗이 있으니,[31] 고귀하고 천한 것을 판별하는 까닭이다. 귀하고 천한 것을 다스리는 것이 덕의 근본이다. 교제郊祭[32]는 천자만이 지낼 수 있고 사제社祭는 제후 이상이 지낼 수 있는데, 아래로 사대부에 이르기까지 각각 정해진 제도가 있는 것은, 존귀한 자는 존귀한 것을 섬기고 비천한 자는 비천한 것을 섬기며, 예를 크게 해야 할 것은 크게 하고 작게 해야 할 것은 작게 하는 것을 구분한 까닭이다. 따라서 천하를 가진 자는 7대의 조상을 섬기고, 나라 하나를 가진 자는 5대의 조상을 섬기며, 5승乘의 땅[33]을 가진 자는 3대의 조상을 섬기고, 3승의 땅을 가진 자는 2대의 조상을 섬기며, 희생 한 마리로 제사 지내는 평민은 종묘를 세울 수 없는 것이니, 덕을 두텁게 쌓은 자는 흘러가는 은택

---

31 제후의 서자가 봉지를 받으면, 그 뒤의 대부大夫나 사士는 영원히 그를 조종, 즉 시조로 받들게 된다는 의미다.

32 주 대周代에 천자가 동짓날 남쪽 교외로 나가 하늘에 올리는 제사를 말한다. 제사의 희생물로는 주로 소를 사용한다.

33 수레 다섯을 낼 수 있는 땅이다. 고대의 정전제井田制에서는 9부夫를 1정井이라고 하는데 다시 16정井이 1구丘가 되고 4구丘가 1승乘이 된다. 덧붙이자면 정전제는 주대에 시행된 토지 제도로 유가에서 주장했다. 봉지封地의 크기와 노동력 등을 계산하여 토지를 많은 수의 방형으로 구분하는데, 그 모양이 '정井' 자와 유사하기 때문에 '정전井田'이라고 한다. 중앙에 있는 토지 하나는 공전公田으로 하여 공동 생산을 하고, 나머지는 사전私田이 된다. 백성의 안정된 생활을 위한 제도다.

도 넓고, 덕을 적게 쌓은 자는 흘러가는 은택이 좁을 것이다.

대향大饗천자나 제후의 조상에 대한 합제合祭를 뜻함에서 현준玄尊[34]을 올리고, 조俎희생을 날것으로 괴어 담는 제기에는 날생선을 올리며, 태갱을 먼저 올리는 것은 음식의 근본을 귀하게 여긴 것이다. 대향에서 현준을 올리고 박주薄酒도수가 약한 술를 쓰고, 메기장과 피서직黍稷를 진설하고 벼와 기장을 놓으며, 제에서 태갱을 먼저 입에 대고, 여러 가지 음식을 배부르게 먹는 것은, 음식의 근본을 귀하게 여기고 실용을 친하게 여기는 것이다. 근본을 귀하게 여기는 것은 형식이요, 실용적인 것에 친근한 것은 이理이치라고 하는 것이니, 두 가지가 합쳐져서 〔예의〕 문식을 이루어, 태일太一태초太初로 귀결되는데, 이것을 대륭大隆지극히 융성한 것이라고 한다. 때문에 술병은 현준을 올리고, 조에는 날생선을 올리며, 두豆제기에는 태갱을 먼저 올리는 것은 한가지 이치이다. 이작利爵제사를 마치기 전에 죽은 사람에게 다시 한 번 헌주하는 것은 제물을 맛보지 않고, 제사를 마치고 나서 조俎의 제물을 먹지 않으며, 삼유三侑[35]를 먹지 않는 것, 대혼大昏제왕의 혼례에서 신에게 제사 지내기 이전, 태묘太廟시조묘始祖廟에서 제사 지낼 때 시신을 들이기 이전, 상례에서 숨이 끊어지고 나서 소렴小斂죽은 이에게 의복을 입히는 것하기 이전은 〔의식이 간소한 데서〕 한가지 이치이다. 대로에 흰 장막과 교제에는 면류관을 쓰고, 상복에 산마散麻거친 삼베옷를 쓰는 것은 한가지 이치이다. 3년간 곡함을 억제하지 않는 것, 「청묘淸廟」의 노래[36]에 한 사람이 창하고 세 사람이 화답하는 것, 종鍾 하나를 걸지만 격

---

34 맑은 물을 담는 그릇인데 여기서는 현주玄酒로 보아도 무방하다.

35 제사를 지낼 때 죽은 이를 대신하는 시신을 세우고 시신에게 먹을 것을 세 번 권한다.

을 치며, 붉은 현 아래에 구멍을 뚫는 것은 한가지 이치이다.

모든 예는 소략한 데에서 시작하여, 문식에서 이루어지고, 제도를 정하는 데에서 끝난다. 따라서 지극하고 온전히 갖추어진 예는, 인정과 문식을 모두 다하는 것이고, 그다음으로는 인정과 문식이 번갈아 이기는 것이며, 그 이하는 인정을 회복하여 태일로 돌아가는 것이다. 천지는 〔예에 의해서〕 합쳐지고, 일월은 〔예에 의해서〕 밝으며, 사계절은 〔예에 의해서〕 순서대로 돌아오고, 별들은 〔예에 의해서〕 운행하며, 강물은 〔예에 의해서〕 흐르고, 만물은 〔예에 의해서〕 번창하며, 좋고 싫음은 〔예에 의해서〕 절도에 맞고, 기뻐하고 화를 내는 것은 〔예에 의해서〕 합당함을 얻게 된다. 아래에 있는 자는 유순해지며, 위에 있는 자는 현명해진다.

성인의 조건은 예의 유무다

태사공은 말한다.

지극하구나! 위대한 예를 세워 궁극의 준칙으로 삼으니, 천하 사람들이 아무도 그것을 더하거나 덜어 내지 못한다. 본本인정과 말末문식이 서로 순조롭고, 시始처음와 종終끝이 서로 호응하며, 지극한 문식으로 차등을 두고, 지극한 성찰로 기쁨을 삼는다. 천하가 예를 따르면 잘 다스려지고

---

36 『시경詩經』의 「주송周頌」에 있는 「청묘淸廟」의 노래는 주나라 문왕文王을 제사하는 악장의 하나다.

예를 따르지 않으면 어지러워지며, 예를 따르는 자는 편안해지고, 예를 따르지 않는 자는 위태롭게 된다. 소인은 스스로 〔예를〕 본받을 수 없다.

예의 진리는 진실로 깊고 오묘하여 견백동이설堅白同異說과 같은 성찰도 예에 들어가면 약해진다.[37] 그 본체는 진실로 원대하니, 멋대로 만든 전장·제도와 편협하고 고루한 주장이 〔예에〕 들어오면 스스로의 부족함을 알게 된다. 그 모습이 진실되고 고매하므로, 포악하고 오만하며 방자하고 세속을 경시하며 〔스스로〕 고고하다고 생각하는 무리들은 〔예에〕 들어오면 떨어지게 된다. 따라서 먹줄繩이 진실로 펼쳐지면 옳고 그름을 속일 수 없고, 형衡저울질하는 것이 진실로 드러나면 가볍고 무거움을 속일 수 없으며, 곱자〔矩〕가 진실로 놓이면 모나고 둥근 것을 속일 수 없고, 군자가 예를 살피면 거짓과 작위로써 속일 수 없다. 그러므로 먹줄은 곧은 것의 지극함이요, 형은 평형의 지극함이요, 곱자는 모나고 둥근 것의 지극함이요, 예는 사람의 도리의 지극함이다. 그러나 예를 법으로 삼지 않는 자는 예를 족히 여기지 않으니, 이들을 일러 도를 알지 못하는 백성이라 하고, 예를 법으로 삼는 자는 예를 족히 여기니, 이러한 자를 도를 갖춘 선비라고 한다. 예가 들어맞으면 사색할 수 있으니 이것을 일컬어 깊이 생각할 줄 아는 사람이라고 하며, 깊이 생각하면서 〔예법을〕 바꾸지 않는 것을 굳건하다고 한다. 깊이 생각할 수 있고 굳건할 수 있으

---

37 견백동이설은 전국 시대의 공손룡公孫龍이 창시한 '이견백離堅白'을 말하는데 돌의 단단함과 흰 속성은 돌을 떠나 독립적으로 존재하는 실체라는 논점이다. 한편 혜시惠施는 '합동이合同異'의 학설을 창안하여 각종 사물의 동일성을 강조하며 차이의 존재 자체를 부정하였는데 두 사람 다 궤변의 색채가 강하다. 한편 '약해진다'의 원문은 '약弱'인데, 『순자』 「예론」에는 '닉溺'이라고 되어 있다.

면서 더욱이 예를 좋아하면 성인인 것이다. 하늘은 높음의 지극한 경지요, 땅은 낮음의 지극한 경지이며, 일월은 밝음의 지극한 경지요, 무궁한 것은 광대함의 지극한 경지요, 성인이란 도의 지극한 경지이다.

〔예는〕 재물로써 그 쓰임을 삼고, 귀하고 천한 것으로써 문식을 삼으며, 많고 적음으로써 차이를 보여 주고, 번거롭고 소략한 것을 가지고 요체로 삼는다. 문식이 번거로우나 정욕이 담담한 것은 예의 융성함이요, 문식이 소박하나 정욕이 번거로운 것은 예의 소략한 것이다. 문식과 정욕이 서로 안팎으로 겉과 속이 되어, 함께 가면서 섞이는 것이 예의 중용이다. 군자는 위로는 그 융성하는 데 이르고, 아래로는 그 담담함을 다하고, 가운데로는 그 중용에 머문다. 걸을 때에나 달릴 때에나 예에서 벗어나지 않으니, 이 때문에 군자의 성품은 〔예의라는〕 궁정을 지킨다. 사람의 영역이 그 영역이니 〔이는〕 선비와 군자이다. 이것에을 벗어나는 것이 평민이다. 이 가운데에서 두루 들고 나며 그 순서를 굽히거나 바르게 하는 것은 성인이다. 그러므로 〔성인이〕 후덕한 까닭은 예의 쌓임이요, 원대함은 예의 넓음이며, 〔인격의〕 숭고함은 예의 융성함이며, 밝음은 예의 곡진함이다.

2

악서
樂書

「예서」와 짝을 이루는 이 편은 '악樂'의 문제를 다루고 있다. 사마천은 유학을 추존하는 당시 정치적 분위기도 반영하면서 나라 제도의 기본 축을 '예'와 '악' 두 가지로 삼고자 하는 의도를 보여 준다. 이 편에서 사마천은 "군자는 겸허함과 물러남으로써 예를 삼고, 〔사욕을〕 덜어 내고 줄임으로써 즐거움을 삼는다."라는 유가 관점에서 출발하면서 음악의 교화 작용과 사회적 기능에 주의를 기울인다. 사마천이 보기에 주나라는 이런 원칙이 지켜졌으나 패권을 앞세우기 시작한 춘추 시대에 이르러 치도가 어그러지면서 음란한 정음鄭音이 흥기하게 되었다는 점을 염두에 둔 것이다.

사마천이 「태사공 자서」에서 「악서」를 쓴 목적을 말하면서 "음악이란 풍속을 옮기고 바꾸는 것이다. …… 사람의 정감이 느끼는 것은 다 같아 〔음악을 사용하면〕 풍속이 다른 먼 곳 〔사람들〕도 이에 따른다."라고 했듯이 이 편에서는 음악과 정치의 밀접한 관계에 근거하여 중국 '악'의 제도사를 서술한다. 사마천은 이 편에서 한 무제가 경국지색인 이 부인李夫人의 오빠 이연년李延年에게 명을 내려 전국의 음악을 채집하게 하고 그 음악의 배열을 정하고 예의와 복색을 바꾸는 등과 같은 정책을 예악의 정신과 연관시켜 해설하고 있다.

『사기지의史記志疑』에 의하면, 「악서」는 후세의 사람이 『예기禮記』의 「악기」를 취하여 보충한 것이라고 하는데 설득력이 있다.[1] 여기서 말하는 악樂의 개념은 노래와 연주 및

---

1 『사기지의』에 따르면 『사기』에는 「악서」가 모두 빠져 있고 현재의 「악서」는 후인이 「악기

춤 등까지도 포괄한다.

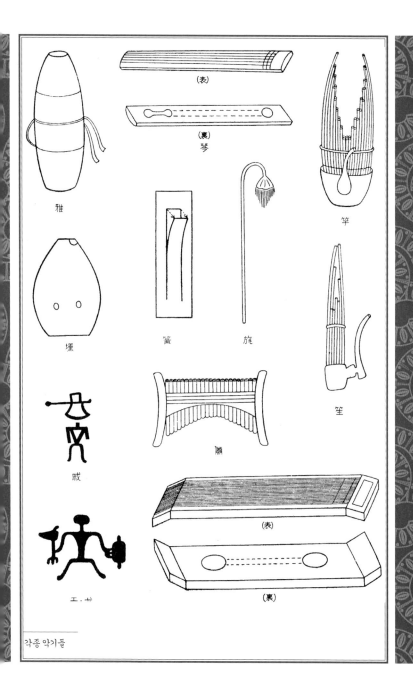

(表)

(裏)

琴

雅

竽

塤

篪

旄

笙

戚

簫

干・戈

(表)

(裏)

각종 악기들

정치가 잘못되면 음악도 음란하다

태사공은 말한다.

내가 「우서虞書」[2]를 읽을 때마다 군주와 신하가 서로 면려勉勵하는 부분에 이르러서는 오직 〔천하의〕 편안함과 위험성을 생각했고, 팔다리 같은 최측근 신하들이 사이가 좋지 않아 모든 일이 무너지고 그르치는 부분에 이르면 일찍이 눈물을 흘리지 않은 적이 없었다. 〔주나라〕 성왕成王은 송頌「주송周頌」의 「소비小毖」 편을 지어, 관숙管叔과 채숙蔡叔의 반란[3] 때문에 슬퍼했고, 나라에 재난관채의 난을 가리킴을 가져오게 된 것을 매우

---

2 『상서尙書』의 한 부분으로 「요전堯典」과 「고요모皐陶謨」 두 편을 포함하며 오늘날 다섯 편이 전해지고 있다. 주로 전설상의 요임금, 순임금, 우임금의 사적을 기록하였다. 여기서는 「고요모」 편에 나오는 내용을 가리키는데, 이 편은 주로 순임금과 우임금과 고요의 정치 문답과 조회에서의 악무樂舞 상황 등을 기록한 것이다.

3 사마천은 「위 강숙 세가衛康叔世家」에서 당시 상황을 이렇게 기록하였다. "무왕이 은나라의 주왕을 멸망시키고 나서 다시 은나라 유민들과 그들이 사는 땅을 주왕의 아들 무경녹보武庚祿父에게 봉하여 제후들과 비슷하게 해 주고 그들 조상의 제사를 받들게 하여 제사가 끊어지지 않도록 했다. 무경이 아직 안정되지 않았으므로 무왕은 그가 반역하려는 마음을 품을까 두려워하여 그의 동생 관숙管叔과 채숙蔡叔으로 하여금 무경녹보를 돕게 하여 은나라 유민들을 화합하도록 했다. 무왕이 세상을 떠났으나 성왕成王은 나이가 어렸다. 이에 주공周公 단旦이 성왕을 대신하여 다스려 국정을 장악했다. 관숙과 채숙은 주공을 의심하고는 곧 무경녹보와 함께 난을 일으켜 성주成周를 공격하려고 했다. 주공 단은 성왕의 명에 따라 군대를 일으켜 은나라를 정벌하고 무경녹보와 관숙을 죽이고 채숙을 추방시키고 무경의 은나라 유민들을 강숙에게 봉하여 위衛나라 군주로 삼아 황하黃河하수河水와 기수淇水 사이의 옛 상허商墟상대 말기의 도읍지였음에 거주하게 하였다."

한탄했으니, 정녕 전전긍긍하면서 시작과 끝을 잘 마무리하려고 한 것[4]이 아니었겠는가? 군자는 곤궁하다고 하여 덕을 닦는 것이 아니며, 부유하다고 하여 예를 버리지 아니하며, 기쁠 때에는 처음의 고난을 생각하고, 평안할 때에는 처음의 위험을 생각하는 것이니, 기름진 못에서 목욕을 하더라도 근면과 고초를 노래로 읊는 것은 위대한 덕이 없다면 누가 이렇게 할 수 있겠는가! 전傳경經을 해석한 것으로 구체적으로는 『시경詩經』의 「모씨전毛氏傳」을 말함에서는 "정치가 안정되고 공적이 이루어지면 예의와 음악이 비로소 일어나게 된다."라고 말했다. 천하에 인의의 도의가 더욱 깊어져서 그 덕망이 더욱 지극해지면 음악도 달라진다. 가득 찼을 때 덜어 내지 않으면 넘치게 되며, 넘쳤을 때 절제하지 않으면 기울어진다. 무릇 음악을 만든다는 것은 음악으로써 〔사람들의 쾌락을〕 절제하기 위한 까닭이다. 군자는 겸허함과 물러남으로써 예를 삼고, 〔사욕을〕 덜어 내고 줄임으로써 즐거움을 삼으니 음악이란 이런 것이다. 지역이 다르고 나라가 다름에 따라 사람의 정서와 풍속도 달라지므로, 곳곳의 풍속과 민요를 널리 수집하고 성률聲律을 조합하고 노랫가락을 지어야만, 시대의 폐단을 보충하고 풍속을 바꾸어 정치와 교화를 도와 흘러가게 할 수 있다. 천자는 몸소 명당明堂[5]에 나아가 음악을 감상하고, 온 백성은 모두 〔음악을 통해〕 사악하고 더러운 마음을 깨끗이 씻어 내고 배부른 것을 헤아

---

4 주나라는 덕으로 은나라를 이겼으나 주 성왕 이후 왕도가 무너지면서 신하가 임금을 능멸하고 심지어 시해하는 등 좋지 않은 사건이 빈번해졌는데 결국 사마천이 「주 본기周本紀」에 "예의와 음악이 바로잡히고 흥성해졌으며 법제를 바르게 개혁했으므로, 백성들이 서로 화목하게 되어 칭송의 노래가 울려 퍼졌다."라고 기록한 것처럼 최후의 결과는 좋았던 것이다.

5 천자가 정치 교화를 베풀던 곳인데 조회, 제사, 교학 등 대전大典이 모두 여기서 행해진다.

려 보며 그들의 성정을 닦게 되는 것이다. 그러므로 「아雅」와 「송頌」[6] 같은 음악을 연주하면 백성들의 풍속이 바르게 되고, 우렁차고 카랑카랑한 노랫소리가 흥성하면 사악한 기운이 고조되고, 정鄭나라와 위衛나라의 악곡[7]이 요동치면 마음이 음란해진다. 그 노래가 조화롭고 화합하는 데 이르면 짐승도 모두 감동되어 교화되는데, 하물며 오상五常[8]을 마음에 품고, 좋고 싫음의 감정을 머금는다는 것은 자연스러운 형세라고 할 수 있는가?

정치의 도의가 이지러지고 무너지자 정나라 음악이 일어났고 봉읍을 받은 군주와 세습 군주처럼 이름을 이웃나라에 떨치고 있는 경우에도 다투어 〔정나라 음악의〕 지위를 서로 높이게 되었다. 공자는 제나라가 바친 여악女樂여자 배우을 노나라에서 받아들인 것을 못마땅하게 여겼고,[9] 비록

---

6 『시경』의 편명으로, 악곡의 분류상 '아'악은 조정의 곡이며 '송'악은 종묘 제사의 곡인데 이 둘을 합쳐 올바른 음악이라는 뜻의 '정악正樂'이라고 한다.

7 이를 일컬어 '정위지음鄭衛之音'이라고 하는데 춘추 시대 정나라와 위나라의 민간 음악을 말한다. 물론 이는 민간 음악이기에 조정 등의 전통 아악과는 그 음조가 달랐고 공자도 정나라 음악은 음란하다고 백안시했으니 그 주된 이유는 남녀 사이의 애정을 노래한 시가 많아서이다.

8 인仁·의義·예禮·지智·신信인 오전五典 혹은 오륜五倫과 같은 개념으로서 군주와 신하 사이에 지켜야 할 도리, 아버지와 자식 사이에 지켜야 할 도리, 부부간에 지켜야 할 도리, 형제 사이에 지켜야 할 도리, 친구 간에 지켜야 할 도리 등을 말한다. 사마천은 「오제 본기五帝本紀」에서 "요는 이를 옳다고 여기고는 순에게 오전을 〔백성들에게〕 신중하게 펴도록 했더니 백성들은 오전을 잘 따랐다. 곧이어 〔순에게〕 백관의 일을 총괄하게 하니, 백관의 일들이 질서가 잡혔다."라고 서술했다.

9 이에 대해 사마천은 「공자 세가」에 자세한 상황을 서술하였다. 당시 공자가 노나라 대부로서 정치를 한 지 석 달이 지났을 무렵 양과 돼지를 파는 사람들이 값을 속이지 않았고 남녀가 길을 갈 때 떨어져 갔으며, 길에 물건이 떨어져도 주위 가지 않았을 만큼 잘 다스려지자 이웃 제나라가 그 선정을 훼방할 목적으로 여악 여든 명을 뽑아 노나라 군주에게 보냈다. 계환자季桓子가 온종일 그녀들의 춤을 관람하면서 정사를 게을리하니 공자는 결국 자로의 건의를 받아들여 노나

물러나 음악을 바로잡아 세상 사람들을 계도하려고 오장五章공자가 계환자를 비웃어 지은 노래의 일부의 악가를 지어 당시의 정치를 풍자했지만, 결국 당시의 풍조를 바꾸지는 못했다. 점차 쇠미해져 육국에 이르러서는 〔군왕들이〕 음악에 빠져들어 마침내 집에 돌아가지도 않고, 결국 자신을 망가뜨리고 씨족을 멸하여 나라도 진秦나라에게 합병되고 말았다.

진秦나라 이세二世[10]는 오로지 〔음악을〕 오락거리로 여겼는데, 승상 이사李斯[11]가 나아가 간언하여 말했다.

"『시詩』와 『서書』를 버리고 가무와 여색에 온 정신을 쏟는 것은 조이祖伊[12]가 두려워한 까닭입니다. 〔주왕은〕 작은 잘못을 하찮게 여기고 온밤을 향락에 젖어 보냈으니, 주 왕조가 멸망하게 된 까닭입니다."

〔환관〕 조고趙高[13]가 말했다.

///////////////

라를 떠나게 된다. 그러자 계환자가 한탄하였다.

10 진나라 이세황제인 호해로서 생존 연대는 기원전 230년에서 기원전 207년이고 재위 기간은 3년이 채 못 된다. 아버지 진시황의 유서를 위조하여 제위에 오른 그는 폭정을 일삼아 결국 진승과 오광 및 항우 등의 봉기에 의해 자살하고 만다.

11 진秦의 정치가로서 초나라 상채上蔡 사람이다. 처음에는 객경으로 있다 진시황의 최측근이 되어 통일 진나라의 제국의 기초를 다지고 나중에 승상의 자리에 올라 중앙 집권 체제를 강화하도록 도왔으나, 나중에 유서 위조 사건에 가담하게 되고 조고의 음해로 결국 비참한 최후를 맞이하며 죽는다. 자세한 것은 「이사 열전李斯列傳」을 참조하기 바란다.

12 상나라 주왕 때의 어진 신하로 서백西伯과 희창姬昌이 군사를 동원하여 여黎를 정벌하자, 그는 희창이 군사를 일으켜 상나라를 칠까 두려워 노래와 주색에 빠져 있는 주왕에게 경계할 것을 간언했지만 주왕은 이를 아랑곳하지 않았다.

13 환관 조고는 진시황이 죽자 호해와 짜고 이사를 끌어들여 유서를 위조하여 호해를 제위에 오르게 하는 공을 세워 낭중령郎中令까지 올랐다. 나중에 이사를 죽이고 스스로 승상이 되었으나 또다시 이세황제를 핍박하여 죽음으로 내몰고 다시 자영子嬰을 왕으로 세웠으나 결국 자영에게 죽임을 당하고 만다.

"오제五帝와 삼왕三王의 음악은 명칭이 각기 다른데 이는 [과거의 것을] 서로 답습하지 않았다는 것을 보여 주는 것입니다. 위로는 조정에 이르고 아래로는 백성들에 이르기까지 음악에 기대어 정을 나누고 은근한 뜻을 융합한 것입니다. 그러지 않으면 화기애애한 감정이 서로 통할 수 없고 베푸는 은택이 전파될 수 없으니, 이 또한 한 시대의 풍습에 지나지 않으며, 그 시대에만 맞는 오락이니 어찌 화산華山이 녹이騄耳[14]를 얻은 후에야 먼 길을 갈 수 있겠습니까?"

진나라 이세가 그의 말이 옳다고 생각했다.

한漢나라 고조高祖[15]가 패현沛縣을 지날 때, 「삼후지장三侯之章」[16]이라는 시를 지어 어린아이들로 하여금 그것을 노래 부르게 했다. 고조가 붕어하자 패현에 명하여 사시四時에 종묘의 제사를 받들고 가무를 행하게 했다. 효혜제孝惠帝와 효문제孝文帝, 효경제孝景帝 때에는 이를 확대하거나 바꾸지 아니하고 다만 악부樂府[17]에서 항상 옛것을 연습하도록 했을 뿐이다.

---

14 진秦나라 목왕穆王의 여덟 준마 중 하나로서 귀가 녹색인 데서 유래되었다. 준마의 대명사이다.

15 한나라 고조는 유방劉邦을 말하는데 그의 고향이 바로 패현이다. 그의 어머니는 교룡과 정을 통하여 임신했다고 한다. 사마천은 유방의 모습을 "고조는 코는 높고 얼굴은 용을 닮았으며 수염이 멋지고 왼쪽 넓적다리에는 검은 점 일흔 개가 있었다. 사람됨이 어질어서 다른 사람을 사랑하고 베풀기를 좋아했으며 성격이 활달했다. 늘 큰 뜻을 품고 일반 사람들의 생산 작업에는 종사하려 하지 않았다. 어른이 되어 시험을 보고 관리가 되어, 사수泗水 정장亭長요역이나 세금 및 도적 체포 일을 담당하는 책임자로 일했는데 관아의 관리들 중 그가 업신여기지 않은 자가 없었다. 술과 여색을 좋아했다."「고조 본기高祖本紀」라고 설명했다.

16 「대풍가大風歌」를 말하는데, '후侯'는 어조사 '혜兮'와 통자로 이 시에서 '혜' 자가 세 번 나와 '삼후지장'이라고 한 것이다.

17 한나라 때 음악을 주관하던 기관인데 혜제 때 악부령이 있었다. 한 무제 때는 한 걸음 더 나

금상今上한 무제를 가리킴이 즉위하자, 〔교사가郊祀歌〕 열아홉 장을 지어 시중侍中[18] 이연년李延年[19]으로 하여금 그 소리에 따라 순서를 매기게 했으며, 그를 협률도위協律都尉궁중에서 쓰는 「아雅」, 「송頌」 등 정악을 관장하는 관직에 제수했다. 한 가지 종류의 경서에 통달한 선비라 하여도 그 가사를 모두 알 수 없었으므로 오경五經[20]에 밝은 선비들박사들을 모두 소집하여 함께 그것을 강독하고 익히게 하고 나서야 비로소 그 뜻을 모두 알 수 있었으니, 그 가사는 대부분 전아典雅한 문장이기 때문이었다.

한漢나라 조정에서는 통상 정월 상순의 신일辛日에 감천궁甘泉宮한나라 때 황제의 행궁에서 태일신太一神전설상 가장 존귀한 천신인데, 이 태일신을 보좌하는 것이 오제임에게 제사를 지냈는데, 어두워질 무렵에 시작하여 날이 밝을 무렵에야 마치게 되었다. 늘 유성流星이 제단 위를 지나갔다.[21] 동남동

***

아가 궁중의 음악을 관장하는 악부를 설립했으며 백성들의 노랫가락을 수집하여 민심을 파악하기도 하고 궁중 음악에 포함시키기도 했다.

18 궁중을 드나들며 황제를 곁에서 모시고 황제의 고문 역을 하는 관직이다.

19 이연년은 중산中山 사람으로 부모, 형제, 자매들도 다 배우로서 춤을 추던 사람이었다. 본래 이연년은 법을 어겨 부형腐刑궁형을 받은 뒤 구중狗中황제의 사냥개를 담당한 관청에서 일을 보았는데 평양 공주가 황제에게 이연년의 누이동생이 춤을 잘 춘다는 말을 하니, 황제는 그의 누이동생을 보고 속으로 기뻐했다. 그녀가 황제 곁에 오게 되자 이연년은 당연히 지위가 올라갔다. 이연년은 노래도 잘 불렀고 새로운 운율도 만들어서, 황제의 뜻을 잘 받들어 새로운 형식의 악시樂詩를 만들어 연주하기도 했다. 그의 누이동생도 황제의 아이를 낳게 되자 이연년은 2000석의 인수를 차게 될 정도가 되었고, 협성률協聲律음악을 담당한 장관로 불렸다. 그러나 이연년은 궁녀와 사통하기도 하는 등 오만방자하게 변했고 그의 누이동생인 이 부인마저 죽은 뒤로는 황제의 사랑도 식어 결국 처형당했다.

20 『주역』, 『서경』, 『시경』, 『예기』, 『춘추』를 말한다. 한 무제가 건원 5년기원전 136년에 오경박사라는 직책을 설치하여 비로소 '오경'이라는 말이 생기게 되었다.

21 유성이 나타나거나 땅에 떨어지면 늘 불길한 일이 일어난다고 보았다. 「진시황 본기秦始皇本

녀童男童女성 경험이 없는 어린 남녀 일흔 명로 하여금 노래를 부르게 했으니, 봄에는 「청양青陽」을 노래 부르고, 여름에는 「주명朱明」을 노래 부르고, 가을에는 「서호西皥」를 노래 부르고, 겨울에는 「현명玄冥」[22]을 노래 불렀다. 〔이 노래의 가사들은〕 세상에 대부분 유행하고 있으므로 여기서는 더는 거론하지 않겠다.

음악의 탄생은 사물에 대한 감동에서 비롯된다

〔황상께서〕 또 일찍이 악규수渥洼水에서 신마神馬를 얻게 되자[23] 다시 「태일지가太一之歌」 한 수를 지었다. 그 가사는 이러하다.

태일께서 천마天馬를 내리시니

피땀에 젖어서[24] 땅도 붉게 물들었구나

紀」에도 "유성流星이 동군東郡에 떨어졌는데 땅에 닿자 돌덩이가 되었다. 백성들 가운데 누군가 그 돌에 새겨 말했다. '진시황이 죽으면 땅이 나누어지리라.'"라는 구절이 있다.

22 '청양', '주명', '서호', '현명'은 「교사가郊祀歌」 중의 노래 이름이다. 가사 첫머리에 나온 두 글자를 따서 붙인 이름이다.

23 무제 때 폭리장暴利長이라는 사람이 형벌을 받아 돈황까지 유배되었는데 그곳에서 희귀한 말 한 필을 얻어 조정에 바치면서 이 말의 출현을 신비롭게 하기 위해 물속에서 뛰어나온 말에 굴레를 씌워 사로잡았다고 하였다.

24 사마천은 「대원 열전大宛列傳」에서 대원을 정벌하러 갔다가 포로로 잡혀 오랜 기간 대원에 머물다가 돌아온 장건張騫의 말을 빌려 "좋은 말이 많은데 말이 피땀을 흘린다고 합니다. 그 말은

내달리는 모습은 만 리를 뛰어넘을 만하여

지금 어느 누가 짝하겠는가, 용이라면 벗이 되겠지[25]

　나중에 대원大宛을 정벌하고 천리마를 얻게 되었는데,[26] 그 말의 이름을 포초蒲梢라고 하고 얼마 후에 다시 노래를 지었다. 그 가사는 이러하다.

천마가 왔으니 서쪽 끝으로부터인데

만 리를 지나 덕 있는 사람에게 귀의했네

영험한 위세를 입어 외국外國바깥 나라을 항복시키고

사막을 건너자 사방의 오랑캐가 복종했네[27]

　중위中尉수도의 치안을 관장하는 관직인데 무제 태초 원년에 집금오로 바뀜 **급암**

본래 천마天馬의 새끼라고 합니다."라고 기록하고 있다.

25　원문은 "태일공혜천마하, 점적한혜말류자, 빙용여혜예만리, 금안필혜룡위우太一貢兮天馬下, 霑赤汗兮沫流赭, 騁容與兮跇萬里, 今安匹兮龍爲友."이다.

26　한나라 무제 태초 4년기원전 101년에 이사장군 이광리가 대원 왕의 머리를 베고 한혈마를 얻어서 돌아온 것을 두고 하는 말이다. 좀 더 구체적으로 보면 대원은 고대 서역의 나라 이름으로 지금의 우즈베키스탄 공화국 내의 한 분지인데, 백성은 주로 농업과 목축에 종사하며 상업에도 뛰어났다. 한 무제가 대원을 정벌한 것은 한혈마라는 유명한 말이 생산되기 때문이라는 설과, 자신이 총애하던 이 부인의 오빠 이광리에게 공을 세울 기회를 주기 위한 것이라는 두 가지 설이 있다. 사마천은 「대원 열전」에서 한 무제가 정벌하는 과정 및 한조가 서역과 왕래하는 과정을 상세히 다루고 있다.

27　원문은 "천마래혜종서극, 경만리혜귀유덕, 승령위혜항외국, 섭류사혜사이복天馬來兮從西極, 經萬里兮歸有德, 承靈威兮降外國, 涉流沙兮四夷服."이다.

汲黯[28]이 진언하여 말했다.

"무릇 왕이 된 자는 음악을 지어 위로는 조상을 받들고, 아래로는 모든 백성을 교화해야 합니다. 이제 폐하께서 말을 얻었다 하여 시를 지어 노래를 부르고 종묘에서 연주하게 하면 선제와 백성들이 어찌 그 음악을 알 수 있겠습니까?"

황상은 말없이 언짢아했다.

승상 공손홍公孫弘[29]이 말했다.

"급암은 성상이 지은 시가의 뜻을 비방했으니 마땅히 씨족을 멸해야 합니다."

무릇 음音음악이 생기는 것은 사람의 마음으로부터 생겨나는 것이다. 사람의 마음의 움직임은 사물物, 외계 사물이나 환경이 그렇게 하기 때문이다. 사물의 느낌을 받아 움직임이 소리에서 나타나고, 소리가 서로 호응하여 변화가 생기게 되고, 변화가 일정한 규칙을 이루게 되면 이를 '음音'이라 한다. 이 음을 배열하고 그것을 연주하고, 다시 간척干戚과 우모羽旄[30] 등으로써 춤을 추게 되면, 이를 일컬어 '악樂'이라 한다. '악'은 '음'으로 말미암아 생겨나는 것이며, 그 근본은 사람의 마음이 사물에 감

---

28 복양 사람으로 무제 때 동해의 태수를 지냈으며, 나중에 구경九卿의 지위에 오르기도 했다. 호걸다운 기질이 있고 청렴하며 직간하기를 좋아하여 오랫동안 자리에 있지 못하고 중간에 그만두는 등 권력의 부침이 심했다.

29 전한前漢의 대신으로 어사대부와 승상을 역임했고 평진후에 봉해졌는데, 그는 무제를 개인적으로 알현할 때 관을 쓰지 않은 채 나아간 적도 있다고 한다. 사마천이 가장 싫어한 인물 중 하나다.

30 옛날에 무도를 행할 때 손에 드는 도구들로서 간척, 즉 방패와 도끼는 「무무武舞」에 쓰이고, 우모, 즉 꿩의 깃털과 모우의 꼬리털은 「문무文舞」에 쓰였다.

동하여 생기는 것이다. 그러므로 그 슬픈 감정이 격하게 움직이면 그 소리가 슬프고 다급하며, 그 즐거운 감정을 일으키는 마음은 그 소리가 평화롭고 느슨하며, 그 기뻐하는 마음이 느껴지는 것은 그 소리가 트여 있고 상쾌하다. 그 분노의 마음이 일어나는 것은 그 소리가 거칠고 매서우며, 그 경애심을 불러일으키는 것은 그 소리가 곧고도 장중하며, 그 사랑의 마음을 불러일으키는 것은 그 소리가 온화하고 부드럽다. 이 여섯 가지는 천성적으로 타고나는 것이 아니라 물에 감동을 느끼고 나서 움직이는 것이니 이 때문에 선왕先王현명한 임금의 비유은 삼가며 그 감정을 일으키는 까닭을 중시했다. 그러므로 〔그들은〕 예로써 사람의 뜻을 이끌고, 악으로써 사람들의 소리를 조화롭게 했으며, 정치로써 사람의 행동을 통일하고, 형벌로써 사람의 간사함을 방지했던 것이다. 예와 악, 형벌과 정치는 그 궁극적인 목표가 한가지이니, 곧 민심을 통일하여 바른 정치를 실현하는 것이다.

무릇 악음樂音이란 사람의 마음에서 생겨나는 것이다. 감정이 마음속에서 움직이므로 소리로 나타나고 소리가 무늬를 이루므로 '음音'이라고 한다. 그러므로 잘 다스려진 시대의 음악은 편안하고 즐거운데 이는 정치가 조화로움을 의미하며, 어지러운 세상의 음악은 원망스럽고 노여운데 이는 정치가 어그러진 것을 의미하며, 멸망하려는 나라의 음악은 슬프고 생각에 잠기게 하는데, 이는 백성들의 곤궁함을 의미한다. 그러므로 성음聲音의 도리는 정치와 통한다고 할 수 있다. 궁宮은 군주이고, 상商은 신하이며, 각角은 백성이고, 치徵는 일사事이며, 우羽는 물物이다. 이 다섯 가지 음악이 문란해지지 않으면 조화되지 않는 소리가 없게 될 것이다. 궁이 어지러우면 황폐해지니 이는 군주가 교만함을 나타내기 때문이고, 상이 어지러우면 사악해지니 이는 신하가 그릇됨을 나타내기 때문이다. 각이 어지러우면 근심스러워지니 이는 백성들이 원한에 차 있음을 나타내기 때문이고, 치가 어지러우면 비애에 젖으니 이는 그 부역이 고되기 때문이다. 우가 어지러우면 위태로워지니 이는 재물이 궁핍한 것을 나타낸다. 오음이 모두 혼란하면 서로 침범하고 충돌하고 짓밟으므로, 이를 일컬어 '만慢방종'이라고 하며, 이와 같은 지경에 이르면 나라의 멸망이 얼마 남지 않은 것이다. 정鄭나라와 위衛나라의 음악은 어지러운 세상의 음악이니, 그것이 곧 방종에 가깝다고 할 것이다. 상간桑間과 복상濮上의 음악은 망하려는 나라의 음악이니, 그 정치는 혼란하고 백성들은 떠돌아다니고 신하는 윗사람을 기만하고 사사로운 이득만 따르게 되어 멈추게 할 수 없는 지경에 이르게 된다.

무릇 음이란 사람의 마음에서 생겨나는 것이요, 악이란 윤리에 통하는 것이다. 이 때문에 성聲을 알고서 음을 모르는 것은 금수이며, 음은 알면서 악을 모르는 것은 서민이다. 오직 군자만이 악을 알 수 있을 것이다. 이 때문에 성을 살핌으로써 음을 알고, 음을 살핌으로써 악을 알며, 악을 살핌으로써 정치를 알게 되니, 다스리는 도리가 〔이렇게〕 갖추어지는 것이다. 이 때문에 성을 알지 못하는 자는 그와 더불어 음을 말할 수 없으며, 음을 알지 못하는 자는 그와 더불어 악을 말할 수 없다. 악을 알게 되면 예를 거의 안다고 할 수 있다. 예와 악을 모두 터득한 사람은 덕이 있다고 말한다. 덕이란 터득했다는 뜻이다. 이 때문에 성대한 악이 가장 듣기 좋은 음은 아니고, 융숭한 제례가 가장 맛있는 음식을 올리는 것은 아니다. 청묘淸廟주나라 문왕文王을 제사하는 종묘. 보통 종묘임의 비파에는 붉은 현과 드문드문한 구멍이 있을 뿐이며, 〔연주할 때〕 한 사람이 부르면 세 사람이 따라 부를 뿐이지만, (연주하고 나면) 남아 있는 소리가 있다.[31] 대향大饗의 예는 현주를 올리고 비린내 나는 생선을 진설하고, 태갱은 간을 하지 않는 것이지만, 그 남아 있는 맛여미餘味이 있다. 선왕이 예악을 제정한 이유는 (사람들의) 입과 배 및 이목의 욕망을 극대화하려는 것이 아니라 장차 사람들에게 자신의 좋고 나쁨의 감정을 조절하도록 가르쳐 주고 사람의 도리의 바른 규범으로 돌아가게 하려는 것이다.

사람이 태어나서 평화롭고 고요한 것은 하늘이 부여한 본성이다. 사물에 감동하여 움직이게 되는 것은 인간 본성의 표출이다. 사물이 도래한 것을 마음속으로 알게 된 연후에 좋고 나쁜 마음이 생겨난다. 만일 좋고 나쁨의 감정을 마음속에서 절제하지 못하면, 지혜는 사물에 미혹되어 최초의 평화롭고 고요한 상태로 돌아가지 못하게 되며 하늘이 준 본성도 사라져 버린다. 사물이 사람을 감동시키는 것은 끊임이 없으며, 또 사람의 좋고 나쁨의 감정이 절제되지 않을 때 사물이 도래하게 되면 사람은 사물에 동화되기 마련이다. 사람이 사물에 동화되면 하늘의 이치를 없어지게 하고 사람의 욕망도 다하게 만든다. 이에 윗사람을 거스르고 속이려는 마음이 있게 되고, 음란하고 방탕하며 난을 일으키려는 일이 생기게 된다. 이 때문에 강한 자는 약한 자를 핍박하며, 다수는 소수를 업신여기며, 지식이 있는 자는 어리석은 자를 속이며, 용맹한 자는 나약한 자를 힘들게 하며, 질병이 있는 자가 요양을 하지 못하며, 노인,

---

31 청묘의 비파는 그 구멍이 성글고 소리가 완만하여 화창하는 사람이 많지 않다. 그런데 그 음의 잔상이 귓가에 남아 있어 오래도록 떠올리게 된다는 것이다. 이는 공자가 말하는 중용적 음악관의 핵심이기도 하다.

어린이, 고아, 과부가 그 자리를 얻지 못하게 되니, 이는 큰 혼란이 일어나는 근원이 된다. 이 때문에 선왕이 예와 악을 제정하여 사람들이 절제할 수 있도록 했다. 상복喪服과 곡읍哭泣의 규정은 장례의 규모를 절제하기 위함이며, 종鐘, 북고鼓, 방패간干, 도끼척戚 등은 안락의 정서를 조화롭게 하기 위함이며, 관계冠笄[32]는 남녀를 구별하기 위함이며, 사향射鄕활 쏘는 전례典禮와 향학鄕學 졸업생을 위한 송별 의식이나 술과 음식으로 빈객을 대접하는 것은 교제와 접대를 바로잡기 위함이다. 예는 백성들의 마음을 조절하는 데에 있고, 음악은 백성들의 소리를 조화롭게 하는 데에 있으며, 정치의 작용은 나라의 정령을 행하는 데에 있으며, 형벌의 작용은 사악한 일을 방지하는 데에 있다. 예禮, 악樂, 형刑, 정政, 이 네 가지가 통달하여 어그러짐이 없게 되면, 왕도가 갖춰졌다고 할 수 있다.

예악이 확립되어야 정치가 고르게 된다

악樂은 (사람들을) 동화하게 하며, 예는 (사람들을) 구별 짓게 한다. 동화하면 서로 친하게 되며, 구별 지으면 서로 공경한다. 악이 지나치면 (사람들로 하여금) 방종하게 하며, 예가 지나치면 (사람들로 하여금) 소원해지게 한다. 감정을 화합하게 하고 외적인 모습을 절제하게 하는 것

---

32 남자가 스물이 되면 관冠을 쓰는 의식을 거행하고, 여자는 열다섯이 되면 비녀를 꽂는 의식을 거행했는데, 오늘날의 성년식과 같다.

이 예와 악의 일이다. 예의 제도가 확립되면 귀함과 천함 사이에 등급이 매겨지고, 악의 형식이 통일되면 위와 아래가 화목해지며, 좋고 나쁨의 분명한 표준이 생기면 어진 사람과 그렇지 못한 사람 사이에 구별이 생기게 된다. 형벌로 흉포함을 금지하고 작위에 어진 자를 천거하면 정치는 고르게 될 것이다. 어진 마음으로 백성을 사랑하고 의리로 백성을 바르게 하면 백성을 잘 다스릴 수 있다.

악은 [사람의] 마음속으로부터 나오는 것이고, 예는 [사람의] 겉모습으로부터 생겨나는 것이다. 악은 마음속에서 나오므로 고요하며, 예는 겉모습으로 표현되므로 꾸밈이 있다. 대악大樂고상한 음악은 반드시 평이하며 대례大禮성대한 의례는 반드시 간소하다. 악이 지극하면 원한이 없어지며, 예가 지극하면 [위아래가] 다투지 않게 된다. 읍을 하고 겸양하여 천하를 다스릴 수 있는 것이 예와 악의 효용이다. 거친 백성이 날뛰지 않으며, 제후들이 공손히 복종하고, 병기가 다시 사용되지 않으며, 오형五刑[33]이 쓰이지 않으며, 백성들이 근심이 없어지고, 천자가 노여워하지 않게 된다면 악의 목적은 달성된 것이다. 아버지와 자식의 친함을 합리적으로 하고, 나이 많은 자와 나이 어린 자의 질서를 분명히 함으로써, 천하 사람들이 공경하게 된다. 천자가 이와 같이 하면 예교의 작용은 실행된 것이다.

대악은 천지와 더불어 화합하게 하고, 대례는 천지와 더불어 절도를

---

33 고대의 다섯 가지 형벌로서 묵墨이마에 먹물로 죄명을 찍어 넣는 형벌, 의劓코를 베는 형벌, 월刖발뒤꿈치를 자르는 형벌, 궁宮남자는 생식기를 자르고, 여자는 음부를 막아 버리는 형벌, 대벽大辟목을 자르는 형벌이다.

지키게 한다. 화합하므로 온갖 사물이 〔그 본성을〕 잃지 않으며, 절도를 지키므로 하늘과 땅에게 제사할 수 있는 것이다. 〔인간 세상이〕 밝으면 예약이 있게 되고, 어두우면 귀신鬼神[34]이 있게 되니 이로써 천하 사람들이 서로 공경하고 서로 사랑하는 마음을 함께하는 것이다. 예란 다른 예절로써 〔사람들로 하여금〕 서로 존경하게 하며, 악이란 다른 예절로써 〔사람들로 하여금〕 서로 친애하게 하는 것이다. 예와 악의 감정이 일치하기 때문에 현명한 제왕은 서로 답습하는 것이다. 그러므로 예의는 당시의 형세와 나란히 하며, 〔악곡의〕 명칭이 공적과 함께하는 것이다. 따라서 종鍾동으로 만든 타악기, 고鼓북, 관管대나무로 만든 피리, 경磬돌로 만든 타악기, 우羽, 약籥, 간干, 척戚은 음악의 도구이며, 굴신屈伸, 부앙俯仰, 취산聚散, 서질舒疾[35]은 악의 형식이며, 보궤簠簋제사 때 기장과 피를 담는 그릇, 조두俎豆[36] 제도, 문장은 예의의 도구이며, 〔예를 행하는 동작인〕 승강昇降당堂에 올라가고 내려옴, 상하上下, 주선周旋두루 펼침, 석습裼襲소매를 말아 올리고 펼치는 것은 예의 형식이다. 그러므로 예와 악의 감정을 아는 사람은 〔예와 악을〕 지을 수 있으며, 예와 악의 표현을 아는 사람은 〔예와 악을〕 강술講述말하여 전수함할 수 있다. 〔예와 악을〕 지을 수 있는 사람을 성인聖人이라 하며, 〔예와 악을〕 강술할 수 있는 사람은 명인明人이라 한다. 명인과 성인이란 강술하고 만들 수 있는 것을 일컫는 말이다.

---

34 고대 중국인은 귀신을 총명한 존재로 인식하여 귀신을 받들고 귀신의 계시에 따랐다.

35 굴신·부앙·취산·서질은 무도할 때 무용수가 취하는 여러 가지 자세를 형용한 말이다.

36 제사 지낼 때 제수를 담아 놓는 예기이다. 조俎는 동이나 나무로 만들었으며 희생 제물을 담는 데 쓰였고, 두豆는 나무로 만들었으며 다리가 높게 달린 쟁반처럼 생겼고 조리한 제물을 담았다.

악이란 천지의 조화이며, 예란 천지의 질서이다. 서로 화합하므로 온갖 사물이 모두 융화하며, 질서가 있으므로 모든 사물이 구별된다. 악은 하늘로 말미암아 일어나고, 예는 땅에 의거하여 만들어진다. (악이) 잘못 만들어지면 혼란스럽게 되며, (예가) 잘못 만들어지면 난폭해진다. 하늘과 땅의 이치에 밝아야만 그런 연후에 예와 악을 일으킬 수 있다. 윤리에 들어맞게 되어 (예를) 해치지 않는 것이 악의 정신이며, (만물로 하여금) 기쁨과 즐거움을 느끼도록 하는 것이 악의 작용이다. 마음속으로 중용에 들어맞아 사악함이 없는 것이 예의 본질이며, 장중하며 공경하며 공손하게 하는 것이 예의 작용이다. 예와 악은 금석金石에서 베풀어지며 성음聲音으로 표출되며, 종묘와 사직에 쓰이고 산천과 귀신을 섬기는 데에 쓰이므로 이 때문에 백성들과 함께하는 것이다.

제왕의 공적이 이루어지면 악을 만들고, 다스림이 안정되면 예를 만든다. 그 공적이 위대하면 그 악은 완비되고, 그 다스림이 널리 시행되면 그 예도 갖춰진다. 방패와 도끼를 든 가무는 완비된 악이 아니며, 희생을 익혀서 제사 지내는 것은 갖춰진 예가 아니다. 오제 때에는 시대가 다르다 하여 악을 서로 이어받지 않았으며, 삼왕三王하夏나라의 우禹, 상商나라의 탕湯, 주周나라의 문왕文王·무왕武王 때에는 세상 일이 각기 다르다 하여 예를 서로 답습하지 않았다. 악이 극도로 치우치면 근심스러워지고, 예가 거칠면 편벽된다. 무릇 악을 돈독히 하면서 근심스럽지 않고 예가 갖추어지면서 편벽되지 않는 것은 아마도 오직 위대한 성인뿐일 것이다. 하늘은 높고 땅은 낮으며, 만물은 다른 곳으로 흩어져 있으니, 예가 제정되고 행해지는 것이다. (음기와 양기가) 교류하여 쉼이 없으면서 두루 함께 동화되므로 악이 일어나는 것이다. 봄이면 싹이 트고 여름에 성장하는 것은 어짊[인仁]의 표현이며, 가을에 거두고 겨울에 갈무리하는 것은 의로움[의義]의 표현이다. 인은 악에 가까우며, 의는 예에 가깝다. 악이란 화합을 돈독히 하며 신[神]을 거느리고 하늘을 좇으며, 예란 마땅함을 판별하고 귀[鬼]와 함께하며 땅을 좇는다. 이 때문에 성인은 악을 지어 하늘의 뜻에 순응하고, 예를 제정하여 땅의 뜻에 호응한다. 예와 악이 명확해지고 완비되면 하늘과 땅은 그 자리를 찾게 된다.

하늘은 존귀하고 땅은 비천하니[천존지비天尊地卑] 군주와 신하의 관계도 이렇게 정해진다. 〔지위의〕 높고 낮음이 이미 드러나고 〔신분의〕 귀하고 천함이 자리를 얻게 된다. 〔음양의 기운이〕 움직이고 정지하는 때에는 일정한 규칙이 있고 크고 작은 일에도 차이가 있다. 사람은 무리끼리 모이고, 사물은 부류에 따라 나뉘니 천성과 특징이 다르기 때문이다. 하늘에서는 〔일월성신의〕 형상을 이루고, 땅에서는 〔산천초목과 인물이〕 형상을 이루니, 이와 같으면 예란 하늘과 땅의 구별 같은 것이다. 땅의 기운은 위로 오르고 하늘의 기운은 아래로 내려가, 음과 양이 서로 부딪치어 하늘과 땅이 서로 격동하며, 그것을 두드리면 천둥과 벽력이 치고, 그것을 〔빠르게〕 북돋으면 비바람이 되며, 그것을 움직이면 사계절이 되고 그것을 해와 달로 따뜻하게 하면 온갖 것들이 동화되어 일어나게 된다. 이와 같으면 악은 하늘과 땅의 조화를 본받은 것이다.

화육에 있어 〔하늘의〕 때에 맞지 않으면 〔만물은〕 생장할 수가 없으며, 남녀 사이에 분별이 없으면 음란하고 방탕해지니, 이는 하늘과 땅 사이의 정서인 것이다. 예와 악이 하늘에 이르고 땅에 충만하며, 음양에서 행해지고 귀신에게서 통용되며, 〔예와 악의 작용은〕 높고 심원한 데에 이를 수 있게 한다. 악이란 하늘에서 시작을 드러내며 예란 만물을 이루게 하려고 머무는 것이다. 쉬지 않는 것을 드러내는 것이 하늘이고 움직이지 않는 것을 드러내는 것이 땅이다. 한 번 움직이고 한 번 멈추는 것이 천지 사이의 만물이다. 그래서 성인聖人공자를 가리킴은 이렇게 말했다.

"예라고 하는 것은, 악이라고 하는 것은예운악운禮云樂云."[37]

옛날 순舜임금은 오현금五弦琴[38]을 만들어 「남풍南風」[39]을 노래 불렀으며 기夔순임금의 악관는 처음으로 악을 만들어 제후들에게 상을 내렸다. 따라서 천자가 악을 지은 것은 제후에게 덕이 있으면 상을 내리려고 한 것이다. 덕이 고상하고 교화가 존엄하며 오곡이 때에 맞춰 익어야만 비로소 (천자는) 제후들에게 악을 상으로 내렸다. 그러므로 그들이 다스리는데 백성이 수고로우면 춤추는 행렬이 띄엄띄엄하고 느슨했다. 따라서 그 춤추는 행렬을 보면 그 제후의 덕을 알 수 있고 그 시호를 들으면 그 행실을 알 수 있다. 「대장大章」은 (요임금의 덕행을) 기려 밝히려는 의미가 있고,[40] 「함지咸池」는 (황제의 덕정이) 완비된 것을 노래한 것이며, 「소韶」는 (순이 요를) 계승한 미덕을 기린 것이며, 「하夏」후대 주나라에서 산천

---

37 이 말은 『논어論語』 「양화陽貨」 편에서, "공자가 말했다. '예라고 하는 것은 예라고 하는 것은 옥과 비단을 말하는 것인가? 악이라고 하는 것은 악이라고 하는 것은 종과 북을 말하는 것인가?'子曰: 禮云禮云, 玉帛云乎哉? 樂云樂云, 鐘鼓云乎哉?'"라고 한 데서 나온 것으로 그 본래의 의미는 예악의 내용이 중요하지 형식은 그다음이라는 것이다.

38 순임금은 신농씨가 만든 고금에 기초하여 문과 무의 두 현을 없애고 궁, 상, 각, 치, 우의 다섯 현만 남겨 오현금을 만들었다고 한다.

39 오늘날까지 그 가사가 전해진다. "따스한 남풍이여/ 우리 백성들의 원한을 녹여 없애 주고/ 때맞춘 남풍이여/ 우리 백성들의 재산을 늘려 주려무나."

40 이 문장의 기본적인 의미는 정현鄭玄이 「대장」에 대해 "요임금의 음악 이름으로 요임금의 덕을 드러내고 밝힌 것이다.堯樂名. 言堯德章明."라고 언급한 것에서 나왔다.

에 제사할 때의 악무로 사용했다고 함는 〔우가 순의〕 공덕을 크게 한 것을 찬양한 것이다. 은과 주의 악은 〔당시의 사회상을〕 모두 표현한 것이다.

하늘과 땅의 도운행의 이치로 말하자면, 추위와 더위가 때에 맞지 않으면 〔백성들이〕 병들게 되고, 바람과 비가 조절되지 못하면 〔백성들이〕 굶주리게 된다. 악교樂敎음악의 교화란 백성들에게는 추위와 더위 같아서, 가르침이 때에 맞지 않으면 세상에 해를 끼치게 된다. 예사禮事예법의 일란 백성들에게 있어 비바람과 같으며, 일이 조절되지 않으면 공로가 없게 된다. 그러므로 선왕이 악을 제정하는 것은 〔하늘과 땅의 도를〕 본받아 다스리는 것이며 잘 다스려지면 〔백성의〕 행위가 도덕규범에 들어맞게 한다는 것을 알 수 있다. 무릇 돼지를 길러 술안주로 삼는 것은 결코 화를 일으키려고 하는 것이 아니다. 그러나 각종 소송 사건이 나날이 증가하는 것은 술과 고기를 먹는 것을 절제하지 못하여 화를 일으켰기 때문이다. 이 때문에 선왕은 주례酒禮연회를 베풀 때의 예절를 제정하여 술을 한 잔 올릴 때마다 주인과 손님이 100번이나 예를 행함으로써 설령 온종일 술을 마신다 할지라도 술에 만취되지 않게 되는 것이다. 이는 선왕이 술에 취하여 주정하고 화를 자초하는 일을 방지하기 위함이었다. 그러므로 술과 음식은 〔주인과 손님이〕 기쁨을 함께할 수 있는 것이다.

악이란 덕을 본받는 까닭이고, 예란 음란함을 막기 위한 까닭이다. 이 때문에 선왕은 상사喪事가 있을 때 반드시 그에 합당한 상례로 슬퍼했다. 또 큰 경사가 있을 때에도 반드시 그에 합당한 예로 즐거워했다. 애도와 기쁨의 구분은 모두 예에 따라 절제하도록 하는 것이다.

악이란 베푸는 것이며, 예란 보답하는 것이다. 악이란 사람의 마음으로 나오는 즐거움을 나타내며, 예란 처음 베풀어 준 사람에 대한 보답이다. 그러므로 악을 제정하는 것은 공덕을 표창하기 위함이며, 예를 제정하는 것은 은정에 보답하기 위함이다. 이른바 대로는 천자의 수레이며, 용기龍旗두 마리의 용을 수놓은 천자의 깃발와 구류九旒아홉 가닥의 장식 술는 천자의 깃발이며 〔귀갑의〕 가장자리가 청흑색인 것은 천자의 보룡寶龍보배로운 용이며, 그들을 뒤따라가는 소와 양의 무리들은 제후들에게 보내는 선물이다.

악이란 〔하늘로부터 받은〕 감정을 표현하는 것으로 변할 수 없는 것이며, 예란 윤리를 반영한 것으로 바꿀 수 없는 것이다. 음악은 〔사람들을〕 통솔하고 동화시키며, 예는 〔사람들을〕 분별하고 차이를 두니 예와 악의 이치는 인정에 관통되어 있다. 〔인간의〕 근본을 궁구히 하면 변화하는 이치를 아는 것이 악의 실질이며, 〔인간의〕 진실을 드러내고 거짓을 제거하는 것이 예의 원칙이다. 예와 악은 하늘과 땅의 뜻에 순응하며, 신령한 은덕에 통달하고, 위아래의 신을 감동시켜 강림하게 하고, 크고 작은 각종 사물을 화육하여, 부자父子와 군신의 관계를 조정하는 것이다. 그러므로 성인이 예와 악을 행함으로써 하늘과 땅이 밝아지는 것이다. 하늘과 땅이 기꺼이 교합하고 음양이 서로 감응하면 온난하고 따뜻하게 만물을 화육한다. 그러고 나서 초목이 무성해지며, 싹틔운 작물은 무성해지고, 날짐승은 날고, 가축은 자라나고, 겨울잠 자던 곤충이 깨어나며, 새들은 알을 품고 새끼를 기르며, 털 달린 짐승들은 새끼를 품으며, 배속에서 자라는 생명체는 유산되지 않고, 알에서 깨어난 생명체는 죽지 않게 되니, 악의 기능에 귀결되는 것이다.

덕행이 이루어지는 것을 먼저 하라

악이란 단지 황종黃鍾율의 하나과 대려大呂육려의 하나, 현악기와 노래, 간척干戚으로 춤추는 것만을 일컫는 것이 아니다. 이러한 것들은 악의 말단이므로 아이들로 하여금 춤추게 하면 된다. 술자리를 차리고, 술과 음식을 [당 위로] 올리고 [섬돌 아래로] 내리며 예로 삼는 것은 예의 말단이므로 담당 관리가 그것을 주관하면 된다. 악사樂師는 악곡과 가사에 대한 판별력이 있지만 그 자리는 군주를 향해 연주하며, 종축宗祝종묘의 의례를 관장하는 관직명은 종묘의 예를 판별하고 있지만 후시後尸제사를 지낼 때 사자를 대신하여 제사를 받는 사람의 일을 맡아 의례를 보필했으며, 상축商祝제사와 상례를 관장하는 관직명은 상례를 잘 알고 있으므로 후주인後主人상주의 뒤에 서서 예의를 보필하는 자으로서 일을 처리한다. 이 때문에 덕행이 이뤄지는 것을 먼저 하고 일을 이루는 것은 나중에 한다. 이 때문에 선왕에게는 위가 있고 아래가 있으며 먼저가 있고 나중이 있으며, 그런 다음에 천하에 [예악을] 만들어 시행할 수 있는 것이다.

예란 성정과 음양강유의 기운이다

무릇 사람에게는 혈기血氣와 심지心知심성과 지혜의 본성이 있으나, 희로애락의 정태는 변화무쌍하지 않으며, 외계 사물의 자극을 받아 격동

한 이후에 비로소 심술心術인간의 내재된 사상과 감정의 형태로 나타난다. 이 때문에 급박하면서 가늘고 속이 타는 듯하고 소리가 낮은 음악이 일어나면 백성들은 생각이 우울해지고, 안락하고 여유롭고 더디고 번잡한 수식의 간략한 절주가 있는 음악이 일어나면 백성들은 편안하여 즐거워한다. 거칠면서 사납고 맹렬하게 일어나 분노하는 듯한 음악이 일어나면 백성들은 굳세고 강하며, 곧고도 굳세며 바르고 엄숙하며 웅장하고 성실한 음악이 일어나면 백성은 엄숙하고 공경하게 된다. 너그럽고 여유롭고 윤기가 있고 조화롭고 활동적인 음악이 일어나면 백성들은 자애로워지고, 사악하고 산만하고 빠르고 방종한 음악이 일어나면 백성들은 음란해진다.

이 때문에 선왕은 인간의 본성에 근본을 두고, 〔오성 십이율의〕 도수度數음률의 법도와 표준를 헤아리며, 예의를 제정하며 생기生氣살아 있는 기운의 조화를 모으고 오상의 행실을 따르며 양의 기운으로 하여금 흩어지지 않게 하고 음으로 하여금 폐색하지 않게 하며 강성한 기운으로 하여금 노여워하지 않게 하고 유순한 기운으로 하여금 두려워하지 않게 했다. 〔음양강유陰陽剛柔의〕 네 가지의 기운이 마음에서 일어나 밖으로 나타나면 모두 그 자리에 편안하여 서로 빼앗지 않게 되는 것이다. 그러고 난 이후에 학등學等학습의 등급이나 진도을 세우고 그 절주를 넓히며 그 문체를 살피고 후덕함을 재었다. 음률의 크고 작은 명칭을 규정하고 음률의 처음과 끝의 순서를 배열하고, 윤리적 관계를 상징하며 친소親疎친하고 가까움, 귀천貴賤귀하고 빈천함, 장유長幼나이의 많고 적음, 남녀 사이의 도리가 음악으로 표현될 수 있다. 그러므로 "음악은 〔사회의〕 그 깊은 것을 보게 된다."라고 말한 것이다.

토양이 피폐해지면 풀과 나무가 자라지 못하며 물이 급히 흘러가면 물고기와 자라가 클 수 없고, 음양의 기가 쇠약하면 생물이 성장할 수 없으며, 세상이 어지러워지면 예의가 없어지고 음악이 음란해진다. 그러므로 그 소리는 슬프나 장중하지 아니하며, 즐거우나 편안하지 않으며, 나태하고 가벼워서 절도를 어기고 빠져들게 되고 근본을 잃게 된다. [성조가] 완만하면 간사함을 용납하게 되고 [성조가] 촉박하면 탐욕을 생각하게 되어, 만물을 기르는 기운을 흔들고 화평의 덕을 없애니 이 때문에 군자는 그것들을 하찮게 여긴 것이다.

덕이란 인성의 근본이며, 악이란 덕행의 꽃이다

무릇 간사한 소리가 사람을 감동시키면 패역(悖逆어그러지고 거스름)의 기운이 이에 감응하고, 거스르는 기운이 형상을 이루면 음란한 음악이 일어난다. 바른 소리가 사람을 감동시키면 순한 기운이 이에 감응하고, 순한 기운이 형상을 이루면 온화한 음악이 일어나게 된다. 부르고 화답하는 것이 응험이 있고 사특한 것과 굽고 곧은 것 사이에는 각자 그 구분이 있으니, 만물의 이치는 같은 무리끼리 서로 움직이는 것이다.

이 때문에 군자는 인간의 본성으로 돌아감으로써 자신의 심지와 조화를 이루며, 좋은 것을 본보기로 삼아 자신의 덕행을 이룬다. 간사한 소리와 음란한 색채가 자신의 총명함을 붙들지 않게 하며 음란한 음악과 사악한 예가 심령에 접하지 않게 하고 게으르고 사악한 기운이 신체에 물들지 않게 하며 이목구비와 마음 및 온갖 몸이 모두 순정함을 따르게 하고 그 의식을 행하도록 한다. 그리고 나서 성음을 통해 표현하고, 금슬로써 연주하며, 간척으로써 춤추고, 우모로써 장식하며, 퉁소와 피리로써 반주하여 〔하늘과 땅의〕 지극한 덕의 빛을 떨치도록 하고, 봄, 여름, 가을, 겨울 사철의 기운을 북돋우며, 기운의 조화로움을 움직여 만물의 이치를 드러낸다. 그러므로 〔격조가〕 청명한 것은 하늘을 본뜨고, 넓고 큰 것은 땅을 본뜨며, 시작과 끝은 사계절을 본뜨며, 빙글빙글 도는 것은 비바람을 본뜨니 오색五色다섯 가지 색깔. 곧 오행五行은 무늬를 이루면서도 문란하지 않고 팔풍八風[41]이 운율을 따르면서도 간사하지 않고, 모든 시각[42]이 그 도수를 얻어 항상성이 있다. 크고 작은 것이 서로 이루어지고, 처음과 끝이 서로 생겨나며 노래하고 화답하고 맑고 탁한 것이 번갈아 가며 서로 법칙을 만든다. 따라서 음악이 행해지면 인륜이 맑아지고 눈과 귀가 밝아지고, 혈기가 평화로워지고, 풍속이 바뀌어 천하가 모두 편안해진다. 그래서 "음악이란 즐거운 것이다."라고 말하는 것이다. 군자는 음악으로 도를 얻고 소인은 음악으로 욕망을 얻는다. 도로써 욕망을 제어하면 즐거우나 음란하지 않고, 욕망으로 도를 잊게 되면 감동해도 즐겁지 않다. 이 때문에 군자는 인간의 본성으로 되돌아감으로써 심지와 조화를 이루며, 음악을 넓힘으로써 그 교화를 이루며, 음악이 행해

---

41 팔풍이란 팔방의 바람으로 염풍炎風동북풍·조풍條風동풍·훈풍薰風동남풍·거풍巨風남풍·양풍凉風서남풍·요풍飂風서풍·여풍麗風서북풍·한풍寒風북풍을 말한다.

42 사마천이 모든 시각, 즉 '백도百度'라고 한 것은 '백각百刻'을 뜻한다. 물이 흘러가는 정도를 새겨 놓고 시간을 쟀는데, 하룻낮과 하룻밤을 백각이라고 했다.

져서 백성들이 바른 길로 향하게 하니, [이로써] 도덕의 교화를 볼 수 있는 것이다.

덕이란 인성의 근본이며, 악이란 덕행의 꽃이며, 쇠붙이金, 즉 종, 돌石, 즉 경쇠, 실絲, 즉 현악기류, 대나무竹, 즉 관악기류는 음악의 도구이다. 시는 그 뜻을 말한 것이고, 노래는 그 소리를 읊은 것이며, 춤은 그 모습을 움직인 것이다. 이 세 가지는 마음에 근본을 두고 난 다음에 악의 기운이 그것에 따른다. 이 때문에 감정이 깊으면 문채가 밝아지고, 기운이 성해지면 변화가 신묘하고, 온화함이 마음속에 쌓이면 영화로움이 바깥으로 피어나니, 악만은 거짓으로 만들 수 없다.

악이란 마음의 움직임이며, 소리란 음악의 형상이며, 문채와 절주는 소리의 수식이다. 군자는 그 근본을 움직여 그 형상을 음악으로 만들고 나서, 그 문식을 다스린다. 이 때문에 먼저 북을 울려 [출연자에게] 경계하게 하고, 세 걸음으로써 그 방향을 보여 주며, 다시 시작하여 나아갈 것을 드러내고, 다시 미성尾聲을 연주하여 돌아오는 것을 꾸민다.[43] 동작이 빠르지만 넘어지지 않고 극도로 그윽하나 숨기지는 않는다. 홀로 그 뜻을 즐거워하고 그 도를 싫어하지 않는다. 그 도를 모두 열거하여 사사롭게 그 욕망을 취하지 않는다. 이 때문에 감정은 표현되어 뜻이 서게 되고 음악이 끝나면 덕이 존중되니 군자는 선을 좋아하고 소인은 허물을 종식시키는 것이다. 그래서 "백성을 기르는 도리로 음악이 큰 역할을 한다."라고 했다.

---

43 주나라 무왕은 군사를 이끌고 난을 평정하러 가 성공하여 돌아온다. 그것을 상징하는 춤 동작을 추었는데 옛날의 악곡의 마지막 한 장은 오늘날의 미성尾聲에 해당된다.

악은 마음을 다스리고 예는 몸을 다스린다

군자는 말한다.

"예와 악은 잠시라도 몸에서 벗어나서는 안 된다. 악에 이르러 마음을 다스릴 수 있으면, 온화하고 정직하며 자애롭고 믿는 마음이 새로운 모습으로 생겨난다. 온화하고 정직하며 자애롭고 믿는 마음이 생겨나면〔마음이〕 즐겁고, 마음이 즐거우면 편안하고, 편안하면 지속될 수 있으며, 지속될 수 있으면 천성에 들어맞게 되고, 천성에 들어맞게 되면 신과 통하게 된다. 천성이 들어맞게 되면 말하지 않아도 믿게 되며 귀신과 통하게 되면 노여워하지 않고도 위엄이 있게 된다. 악에 이르면 마음을 다스릴 수 있고, 예에 이르면 몸을 다스릴 수 있다. 몸을 다스릴 수 있으면 장중해지고 공경하며, 장엄하고 위엄 있게 된다. 마음이 잠시라도 조화롭지 않거나 즐겁지 않으면 비루하고 거짓된 마음이 그 속에 들어가게 될 것이다. 밖으로 드러난 거동이 잠시라도 장중하지 아니하고 공경스럽지 아니하면 태만하고 경솔한 마음이 그 속에 들어가게 된다. 그러므로 음악이란 내면에서 발동하는 것이고, 예란 외면에서 발동하는 것이다. 음악의 최고 경계는 조화로움이고, 예의 최고 경계는 공순함이다. 내심이 화애롭고 외모가 공손하면 백성들은 그 얼굴색을 보고 그와 다투지 않을 것이며, 그의 용모만 바라보아도 백성들은 그를 경솔하고 태만히 여기는 마음이 생겨나지 않을 것이다. 덕의 광채가 내심에서 움직이면 백성들은 그의 말을 듣지 않을 수 없으며, 이치가 겉으로 피어나면 백성들은 그에게 공순하지 않을 수 없다. 그러므로 '예악의 도를 알고 그것을 거론하여 천하를 다스리는 데에 두면 어려움이 없을 것이다.'라고 말한 것이다."

악이란 〔인간의〕 내심에서 움직이며, 예란 〔인간의〕 바깥에서 움직이는 것이다. 그러므로 예는 겸손을 위주로 하고, 악은 풍요로움을 위주로 한다. 예는 겸손함으로써 나아가며 나아가는 것으로 꾸밈을 삼는다. 악은 풍요로움으로써 절제하며 절제하는 것으로 꾸밈을 삼는다. 예가 겸손함만을 따지고 나아가지 않는다면 침체되고 말 것이며, 악이 풍요로움만을 따지고 돌이키지 않는다면 방종해지고 말 것이다. 그러므로 예는 자기 분발을 요구하고, 악은 반성을 요구한다. 예가 자기 분발에 이르면 즐겁고, 악이 반성에 이르면 편안해진다. 예의 자기 분발과 악의 반성은 이치가 한가지이다.

무릇 악은 〔사람을〕 즐겁게 하니, 사람의 성정 가운데 없어서는 안 되는 것이다. 악은 반드시 모든 성음으로 나타나고 동정動靜에서 형상화되니, 이는 인간의 도리이다. 성음과 동정은 성정과 표현 방식의 변화가 이것에서 최고에 달한 것이다. 그러므로 사람에게는 악이 없을 수 없으며, 또 악은 형태가 없을 수 없다. 형태가 있으나 도에 들어맞지 않으면 혼란이 없을 수 없다. 선왕은 그 어지러움을 싫어하여 「아雅」와 「송頌」의 소리를 만들어 인도했으니 그 성음으로 하여금 충분히 즐겁되 방탕하지 않게 했으며, 그 악장으로 하여금 충분히 조리가 있되 틀에 박히지 않게 했으며, 그 곡절과 곧음, 복잡함과 간단함, 담백함과 풍요로움, 높고 낮음과 더딤과 빠름으로 하여금 충분히 사람의 선량한 마음을 감동시키되 방탕한 마음과 사악한 기운이 접근하지 못하게 했으니, 이것이 곧 선왕이 악을 만든 방향이다. 그러므로 악은 종묘에서 군주와 신하 위아래가 함께 그것을 들으면 조화롭고 공경하지 않음이 없으며, 지역의 향리에서 나이가 많건 적건 함께 들으면 조화롭고 온순하지 않음이 없으며, 규문閨門내실內室에서 아버지와 자식 및 형제가 함께 들으면 화목하고 친애하지 않음이 없다. 그러므로 악은 하나를 살펴 그 조화로움을 정하고, 여러 악기로써 그 박자를 조절하고, 박자를 조합하여 악곡을 구성하니, 부자와 군신을 화합하게 하고 만백성을 단결하게 하는데, 이 또한 선왕이 악을 만든 방향이다. 그러므로 「아」, 「송」의 소리를 들으면 뜻이 넓어지게 되며, 간척干戚을 손에 들고 올려보고 내려다보며, 몸을 굽히고 펴는 춤의 형태를 습득하면 용모가 장중해진다. 춤추는 행렬 속에서 박자에 맞추어 춤을 추면 행렬이 바름을 얻게 되며 나아가고 물러남이 가지런해진다. 그러므로 음악은 하늘과 땅의 화합이며, 중화中和의 벼리이며, 사람의 정서로서는 없어서는 안 되는 것이다.

무릇 악은 선왕의 즐거움을 표현한 것이며, 군대와 부월斧鉞은 선왕의 노여움을 표현한 것이다. 그러므로 선왕의 즐거움과 노여움은 모두 상응하는 표현을 얻는다. 기뻐하면 천하가 그에게 화답하고 노여워하면 난을 일으킨 난폭한 자가 그를 두려워한다. 선왕이 예와 악으로 인도하는 것이 성대하다고 말할 수 있다.

군자가 음악을 들어야 하는 데에는 분명한 이유가 있다

위魏나라 문후文侯전국 시대 위나라를 세운 위사魏斯가 자하子夏공자의 제자

로서 문학으로 이름이 남에게 물었다.[44]

"내가 의관을 단정히 하고 옛 음악[45]을 들으면 드러눕게 될까 두려운데 정나라와 위衛나라의 음악을 듣게 되면 싫증나는 줄도 모릅니다. 감히 여쭈건대 옛 음악이 그와 같은 것은 무엇 때문입니까? 새로운 음악이 이와 같은 것은 무엇 때문입니까?"

자하가 대답했다.

"무릇 옛 음악이란 함께 나아가고 함께 물러나는 동작이 정돈되어 가지런하며, 악곡이 조화롭고 평온하며 올바르면서 넓습니다. 현弦금슬 같은 현악기, 포匏죽관 악기, 생황笙篁죽관 악기 등의 악기는 부柎부박柎搏와 고鼓북[46]를 두드리기를 기다려 연주하는데, 처음에 연주할 때에는 문文북을 지칭을 치고, 어지러움을 끝마칠 때에는 무武징을 지칭로써 하며, 연주가 진행되는 동안 어지러움을 다스리려면 상相부柎를 지칭으로 하고, 빠름을 조절하려면 아雅[47]로써 합니다. 군자는 이때에 의견을 말하고 옛일을 말하며 몸과 마음을 수양하여 가정을 다스리고, 천하를 평정하는 것이니, 이것이 옛

---

44 『사기』「오태백 세가吳太伯世家」에서 오나라 왕자 계찰季札이 노나라를 방문했을 때 노나라 음악을 대단히 세밀하게 평가한 부분에서 보이는 것처럼, 당시 군주나 제후들이 나라의 유행하는 음악을 듣고 음악에 정통한 사람을 불러 그 의미를 해석하는 것은 중요한 정치적 사안이기도 했다.

45 앞에서는 주로 '예'와 '악'의 대비 속에서 논지가 전개되어 원전 그대로 두었으나 여기부터는 단지 '악'에 대해서만 거론하므로 일반화하여 '음악'이라고 번역했음을 밝힌다.

46 타악기를 지칭한다. '부'는 상相이라고도 하며 겉은 가죽이며 속은 곡식의 껍질로 채워져 있고 북과 비슷하며 목에 걸고 양손으로 치도록 되어 있다. '고'는 북을 말하며 '부'와 '고' 모두 다른 악기를 이끌어 내는 악기로서 '부'를 친 후에 당상堂上의 악기로 연주하고, 그다음 당하堂下의 악기로 연주한다.

47 일종의 타악기로서 아랫부분은 길고 주둥이는 작고 몸체가 크며 가운데는 튀어나온 원통형이다.

음악의 효과입니다. 지금 '새로운 음악'이란, 나아가고 물러나는 것이 고르지 않고 〔곡조가〕 사악하고 방탕하여 사람으로 하여금 도취되고 미혹되어 헤어날 줄을 모르게 합니다. 게다가 주유侏儒배우와 광대들이 공연할 때 남녀가 뒤섞이고 아버지와 아들도 알지 못합니다. 이러한 음악은 〔공연이〕 끝나고 나서도 말하려고 하는 것의 의미를 알 수 없으며, 옛 음악을 말할 것도 없으니, 이것이 곧 새로운 음악의 효과입니다. 그런데 군왕께서 물으신 것은 악이며 애호하시는 것은 음입니다. 악과 음은 서로 비슷하면서도 다른 것입니다."

〔위나라〕 문후가 물었다.

"감히 여쭈건대 무엇 때문입니까?"

자하가 대답했다.

"옛날에 하늘과 땅이 순응하고 사계절이 합당한 이치를 찾고, 백성들이 덕이 있으며, 오곡이 무르익으며, 질병이 생기지 않고 재앙이 없으면, 이를 태평성세라고 했습니다. 성인이 부자와 군신의 관계를 확정하고 나서 인륜의 기강으로 삼았으니 기강이 바르게 되고 나서 천하가 크게 안정되고, 천하가 안정되고 난 연후에 육률六律[48]을 바로잡아 오성五聲오음五音, 즉 궁, 상, 각, 치, 우을 화합하고, 「시」와 「송」을 연주하고 노래 불렀으니, 이것을 덕음德音이라고 하며, 이 덕음을 악樂이라고 합니다. 『시경』에 이렇게 노래했습니다.

---

48 십이율 중 양성에 속하는 여섯 가지 음인 황종黃鐘, 태주太蔟, 고선姑洗, 유빈蕤賓, 이칙夷則, 무역無射을 말한다.

드넓은 그 덕음이여

그 덕은 사방을 밝히기에 충분하고

그 선악을 분별하기에 충분하니

사람들의 사표가 되고 군주가 되었네

이 위대한 국가에서 왕 노릇 하며

민심에 순응하고 위아래가 친하다

문왕文王에 이르러 〔그 덕이〕 구비되고

그 덕행은 결함이 없네

이미 제왕이 내린 복을 받아

자손에게까지 베풀어지리[49]

이는 바로 덕음을 두고 한 말입니다. 지금 군주께서 좋아하시는 것이 아마도 익음溺音탐닉된 음악이 아닌지요?"

문후가 말했다.

"감히 여쭈건대 익음은 어디로부터 나오는 것입니까?"

자하가 대답했다.

"정나라의 음악은 매우 방탕하여 사람의 마음을 음란하게 하고, 송나라의 음악은 안일하고 나약하여 사람들의 뜻을 탐닉하게 하며, 위나라의 음악은 급박하고 변화가 많아 사람의 마음으로 하여금 번뇌에 싸이게 하며, 제나라의 음악은 오만하고 괴이하여 사람의 마음으로 하여금

---

49 이 시는 『시경』의 「대아大雅 황의皇矣」 편에서 인용한 것이다. '황의皇矣'는 주 왕조가 흥기한 것을 찬미한 첫 수의 시로, 이 소절은 왕계와 문왕의 공덕을 찬양했다.

교만하게 합니다. 이 네 가지는 모두 색정에 치우쳐 도덕에 해로우므로 제사에는 사용하지 않는 것입니다. 『시경』에 '엄숙하면서도 화목한 음악이 화애롭게 울리니, 선조들께서 이를 들으시네숙옹화명, 선조시청肅擁和鳴, 先祖是聽.'[50]라고 했는데, 이른바 '숙肅'은 엄숙하다는 뜻이며, '옹雍'은 화목하다는 뜻입니다. 만일 엄숙히 공경하고도 화목하다면 행하여질 수 없는 것이 뭐가 있겠습니까? 군주 된 자는 그가 좋고 싫어하는 바를 삼갈 뿐입니다. 군주가 좋아하면 신하가 그것을 행하며, 윗사람이 펼치면 백성들도 이를 따르기 때문입니다. 『시경』에 '백성들은 교도矯導하기가 아주 쉽다.'[51]라고 했는데, 바로 이를 두고 한 말입니다. 그런 뒤에 성인이 도鞉, 고鼓, 강椌, 갈楬, 훈壎, 지箎[52]를 만들었으니, 이 여섯 가지는 모두 덕음을 내는 악기입니다. 그리고 나서 종鐘, 경磬, 우竽서른여섯 개의 구멍이 있는 관악기로 생황과 비슷함, 슬瑟을 가지고 그것에 조화시키고, 간干, 척戚, 모旄, 적狄꿩을 가지고 춤을 춥니다. 이것들은 선왕의 종묘에 제사하고 헌수인작獻酬酳酢주연에서 주인과 빈객이 서로 술을 마시며 권하거나 입에 갖다 대는

---

50 이 두 시구는 『시경』의 「주송周頌 유고有瞽」에서 인용한 것이다. '유고'는 주나라 성왕 때 제사에 쓰던 악가의 하나이다.

51 『시경』의 「대아大雅 판板」에서 인용한 것이다. '판'이란 시는 주나라의 대부가 폭군을 풍자한 것이다.

52 도鞉는 손잡이가 달린 일종의 작은북으로, 좌우의 끈에 구슬이 달려 있어 손잡이를 잡고 좌우로 움직여 소리를 내는 타악기이다. 강椌은 나무로 만든 악기인데 축柷이라고도 한다. 갈楬은 호랑이가 엎드린 모양처럼 생겼으며, 나무로 만든 악기다. 강과 갈은 아악을 연주할 때 사용되는데, 시작할 때에는 강을 치고 끝날 때에는 갈을 친다. 훈壎은 도자기로 만든 것으로 취주 악기인데, 마치 계란처럼 생겼으며, 맨 위에 취구가 있고, 앞에 네 개, 뒤에 두 개의 구멍이 있다. 더러는 돌이나 뼈, 상아 등으로 만들기도 한다. 지箎는 대나무로 만든 취주 악기로, 피리와 비슷하게 생겼다.

의식들을 행하는 것이며 관직의 서열과 귀함과 천함이 각기 그 마땅함을 얻게 하는 것이니 이는 후세에 존비와 장유의 서열을 깨우쳐 주기 위한 것입니다. 종의 소리는 낭랑한데, 낭랑함으로써 호령을 세우고, 호령으로써 기세의 웅장함을 세우고 기세의 웅장함으로써 무위武威를 세울 수 있습니다. 그래서 군자가 종의 소리를 들으면 무신武臣을 떠올립니다. 경의 소리는 굳세며, 굳센 것으로써 강경함을 세우고, 강경함으로써 분별을 세우고, 분별로써 죽음에 이르게 합니다. 군자가 경의 소리를 들으면 죽음으로써 변방을 지킨 신하를 떠올립니다. 실줄로 만든 악기 소리는 슬프니, 슬픔으로써 청렴함을 세우고 청렴함으로써 뜻을 세웁니다. 그래서 군자는 금슬의 소리를 들으면 충성과 의로움이 있는 신하를 떠올립니다. 대로 만든 악기 소리는 넓으니 넓음으로써 모여들게 하며, 모여들게 함으로써 민중을 모을 수 있습니다. 그래서 군자가 대로 만든 악기의 소리를 들으면 백성을 사랑하고 민정을 포용하는 신하를 떠올립니다. 큰북과 작은북고비鼓鼙. 두 북은 군중에서 신호로 사용하던 악기임의 소리는 시끄러우니, 시끄러움으로써 사기를 고무시키고, 사기를 고무시킴으로써 대중들을 전진하도록 합니다. 그래서 군자가 큰북과 작은북의 소리를 들으면 대군을 통솔하는 장수를 떠올립니다. 군자는 음악을 들으며 그 귀를 즐겁게 하는 맑고 조화로운 소리를 들으려고 할 뿐만 아니라, 그 [소리] 또한 군자의 마음속에서 들어맞는 바가 있어야 합니다."

공자가 빈모가와 음악에 대해 담론하다

빈모가賓牟賈[53]가 공자를 모시고 앉아 있을 때, 공자가 그와 더불어 말하다가 〔화제가〕 음악에 미치자 말했다.

「무악武樂」은 먼저 〔북을 쳐서〕 경계하는 것이 꽤 오래되고 나서 〔공연하는데〕 무엇 때문인가?"

〔빈모가가〕 대답하여 말했다.

"그 민중의 마음을 얻지 못할까 근심하기 때문입니다."

"〔소리를〕 길게 탄식하고 소리를 끊어지지 않게 하는 것은 무엇 때문인가?"

〔빈모가가〕 대답하여 말했다.

"그것은 무왕이 〔제후들의 군대가〕 주紂를 치는 데 있어 유리한 시기에 도착하지 못할까 두려워하는 것입니다."

"〔공연이 시작되면〕 손을 들고 발을 구르다가 〔연주가〕 아주 빠른데, 이는 무엇 때문인가?"

〔빈모가가〕 대답하여 말했다.

"〔전쟁이〕 때에 이르렀기 때문입니다."

"「무무武舞」에서 〔공연자가〕 오른쪽 무릎을 꿇고 왼쪽 무릎을 든 것은 무엇 때문인가?"

---

53 사람 이름인데, 성이 빈이고 이름이 모가이다. 그의 생애에 대해서는 거의 알려진 것이 없으나 공자의 제자로 보아야 한다는 주이존朱彝尊의 견해가 일리가 있다.

〔빈모가가〕 대답하여 말했다.

"그것은 무릎을 꿇는 것은 아닙니다."

"소리가 느려서 상商나라를 정벌하는 데에 미치는 것은 무엇 때문이오?"

〔빈모가가〕 대답하여 말했다.

"〔그것 또한〕 「무무」의 음악이 아닙니다."

공자가 물었다.

"만일 「무무」의 음악이 아니라고 한다면 무슨 음조인가?"

〔빈모가가〕 대답하여 말했다.

"유사有司담당 관리가 그 전해 오는 내용을 잘못 전한 것입니다. 만일 유사가 그 전해 오는 내용을 잘못 전하지 않았다면 무왕의 뜻이 어리석은 것입니다."

공자가 말했다.

"내가 단지 장홍萇弘[54]에게서 들은 것도 그대의 말과 같았다."

빈모가가 일어나 자리를 피하면서 청하여 말했다.

"「무무」를 공연하기 전에 준비하여 경계하는 데 매우 오래 걸리는 것에 대해서는 가르침을 들어서 알았습니다. 감히 여쭈건대 〔이처럼〕 더디고 더디어 또 오래 끄는 것은 무엇 때문입니까?"

공자가 말했다.

"앉아라. 내가 너에게 말하리라. 무릇 악이란 이루어진 일을 반영한 것이다. 〔춤추는 자들이〕 방패를 들고 산처럼 우뚝 서 있는 것은 무왕의

---

54 주나라 경왕景王·경왕敬王 때의 대부인데, 일찍이 공자가 그에게서 악을 배웠다고 전해지며 천문과 귀신에도 밝았다고 한다. 모반에 연루되어 피살된 인물이다.

일이고[55] 손을 들고 발을 구르는 것은 태공太公[56]의 〔늠름한〕 의지이며, 「무무」가 끝날 무렵에 배우들이 모두 꿇어앉는 것은 주공周公[57]과 소공召公[58]의 다스림을 상징하는 것이다. 또한 「무무」는 시작은 〔무왕이 군사를 동원하여〕 북으로 진격하는 것이고, 둘째 단은 〔무왕이〕 상을 멸한 것이고, 셋째 단은 〔무왕이 승리하여〕 남쪽으로 돌아오는 것이고, 넷째 단은 남쪽의 제후국을 복종시켜 경계를 개척하는 것이고, 다섯째 단은 〔주공과 소공이〕 나누어 다스리는 상황에서 주공은 왼쪽, 소공은 오른쪽에서 다스리는 것이고, 여섯째 단은 본래의 자리로 되돌아와서 천자를 받드는 것이며, 〔춤을 추는데〕 두 대열 사이에 끼어들어 사방을 정벌하고 중원에 성대한 위엄을 드날리는 것이다. 〔춤추는 대열이〕 나누어 나아가는 것은 〔주왕을 치는〕 일이 이미 성공했음을 나타낸다. 〔배우들이〕 무대 위에 오랫동안 서서 움직이지 않는 것은 〔무왕이〕 제후들이 오기를 기다리는 것을 표현한 것이다. 또 너는 목야牧野무왕이 주왕의 군대를 패배시

---

55 주나라 무왕이 폭군 주왕을 치기 위해 제후들을 기다릴 때의 상황을 상징한다.

56 강태공姜太公을 말하며, 서주 초기에 무왕을 도와 상을 멸망시키는 데 혁혁한 공을 세웠고, 나중에 제齊 땅에 봉해졌다.

57 희단姬旦으로 무왕의 동생인데 무무을 도와 상의 주왕을 멸하는 데 큰 공을 세웠으며, 자신이 다스리던 지역 이름이 주周였으므로 주공이라 불렀다. 주나라 무왕이 은나라를 멸망시키는 일을 도와 그 공으로 곡부曲阜 땅을 하사받고 노魯나라라고 불렀다. 무왕이 죽고 조카인 성왕成王이 어린 나이에 즉위하자 그는 섭정에 올라 반란을 일으킨 여러 친족과 외족을 물리쳤다. 또 제도와 예악을 만들어 주나라의 기틀을 다졌다.

58 희석姬奭, 즉 문왕의 서자이다. 일찍이 무왕을 보좌하여 상의 주왕을 멸하는 데 공을 세웠고, 주공과 함께 나이 어린 성왕을 대신하여 섭정했다. 나중에 연燕에 봉해졌다. 사마천은 「연 소공 세가燕召公世家」에서 그의 덕치를 다루고 있으니, 소공이 어진 자를 선발하고 능력 있는 자를 임용하여 백성들과 함께한 것이 덕치 사상에서 나온 것임을 강조하고 있는 것이다.

킨 곳의 전투에 관한 이야기를 혼자 듣지 못했는가? 무왕은 은나라를 이기고 〔그 수도인〕 상으로 돌아오자 수레에서 미처 내리기도 전에 황제의 후손을 계葪에 봉하고, 요임금의 후손을 축祝에 봉하고, 순임금의 후손을 진辰에 봉했다. 수레에서 내리고 나서는 하후씨夏后氏의 후손을 기杞에 봉하고, 은 왕조의 후손을 송宋나라에 봉했으며, 왕자 비간比干의 분묘를 세우고, 기자의 감금을 풀어 주었으며, 〔현인賢人인〕 상용商容에게 사자를 보내서 그 지위를 회복시켜 주었다. 서민들에게는 정치를 느슨하게 하고 보통 관리들에게는 봉록을 배로 주었다. 이어 하수를 건너 서쪽으로 나아가 전마를 화산華山 남쪽에 풀어 놓아 다시는 전거를 끌지 못하도록 했으며, 소들을 도림桃林지명의 들판에 풀어 놓아 다시는 군수품을 운반하지 못하게 했다. 전거와 갑옷을 포장하여 부고府庫관부에서 재물이나 병기 및 갑옷 등을 보관하는 창고에 깊이 보관해 두고 다시는 사용하지 않았으며, 방패와 창을 거꾸로 뒤집어 호랑이 가죽으로 싸 두었으며, 병사들을 거느렸던 장수들은 제후로 봉했으니, 이를 일컬어 '건고建櫜무기를 포대에 넣고 자물쇠를 채우는 것'라고 했다. 그런 연후에 천하 사람들은 무왕이 다시는 군사를 일으키려고 하지 않는 것을 알았다. 그러고는 군대를 해산하고 교사郊射[59]의 의식을 거행했으니, 좌사左射동쪽 교외의 사궁射宮에서는 「이수狸首」[60]를 노래하고 우사右射서쪽 교외의 사궁射宮에서는 「추

---

59 천자가 교외에서 하늘에 제사를 지내고, 사궁射宮에서 활쏘기를 연습시켜 선비를 뽑는 의식이다.

60 일시逸詩없어져서 『시경』에 싣지 못한 옛 시의 편명으로 활 쏘는 행위를 할 때 제후가 이 시를 연주했다고 한다.

우虞「『시경』「소남召南」의 맨 마지막 편명를 노래하여 갑옷을 입고 활을 쏘아 피를 흘리는 전쟁을 중지하는 것을 나타내었다. 사대부는 관을 쓰고 예복을 입고 허리에 홀笏을 차고 천자를 호위하는 용사는 칼을 풀었으며, 명당에서 제사 지내니 백성들은 효孝를 알고, 봄가을에 제왕을 알현하고 난 연후에 제후들은 신하 된 까닭을 알았으며, 천자가 적전籍田을 행한 이후에 제후들은 공경하는 방법을 알게 되었다. 이 다섯 가지는 천하의 큰 가르침이다. 태학太學[61]에서 삼로三老관직에서 물러난 원로와 오경五更천자의 부형父兄의 예로써 예우한 노인에게 먹을거리를 주고, 천자가 친히 웃옷을 벗고 희생의 고기를 잘라 장을 집어서 주고 술잔을 들어 권하고 머리에 면冕을 쓰고 방패를 잡고 춤을 추었으니, 이는 모두 제후들에게 공경하는 도리를 가르쳐 주기 위함이었다. 이와 같이 함으로써, 주나라 왕조의 교화는 사방에 전파되고 예와 악은 서로 통했으니, 「무무」가 더디고 오래된 것은 또한 마땅하지 아니한가?"

자공이 미천한 악공에게 음악을 묻다

자공子貢[62]이 사을師乙악관 이름을 찾아가 물었다.

---

[61] 한나라 무제 때 설치한 학문 기관이다. 우虞순임금 시대에는 상庠을, 하 시대에는 서序를, 상 대商代에는 고종瞽宗을, 주 대周代에는 벽옹辟雍을 설치했다.

[62] 이름이 단목사端木賜이고 위衛나라 사람으로 공자보다 서른한 살 아래이다. 자공은 말재주가

"내가 들으니 악곡은 각 개인에게 맞는 것이 있다고 하는데 나 같은 사람은 무슨 노래가 마땅하겠소?"

사을이 말했다.

"저는 미천한 악공樂工인데, 어찌 제게 어떤 것이 마땅한지를 물을 만하겠습니까? 제가 들은 바를 읊으면 당신 스스로 골라 보시길 청합니다. 〔성격이〕너그럽고 고요하며 부드럽고 올바른 자는 「주송周頌」을 부르는 것이 마땅하며, 〔성격이〕넓으면서도 고요하며 활달하고 믿음이 있는 자는 「대아大雅」를 부르는 것이 마땅하고, 공손하고 검소하여 예를 좋아하는 자는 「소아小雅」를 부르는 것이 마땅하며, 정직하고 청렴하며 겸손한 자는 「국풍國風」을 부르는 것이 마땅하며, 솔직하고 자애로운 자는 「상송商頌」을 부르는 것이 마땅하며, 유순하면서도 과단성이 있는 자는 「제풍齊風」을 부르는 것이 마땅합니다. 노래란 자신에게 솔직하여 덕을 표현하는 것이니, 자신을 움직이면 하늘과 땅도 이에 응하고 사계절이 조화를 이루며 별들의 운행도 질서가 있게 되고 만물이 화육되는 것입니다. 본래 「상송」이라는 노래는 오제가 남긴 소리인데, 상나라 사람이 그것들을 기록했기 때문에 「상송」이라 일컬었으며, 「제풍」이란 삼대三代가 남긴 소리인데 제나라 사람들이 그것을 기록했기 때문에 「제풍」이라 일컫게 된 것입니다. 「상송」의 시에 밝은 자는 일에 임할 때 언제나 과단성

뛰어났지만 공자는 늘 이 점을 꾸짖어 경계시켰다고 사마천은 「중니 제자 열전仲尼弟子列傳」에 적었다. 사마천은 "공자는 문헌을 서술하고, 제자들은 학업을 일으켜 모두 〔제후들의〕스승이 되는데 인을 숭상하고 의를 권장했다. 「중니 제자 열전」 제7을 지었다."「태사공 자서」라고 하면서 그의 제자 일흔일곱 명을 구체적으로 다루고 있다.

이 있으며,「제풍」에 밝은 자는 이익을 보고서도 양보합니다. 일에 임하여 과감한 결단을 하는 것은 용기이며, 이익을 보고도 양보하는 것은 의로움입니다. 용기가 있고 의로움이 있다고 해도 노래가 아니면 누가 이것을 보존하겠습니까? 그러므로 노래라는 것은 (소리가) 위로 올라갈 때에는 솟는 것 같고, 아래로 내려갈 때에는 떨어지는 것 같고, 굽을 때에는 꺾어지는 듯하며, 그칠 때에는 마른 나무 같고, 작게 감돌면 곱자에 들어맞고, 크게 감돌면 그림쇠에 맞으니, 끊임없이 이어져 마치 구슬을 꿴 것 같습니다. 그러므로 노래가 언어가 되는 까닭은 소리를 길게 늘이기 때문입니다. (사람의 마음이) 기쁘면 언어로 말하게 되고, 언어로도 다 말할 수가 없으면 (소리를) 길게 하여 말하게 되고, 길게 말해도 부족하면 읊조리게 되고, 읊조려서도 부족하면 손이 춤추고 발로 뛰는 것도 알지 못하게 되는 것입니다."

이상은「자공문악子貢問樂자공이 음악을 묻다」편이다.

음악이란 망령되게 연주해서는 안 된다

무릇 음악이란 사람의 마음에서 생겨나는 것이며, 하늘이 사람과 서로 통하는 것이 있음은 마치 그림자가 형상을 반영하는 것과 같으며 메아리가 소리에 호응하는 것과 같다. 그러므로 선을 행하는 자에게는 하늘이 복으로써 보답하고 악을 행하는 자에게는 하늘이 재앙을 주니 이것은 자연스러운 것이다.

그리하여 옛날 순임금은 다섯 현의 금슬을 타며 「남풍南風」의 시를 노래하여 천하를 다스렸지만, 주왕은 「조가朝歌」와 「북비北鄙」라는 음악을 연주하다가 자신도 죽고 나라도 망했던 것이다. 순임금의 도는 어째서 넓은가? 주왕의 도는 어째서 좁은가? 「남풍」의 시는 생기 있고 성장하는 음악이기에 순이 그것을 좋아한 것이고, 그 즐거움은 천지와 같은 뜻이었으며 온 제후국들의 환심을 얻었기 때문에 천하를 다스렸던 것이다. 그러나 「조가」라는 노래는 이름 그대로 때에 맞지 않고, '북'은 패배한다는 뜻에 '비'는 비루하다는 뜻이니, 주는 도리어 그것을 좋아했으나 제후국들과는 마음을 달리하여 제후국들이 그에게 귀의하지 않았고 백성들도 그를 친하게 여기지 않아 천하가 그를 배반했기 때문에 자신도 죽고 나라도 멸망하게 된 것이다.

　위衛나라 영공靈公 때, 〔영공이〕 진晉나라에 가다가 복수濮水의 상류에서 묵게 되었다. 한밤중에 거문고를 타는 소리를 듣고 주위 사람들에게 묻자 모두 대답하여 말했다.

　"듣지 못했습니다."

　그러자 사연師涓음악 담당 벼슬아치을 불러 말했다.

　"내가 거문고 타는 소리를 듣고 주위 사람들에게 물었더니 아무도 듣지 못했다고 했소. 그 형상은 마치 귀신이 타는 곡조와 같으니, 나를 위해 듣고 그것을 기록해 두시오."

　사연이 말했다.

　"그렇게 하겠습니다."

　그러고는 거문고를 끌어당겨 들으며 그것을 기록해 두었다.

　이튿날 〔사연이〕 말했다.

"신이 그것을 듣고 음악을 옮겨 적었으나 아직 익히지 못했습니다. 청컨대 하룻밤만 더 머무르며 익히겠습니다."

영공이 말했다.

"그렇게 하시오."

그래서 사연은 하룻밤을 더 묵었다.

이튿날 사연이 보고하여 말했다.

"익혔습니다."

[영공은] 즉시 진나라로 가서 진나라 평공平公을 만났다. 평공이 시혜施惠궁전 이름의 누대에서 주연을 베풀었는데, 술자리가 무르익자 영공이 말했다.

"최근에 이르러 새로운 음악을 들었는데, 그것을 연주하기를 청합니다."

평공이 말했다.

"좋습니다."

그러고는 곧장 사연으로 하여금 사광師曠[63]의 곁에 앉게 하고는 거문고를 주어 그것을 연주하도록 했다. [연주를] 마치기도 전에 사광은 [현을] 어루만지며 제지하여 말했다.

"이는 망국의 소리이니 들을 수 없습니다."

평공이 말했다.

"어째서 그러한가?"

사광이 말했다.

---

63 춘추 시대 진晉나라의 악사로 귀가 밝아 음악에 뛰어난 것으로 유명하다. 소리를 잘 가려들어 길흉을 점쳤다고 한다. 당시 평공 때는 자문 역할을 겸했으며 예언이나 비평을 잘했다.

"(이 곡은) 사연師延전설 속의 악사樂師이 지은 것입니다. 사연은 주왕과 더불어 퇴폐적인 음악을 만들었는데, 무왕이 주왕을 정벌했을 때 사연은 동쪽으로 달아나 복수 한가운데로 뛰어들어 자살했습니다. 그래서 이 음악을 들은 곳이 반드시 복수의 상류일 것이며, 이 소리를 먼저 들은 자의 나라는 쇠망할 것입니다."

평공이 말했다.

"과인이 애호하는 것은 음악이니, 끝까지 듣고 싶소."

사연이 그 곡을 끝까지 연주했다.

평공이 말했다.

"음악 가운데 이보다 더 슬픈 것은 없는가?"

사광이 말했다.

"있습니다."

평공이 말했다.

"(내가) 들을 수 있겠는가?"

사광이 말했다.

"주군의 덕망과 의로움이 엷으면 그것을 들을 수 없습니다."

평공이 말했다.

"과인이 좋아하는 것은 음악이니 그 음악을 들어 보고 싶소."

사광은 할 수 없이 다시 거문고를 끌어당겨 연주했다. 첫째 단을 연주하자 검은 학 열여섯 마리가 날아와 대궐 지붕의 등마루에 모여들었으며, 둘째 단을 연주하자 검은 학들이 목을 빼고 울면서 날개를 펴고 춤을 추기 시작했다. 평공이 크게 기뻐하며 일어나 사광을 위해 축수하고는 자리로 돌아와 앉아 물었다.

"음악 가운데 이보다 더 슬픈 것은 없소?"

사광이 말했다.

"있습니다. 옛날 황제가 〔악곡으로〕 귀신을 크게 모았는데, 지금 군주께서는 덕망과 의로움이 엷어 그것을 듣기에는 부족하니, 그것을 들으면 패망할 것입니다."

평공이 말했다.

"과인은 늙었고, 좋아하는 것은 음악이니 원컨대 그것을 끝까지 듣겠소."

사광은 할 수 없이 거문고를 끌어당겨 연주했다. 첫째 단을 연주하자 흰 구름이 서북쪽으로부터 일어나고 둘째 단을 연주하자 큰바람이 몰아치고 큰비가 내리고 행랑의 기와를 날려 보내니 주위 사람들이 모두 달아났다. 평공은 두려워서 낭옥郎屋행랑의 곁에 있는 궁궐의 내실 사이에 엎드렸다.

그 뒤 진나라는 크게 가물어 3년 동안 풀 한 포기 나지 않았다. 그러므로 듣는 자에 따라 길하기도 하고 흉하기도 하다. 음악이란 망령되게 연주해서는 안 되는 것이다.

성왕이 음악을 즐긴 것은 다스림 때문이다

태사공은 말한다.

무릇 상고 시대의 현명한 왕이 음악을 지어 연주한 것은 마음을 즐겁게 하여 스스로 즐거워하거나 생각을 유쾌하게 하고 내키는 대로 욕망하는 것이 아니었으며 앞으로 잘 다스리기 위함이었다. 바른 교화란 모두 음악에서 시작되며, 음악이 바르게 되면 사람의 행위도 바르게 된다. 그러므로 음악은 사람의 혈맥을 움직이고, 정신을 통하게 하며 마음을 조화롭고 바르게 하는 것이다. 본래 궁성宮聲오음 중 첫째 음은 비장脾臟에서 움직이므로 성스러운 마음을 조화롭고 바르게 하고, 상성商聲오음 중 둘째 음은 폐장肺臟에서 움직이므로 정의로운 마음을 조화롭고 바르게 하며, 각성角聲오음 중 셋째 음은 간장肝臟에서 움직이므로 인애의 마음을 조화롭고 바르게 하고, 치성微聲오음 중 넷째 음은 심장心臟에서 움직이므로 예의를 조화롭고 바르게 하고 우성羽聲오음 중 다섯째 음은 신장腎臟에서 움직이므로 지혜를 조화롭고 바르게 한다. 그러므로 음악은 안으로는 마음을 바르게 하도록 돕고, 밖으로는 귀천을 달리하며, 위로는 종묘를 섬기고 아래로는 백성들을 교화하는 것이다. 거문고의 길이는 8척 1촌이 올바른 기준이다. 현이 큰 것은 궁성이 되고 거문고의 중앙에 배치되어 군주를 상징한다. 상성은 〔거문고의〕 오른쪽에 펼쳐져 있고, 그 나머지 현들은 크기에 따라 서로 엇갈리면서 그 순서를 잃지 않으면 군신의 자리가 바르게 되는 것이다. 그러므로 궁성을 들으면 사람이 따사롭고 온화하며 광대해지고, 상성을 들으면 사람이 곧고 바르며 의를 좋아하게 되며, 각성을 들으면 사람이 측은해하고 사람을 사랑하게 되며, 치성을 들으면 사람이 선을 즐기고 베풀기를 좋아하게 되며, 우성을 들으면 사람이 단정하고 가지런해지고 예를 좋아한다. 무릇 예는 밖에서 안으로 들어오고, 악은 마음속에서 생겨난다. 그러므로 군자는 잠시도 예를 떠날 수 없으며, 잠시라도 예를 떠나게 되면 포악하고 오만한 행위가 바깥을 궁하게 한다. 〔군자는〕 잠시도 악을 떠나서는 안 되며, 잠시라도 악을 떠나면 간사하고 사악한 행위가 사람의 마음속을 궁하게 한다. 그러므로 음악이란 군자가 의를 기르는 것이다. 옛날에 천자와 제후가 종과 경의 소리를 듣고서 조정을 떠나지 않았고 경대부도 금슬의 소리를 듣고서 조정을 떠나지 않은 것은 덕행을 닦아 음란한 것을 예방하기 위함이었다. 본래 음란한 행위는 무례함에서 생겨나므로 성왕은 사람들로 하여금 귀로는 「아」와 「송」의 음악을 들을 수 있도록 하고, 눈으로는 위엄이 있는 예의를 볼 수 있도록 하며, 발로는 공경하는 용모를 행하게 하고, 입으로는 인의의 도리를 말할 수 있도록 했다. 그러므로 군자는 온종일 말하면서도 사악하고 편벽된 것이 들어오지 못하게 만들었던 것이다.

3
율서
律書

「태사공 자서」에서 "병력이 없으면 〔나라는〕 강할 수 없고 덕이 아니면 〔나라는〕 창성할 수 없다."라고 했듯이 사마천은 「율서」를 쓴 목적이 병법과 관련 있다는 점을 분명히 하였다. 사마천은 무제의 전쟁을 강력하게 풍자하려는 의도로 이 편을 지었는데 「율서」 서문의 첫머리만 보아도 이 점을 알 수 있다. 이에 따라 사마천이 병가의 영역에 대해서도 상당한 연구를 한 것으로 짐작할 수 있으나, 안타깝게도 뒷부분 내용은 대부분 병법이 아니라 음률 위주로 기술되어 있어 이것을 두고 후인의 보충이라고 보기도 한다. 말하자면 이 편이 중국 고대의 군사학 방면에 있어서 탁월한 이론적 성취를 이룬 중요한 편임은 분명하지만, 서문을 포함한 전반부를 제외하면 위작의 소지가 매우 크다고 볼 수 있다. 또한 이 편의 중간에 등장하는 "태사공은 말한다." 부분을 기준으로 전·후반부를 나누어 보면 후반부는 팔방, 팔풍, 이십팔수, 십이월, 십이율, 십이자, 십모 사이의 대응 관계 등을 다루고 있는데 이것이 「천관서」와 상당한 연관성을 갖는다는 점에서도 위작의 가능성을 엿볼 수 있다.

율에는 여러 가지 요소들이 섞여 있는데, 한나라 성립 이전부터 음양오행설陰陽五行說[1]과 음률이 뒤섞이고 군君, 신臣, 민民, 사事, 물物 등 비음악적 요소가 혼합되면서 전쟁의 승패를 예측하고 국가의 성쇠를 점치는 신비적인 요소까지 가미되었다. 그러므로

---

1 고대 사상가들은 모든 현상에는 정반正反의 두 가지 측면인 음양이 있고 이 양자가 양립하여 서로 소장消長한다고 보았다. 오행은 목木·화火·토土·금金·수水의 다섯 가지 물질이며 만물의 기원이라고 보았다. 오행의 상생상극相生相克 원리가 유행한 것은 전국 시대였다.

순수 음악의 요소인 율律과 역법 등의 요소인 역歷이 합쳐지게 된 것이다.

그리하여 이 편의 성격을 규정함에 있어 앞의 두 편인 「예서」와 「악서」의 내용과도 상당한 연관 관계를 갖는다고 할 수 있다. 공자는 음악의 교화 작용을 인정하여 음악의 중요한 세 가지 요소 가운데에서 가장 중요한 것으로 '화해和諧'를 꼽았다. 이 두 글자를 통해 백성들의 안정과 심리적 편안함을 추구했으며 일반 사람들이 중용의 미덕을 터득하도록 유도하고자 했다. 두 번째로는 음악이란 빨라야 할 때는 빠르고 느려야 할 경우에는 느려야지 조금도 마음 가는 대로 맡겨서는 안 된다고 했다. 세 번째로는 음악은 사람들로 하여금 정신이 상쾌해지고 기뻐지는 쾌감을 맛보게 하는 것이라 했다. 공자는 음악이 이처럼 중요하다는 것을 알고는 그의 모든 학설을 예악의 기초하에 세우려고 했던 것이다.

二十八宿分野之圖

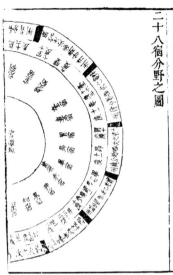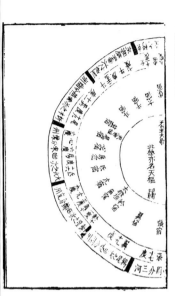

적진의 구름을 바라보는 것이 능사는 아니다

왕이 된 자가 사물의 이치를 만들고 〔사물의〕 법도와 규칙을 젤 때에는 모두 육률六律[2]에 근거를 두었으니, 육률은 모든 일의 근본이 된다. 〔육률은〕 전쟁에 있어 꽤 중요한 의미를 지녀, "적진의 구름을 바라보면 길한지 흉한지 알고,[3] 율려律呂를 들으면 이길지 패할지를 배운다."라고 했으니, 모든 왕들이 바꾸지 않았던 이치인 것이다.

〔주나라〕 무왕이 주왕을 정벌할 때 맹춘孟春부터 계동季冬까지의 〔열두 가지〕 율성을 모두 듣고는 〔소리 속에〕 살기가 서로 드러난다고 하여 성음은 궁성宮聲을 숭상했다.[4] 같은 소리가 서로 따르는 것은 사물의 자연스러운 것이니 어찌 족히 괴이하다 하겠는가.

전쟁이란 성인이 난폭한 자를 토벌하고 난세를 평정하며 장애가 되는 세력을 없애고 위태로움에서 구하는 것이다. 예리한 이빨과 날카로운 뿔

---

2 육률이란 십이율을 육률六律과 육려六呂로 나눈 데서 붙여진 이름이다. 십이율이란 황종黃鐘·대려大呂·태주太簇·협종夾鐘·고선姑洗·중려中呂·유빈蕤賓·임종林鐘·이칙夷則·남려南呂·무역無射·응종應鐘을 말한다. 십이율은 다시 음과 양으로 나뉘어, 그중 홀수인 황종, 태주, 고선, 유빈, 이칙, 무역을 육률이라 하고 짝수인 대려, 협종, 중려, 임종, 남려, 응종을 육려라고 한다. 이 둘을 함께 불러 '율려'라 한다. 음을 정하는 율관은 본래 대나무 또는 옥으로 만들었으며, 구리로 만든 것도 나중에 나왔다.

3 옛사람들은 적진의 상공에 머무르고 있는 운기의 색깔과 영상을 보면 전쟁의 승패를 예측할 수 있다고 믿었다.

4 이 말은 궁성을 통해 장수와 병사들의 마음의 화합을 도모한다는 의미다.

을 가지고 있는 짐승도 침범을 당하면 저항하려 하는데 하물며 좋은 것과 나쁜 것을 구별하고 기쁨과 성냄의 기질을 품고 있는 사람에게 있어서랴! 기쁘면 사랑하는 마음이 생겨나고 노여워하면 악독한 수단이 더해지는 것은 성정性情의 원리인 것이다.

옛날에 황제가 탁록涿鹿의 전쟁에서 염제炎帝[5]의 재앙을 평정했고, 전욱은 공공共工[6]과 싸워 수해를 없앴으며, 성탕成湯은 [걸왕桀王을] 남소南巢로 쫓아내어 하 왕조의 어지러움을 평정했다. 흥함과 망함은 번갈아 일어나는데, 이긴 자가 권력을 잡는 것은 하늘의 명을 받아야 하는 것이다.

그때 이후로 유명한 인사들이 번갈아 나타났으니, 진晉나라는 구범咎犯호언狐偃. 춘추 시대 진 문공의 외삼촌으로 국정 장악의 공로자을 등용했고, 제나라는 왕자王子성보成父를 말하며, 제나라 대부로 일찍이 오랑캐를 이겨 이름을 떨쳤음를 등용했으며, 오吳나라는 손무孫武오왕 합려闔閭 때 장군이 되어 초나라를 공격한 장수를 등용하여 군령을 선포하고 밝혔으며 상벌에 반드시 믿음이 있게 하여 마침내 제후들 사이에서 패권을 장악하고 나라의 영토를 병합하고 넓혔으니, 비록 삼대의 고서誥誓[7]에는 미치지 못했지만, 자신은 총애를 받고 군주들은 존귀해졌으며 당대에 이름을 날

---

5 염제는 중국의 남방 지역을 다스린 불의 화신이며 그의 보좌 신은 불을 다스리는 축융祝融이다. 그는 소의 머리에 사람의 몸을 했으며, 그가 태어나던 날 그 지방의 아홉 군데에서 샘물이 솟구쳤다고 한다.

6 고대 전설 속의 악인으로 환두驩兜, 삼묘三苗, 곤鯀과 함께 사흉四凶으로 불렸다.

7 하, 상, 주 삼대에 왕이 선포한, 일종의 훈계를 담은 글로 『상서』의 「감서甘誓」, 「탕서湯誓」, 「탕고湯誥」, 「대고大誥」 등의 편명을 말한다.

리게 되었으니 정녕 영예롭지 않다고 하겠는가? 어찌 세속의 유생儒生[8]이 나라의 대사大事에 어두워 〔사안의〕 무겁고 가벼움을 헤아리지 못하고, 함부로 덕치를 말하며 용병에 반대하고, 크게는 군주가 욕을 먹고 나라를 지키지 못하는 데에 이르게 하고, 작게는 힘이 약해 침략을 당하여 영토가 줄어들고 미약해졌는데도 끝내 고집스럽게 〔자신의 의견을〕 지키기만 하고 움직이지 않고 기다리기만 하는가! 그러므로 제후의 집안에서는 교훈과 편달이 없어지지 않았으며 나라에서는 형벌이 버려질 수 없었으며, 천하에서는 주살과 정벌이 버려질 수 없었다. 〔그러나〕 그것을 운용하는 데에는 교묘함과 졸렬함이 있고 그것을 실행하는 데에는 〔정의에〕 거스르거나 부합되는 경우가 있을 뿐이다.[9]

하의 걸왕과 은의 주왕이 맨손으로 승냥이와 이리를 때려잡고 맨발로는 네 마리의 말이 끄는 수레를 따라잡을 수 있었던 것은 그 용맹이 작지 않았기 때문이었다. 백 번 싸워 〔백 번〕 이기니 제후들이 두려워 복종했으며, 권세가 가볍지 않은 것이다. 진秦나라 이세황제는 군대를 쓸모없는 땅에 주둔시키고 변방에도 병력을 집결시켰으니 무력이 약하지 않아 흉노匈奴[10]와는 원한을 맺고[11] 월越에게도 화근을 맺었으니[12] 세력이 약한 것이 아닌 것이다. 그러나 그 위엄이 다하고 세력이 다했을 때에는

---

8 왕충王充은 『논형論衡』에서 '유생'의 개념을 이렇게 비유한다. "하나의 경經을 말하는 자를 유생이라고 하고, 고금을 두루 섭렵한 사람을 통인通人이라고 하며, 전해 오는 책을 모아 묶어서 상서上書·진주進奏하는 자는 문인文人이라 하고, 정묘한 사고를 하여 글을 지어 편장을 연결하는 자를 홍유鴻儒라고 한다."

9 원문의 교졸巧拙과 순역順逆의 의미를 풀어 보면 어떤 사람은 고명해지고 어떤 사람은 우둔해지며, 어떤 사람은 인심을 얻지 못하고 어떤 사람은 인심을 얻는다는 뜻이다.

시골의 백성들[13]이 〔진나라를〕 적국으로 삼았다. 그 재난은 무력을 다해도 만족을 알지 못하는 데에서 생겨났으며 약탈하는 데에 즐거움을 느끼는 마음이 쉼이 없었던 것이다.

한漢나라 고조가 천하를 차지했을 때, 세 변방 바깥에서 모반이 있었으며, 큰 나라의 왕들이 비록 번보藩輔제후국라고 일컬었으나, 신하로서의 절개는 다하지 않았다. 마침 고조는 군대의 일에 관한 문제를 〔다루기〕 싫어하고 괴로워했으나, 소하蕭何[14]와 장량張良[15]의 계책이 있었기에 전쟁을 단 한 번에 멈출 수 있었으므로, 제후들을 견제하는 정책이 갖추

///////////

10 본래 흉노는 하후夏后의 후예로서 한漢나라와 동족인데, 한나라에 따르지 않고 북방 초원으로 쫓겨나 사냥과 목축을 하면서 점차 한나라와 멀어졌다. 이들은 식량 부족으로 자주 남침하여 한나라의 골칫거리였다. '흉노'라는 이름은 기원전 4세기 초에 처음 등장한다. 기원전 3세기 말, 아버지 두만頭曼을 살해하고 선우가 된 묵돌冒頓은 중원의 전란을 틈타 동쪽으로는 동호東胡를, 서쪽으로는 월을 공격했고, 남쪽으로는 누번樓煩과 백양白羊을 병합했으며, 북쪽으로 혼유渾庾, 굴사屈射, 정령丁零, 신리新犁를 정복함으로써 만리장성 이북 지역을 통합했다.

11 진시황 32년인 기원전 215년에 몽염蒙恬을 보내 흉노를 공격하고 북방에 장성을 쌓게 한 일을 말한다.

12 진 이세가 아니라 진시황이 영남을 통일한 후에 계림桂林, 남해南海, 상象 등 세 군을 설치한 것을 두고 하는 말이다.

13 구체적으로는 진승陳勝과 오광吳廣 등 필부들을 말한다. 보다 자세한 것은 「진섭 세가陳涉世家」를 참조하기 바란다.

14 『정관정요』에 따르면, 소하의 공은 이러하다. "한나라의 소하는 비록 전쟁터에서 공을 세우지 않았지만, 전시에는 후방에서 지령을 내리고 전후에는 한나라 고조를 천자로 추대했기 때문에 그 공이 첫째가 될 수 있었던 것입니다."

15 사마천은 「태사공 자서」에서 "장막 안에서 꾀를 내어 눈에 보이지 않는 가운데 〔적을〕 제압하고 승리한 것은 자방子房장량이 그 일을 계획하고 꾸몄기 때문이다. 그는 이름이 알려지지도 않고 용감한 공적도 없었으나 어려운 것을 쉽게 해결하고 큰일을 작은 일로 처리했다."라고 하면서 장량을 높이 평가했다.

어지지 않았던 것이다.

효문제가 즉위함에 이르러, 장군 진무陳武 등이 상주하여 말했다.

"남월南越[16]과 조선朝鮮[17]은 강성한 진秦 왕조의 모든 시대에 신하로 복속되었으나[18] 나중에 군사는 험준한 요새에 의지하고 꿈틀대면서 사태를 관망했습니다. 고조 때 천하가 막 평정되고 백성들이 다소 안정되었으므로 다시 군사를 일으키지는 않았습니다. 이제 폐하께서는 어짊과 은혜로 백성들을 어루만지고 은혜와 덕택을 천하에 더하셨으므로 관리와 백성들이 즐거운 마음으로 명령을 따르니 반역의 무리들을 정벌하여 토벌함으로써 변방의 영토를 통일하셔야 합니다."

효문제가 말했다.

"짐朕이 신하들을 임용하면서 이 문제군대를 일으키는 것는 생각하지 못했소. 마침 여씨呂氏들의 반란[19]을 겪었지만 공신들과 종실이 모두 〔짐을

---

16 남월은 진시황 때 중국에 귀속된 지역이다. 진시황 13년에 조타趙佗를 남해 용천의 우두머리로 임명했으나, 진나라 말기에 중원이 혼란스러워지자 조타가 스스로 왕이라 칭한 후 5대에 걸쳐 93년을 내려오다가 한 무제 원정 6년기원전 222년에 다시 한나라에 편입되었다.

17 사마천이 말하는 조선은 곧 동이東夷로서 그 선조가 기자箕子라는 설에 입각하고 있다. 주나라 무왕이 기자를 조선에 책봉했는데, 전국 시대에 이르러 연나라가 진번眞番을 치니 조선은 연나라에 귀속되었다가 연나라가 진나라에게 멸망하자 요동의 변방으로 들어갔다. 한나라 초에 조선에서 변란이 일어나 위만衛滿이 스스로 왕이라 일컬으며 평양에 도읍을 정했는데, 평양은 본래 한나라 낙랑군의 왕검성으로 옛날에는 조선이라 일컬었다.

18 이미 진나라 때 남월 지역에 군현을 설치했는데 진나라 말기의 농민 봉기와 초한 쟁패 과정 등을 거치면서 시대의 혼란을 틈타 그곳의 현령인 조타가 남월 왕으로 자칭하기도 했다. 그러나 한 왕조가 세워지고 나서 무제 원정 원년에 이 지역은 한 왕조의 관할로 들어온다.

19 실제적인 제왕 노릇을 한 여 태후가 죽은 후 여러 여씨들이 권력을 찬탈하려 했던 일들을 가리킨다.

황제로 세우는 것을〕 부끄러워하지 않았으므로 〔짐이〕 잘못하여 바른 자리황제의 자리에 앉게 되어 늘 근심하여 전전긍긍하면서 사건이 수습되지 않을까 걱정했소. 또 병기는 흉물스러운 도구이니, 비록 자신의 바람을 실현할 수 있다 하더라도 〔군사를〕 동원하면 자재를 소모하고 백성들을 병들게 하며 먼 곳까지 보내야 하니 어찌 이런 일을 할 수 있겠소! 또한 선제고조께서는 수고로운 백성들을 번거롭게 할 수 없음을 아셨기에 정벌할 뜻을 실행하지 않았던 것이오. 짐이 어찌 스스로 〔그렇게〕 할 수 있다고 말하겠소! 지금 흉노가 국내로 쳐들어와도 군사들은 공을 세울 수 없고, 변방에 살고 있는 백성들도 모두 병기를 둘러멘 지가 오래되었으니, 짐은 늘 마음이 흔들리게 되고 비통하여 그들을 잊은 적이 하루도 없소. 지금 적대적인 상황을 없앨 수 없으니, 원컨대 변방을 견고히 하고 정찰 초소를 설치하고 화친을 맺어 사절을 파견하고 북쪽 변방을 안정시키는 것이 많은 효과가 있을 것이니, 다시는 군대에 관한 논의를 하지 마시오."

이 때문에 백성들은 안팎으로 요역徭役노역, 병역 등을 모두 포함이 없어져서 밭두둑에서 휴식을 취할 수 있게 되었고, 천하는 부유해져서 속粟이 곡斛당 10여 전에 이르렀고, 닭 울음소리와 개 짖는 소리가 들리고 밥 짓는 연기가 만 리까지 이어졌으니, 정녕 평화롭고 즐겁다고 하겠구나!

태사공은 말한다.

효문제 때 막 천하가 전란에서 벗어나자 백성들은 편안히 생업에 종사했으며 그 하고자 하는 바를 따랐으므로 혼란을 근심하지 않을 수 있었고 따라서 백성들은 드디어 편안하게 되었다. 나이가 예순이나 일흔이 된 노인이 저잣거리에 나가지 아니하고도 어린아이의 모습처럼 순수하고 해맑게 노닐었던 것이다. 〔효문제는〕 공자가 칭찬한 이른바 덕망 있는 군주가 아니겠는가!

팔풍의 대응 관계

『상서』에는 칠정七正칠정七政이라고도 하며 해와 달 및 오성, 즉 수성, 금성, 화성, 목성, 토성의 현상의 변화과 이십팔사二十八舍[20]에 대해 이야기하고 있다. 율력律歷음률音律과 역법曆法은 하늘이 오행五行과 팔정八正[21]의 기운을 소통시키는 까닭이고, 또한 하늘이 만물을 성숙시키는 까닭이다. '사舍'란 해와 달이 머무는 곳이다. '사'라는 것은 기운을 펼치는 것이다.

부주풍不周風서북풍은 서북쪽에 위치하며, 주로 살생을 주관한다. 동쪽의 벽수壁宿이십팔수의 하나. 북쪽의 현무 칠수 중 맨 끝 성수는 부주풍의 동쪽에 위치하는데, 주로 생기를 주관하고, 동쪽으로 가서 실수室宿영실營室. 이십팔수의 하나. 북쪽의 현무 칠수 중 여섯 번째 성수에 이른다. 실수는 양기를 잉태하여 주관하다가 그것을 탄생시키며, 동쪽으로 가서 위수危宿이십팔

---

20 천문학의 한 개념인데, 옛날 사람들이 황도黃道해가 일주할 때 운행하는 궤도와 적도赤道지구의 적도를 천구상에 연장한 선 부근의 항성들을 스물여덟 개의 성좌로 나타냈는데, 이를 일컬어 이십팔사라 하며 여기서 '사' 자는 '수宿' 자와 같다.

21 여덟 가지 계절의 절기로서 입춘立春·춘분春分·입하立夏·하지夏至·입추立秋·추분秋分·입동立冬·동지冬至를 말한다.

수의 하나. 북쪽의 현무 칠수 중 다섯 번째 성수에 이른다. 위危란 허물어진다는 뜻이다. 양기가 여기에 이르러 허물어지기 때문에 위수라고 하는 것이다. 〔위수는〕 10월에 해당되며, 십이율十二律로는 응종應鐘에 해당한다.[22] 응종이란 양기가 상응하지만 작용을 일으키지는 않는 것이다. 그것은 십이지지十二地支로 말하면 해亥에 속한다. 해란 막힌다는 뜻이다. 양기가 땅 아래에 감추어지므로 해라고 하는 것이다.

광막풍廣莫風북풍은 북쪽에 위치한다. 광막廣莫은 양기가 땅 아래에 있어 음기도 크고 양기도 넓은 것을 말하므로 광막이라고 하는 것이다. 동쪽으로 허수虛宿이십팔수의 하나에 이른다. 허虛란 채울 수도 있고 비울 수도 있으니 양기가 겨울에는 허공 속에 감추어지는 것을 말하는 것이다. 동지일冬至日에는 음기는 아래로 숨기 시작하고 양기는 위로 상승하기 시작한다. 그래서 허라고 하는 것이다. 동쪽으로 수녀수須女宿이십팔수의 하나에 이른다. 만물이 원래의 상태를 바꾸어 음기와 양기가 서로 떨어지지 않고 오히려 서로 기다리기 때문에 수녀라고 하는 것이다. 〔수녀수는〕 11월에 해당하며 십이율로는 황종黃鐘에 해당한다. 황종이란 양기가 황천黃泉을 따라 나오는 것을 말한다. 그것은 십이지지로 말하면 자子에 해당한다. 자子란, '자滋'이다. 자滋는 만물이 땅 밑에서부터 성장하는 것을 말한다. 십간十干으로 말하면 임계壬癸에 속한다. 임壬은 임신한다는 뜻으로 양기가 땅 밑에서 만물을 생육함을 말하는 것이다. 계癸는 헤아린다는 뜻으로 만물을 예측할 수 있음을 말한다. 그래서 계라고 한

---

22 옛날 사람들은 기를 살필 때 갈대청 속에 집어넣고, 어느 달이 오면 열두 개 율관 중 어느 율관 속의 재가 흩날리기 시작하느냐를 보고 십이율을 정했다.

다. 동쪽으로는 견우牽牛·우수牛宿. 이십팔수의 하나. 북쪽 현무 칠수 중 두 번째 성
수에 이른다. 견우란 양기가 만물을 끌어당겨 나오는 것을 말한다. 우牛
란 무릅쓴다는 뜻으로, 비록 지면이 얼어붙어 있지만 〔밖으로〕 애써 생
장할 수 있음을 말한다. 우란 땅을 갈아 만물을 심어 가꾸는 것을 말한
다. 동쪽으로는 건성建星우수의 동쪽. 두수의 북쪽에 있는 여섯 개의 별에 이른
다. 건성은 여러 생물을 만들 수 있다. 12월에 해당하며 음률로는 대려大
呂에 해당한다. 대려란 십이지지로 말하면 축丑에 해당한다.[23]

　조풍條風동북풍은 동북쪽에 위치하며, 주로 만물을 주관한다. 조條란
만물을 다스려 그것을 나타나게 한다는 의미이다. 그래서 조풍이라 불린
다. 남쪽으로 가면 기수箕宿에 이른다. 기箕란, 만물의 근본을 말하는 것
이므로 기라고 한다. 〔기수는〕 정월에 해당하며 십이율로는 태주泰簇[24]에
해당한다. 태주란 만물이 빽빽하게 자라나는 것을 말하므로 태주라고
한 것이다. 그것은 십이지지로 말하면 인寅에 해당한다. 인은 만물이 지
렁이가 꿈틀거리며 일어나기 시작하는 것을 말하므로 인이라 한다. 남쪽
으로는 미수尾宿동쪽 칠수 중 여섯째 성수에 이르는데, 만물이 처음에 생기
기 시작하는 모양이 꼬리와 같다는 것을 말한다. 남쪽으로는 심수心宿동
쪽 칠수 중 다섯째 성수에 이르는데, 만물이 처음에 새싹이 돋아나는 것을
말한다. 남쪽으로는 방수房宿동쪽 칠수 중 넷째 성수에 이른다. 방房이란 만
물의 문으로, 문에 이르면 나가게 된다.

　명서풍明庶風동풍은 동쪽에 위치한다. 명서란 만물이 모두 나오는 것

23　이하 누락된 문장이 있는 것으로 보인다.
24　십이율 가운데 하나로 태泰는 대大나 태太 등으로 쓰기도 하며 '주簇'는 '족簇' 자로 쓰기도 한다.

을 밝힌 것이다. 2월에 해당하며 십이율로는 협종夾鐘에 해당한다. 협종
이란 양기와 음기가 양쪽에서 서로 끼는 것[25]을 말한다. 그것은 십이지지
로 말하면 묘卯에 해당한다. 묘는 무성함을 말하는 것이니, 만물이 무성
함을 말한다. 그것은 십간으로 말하면 갑을甲乙에 해당한다. 갑甲이란 만
물이 겉껍데기를 벗고 싹이 트는 것을 말하며, 을乙이란 만물이 처음에
어렵고 곡절曲折이 있게 태어나는 것을 말한다. 남쪽으로는 저수氐宿동쪽
칠수 중 셋째 성수에 이른다. 저氐란 만물이 모두 나타나는 것을 말한다. 남
쪽으로는 항수亢宿동쪽 칠수 중 둘째 성수에 이른다. 항亢이란 만물이 우뚝
자람을 말한다. 남쪽으로는 각수角宿동쪽 칠수 중 첫째 성수에 이른다. 각角
이란 만물이 마치 뿔처럼 가지가 뻗는 것을 말한다. 3월에 해당하며 십
이율로는 고선姑洗에 해당한다. 고선이란 만물이 신선하고 나약하게 생
겨나는 것을 말한다.[26] 그것은 십이지지로 말하면 진辰에 해당한다. 진이
란 만물이 길게 나오려고 한다는 뜻이다.

청명풍淸明風동남풍은 동남쪽 모퉁이에 위치하고, 주로 바람을 주관하
여 만물을 날리게 하는데 서쪽으로 가서 진수軫宿남쪽 칠수 중 맨 끝 성수
에 이른다. 진軫이란 만물이 나날이 커져서 왕성해지는 것을 말한다. 서
쪽으로는 익수翼宿남쪽 칠수 중 여섯째 성수에 이른다. 익翼이란 만물이 모
두 날개를 가지고 있음을 말한다. 4월에 해당하며 십이율로는 중려中呂
에 해당한다. 중려란 만물이 모두 이동하여 서쪽으로 가는 것을 말한

---

25 만물은 음을 버리고 양을 끼고 성장한다는 의미다.
26 만물이 옛것을 버리고 새로운 것으로 나아간다去故就新면 선명하지 않음이 없다는 의미다.

124 사기 서

다.[27] 그것은 십이지지로 말하면 사巳에 해당한다. 사란 양기가 이미 다함을 말한다. 서쪽으로는 칠성七星남쪽 칠수 중 넷째 성수에 이른다. 칠성은 양수陽數가 일곱을 이루므로 그래서 칠성이라 부른다. 서쪽으로는 장수張宿남쪽 칠수 중 다섯째 성수에 이른다. 장張이란 만물이 모두 펼쳐지는 것을 말한다. 서쪽으로는 주수注宿주성注星이라고도 함. 남쪽 칠수 중 셋째 성수에 이른다. 주注란 만물이 쇠미해지기 시작함을 말하는 것이며 양기가 하강하므로 주라고 한 것이다. 5월에 해당하며 십이율로는 유빈蕤賓에 해당한다. 유빈이란 음기가 미약함을 말하므로 유蕤라고 이른 것이며, 음기가 위축되어 제대로 작용을 하지 못함을 빈賓이라고 한다.[28]

경풍景風남풍은 남쪽에 위치한다. 경景이란 양기의 운행이 극에 다다른 것을 말하므로 경풍이라 한 것이다. 그것은 십이지지로 말하면 오午에 해당한다. 오란 음기와 양기가 뒤섞이는 것을 말하므로 오라 이르는 것이다. 그것은 십간으로 말하면 병정丙丁에 해당한다. 병丙이란 양기의 통로가 현저해지는 것을 말하므로 병이라 이르는 것이다. 정丁이란 만물이 강성하고 왕성함을 말하므로 정이라 이르는 것이다. 서쪽으로는 호수弧宿호성弧星이라고도 함. 천랑성 동쪽에 있는 호시성단. 아홉 개의 별이 있음에 이른다. 호弧란 만물이 쇠락하고 곧 죽음에 이르는 것을 말한다. 서쪽으로는 낭성狼星천랑성. 정수의 동남쪽에 있으며, 큰개자리에 속함에 이른다. 낭狼이란 만물을 잴 수 있고 만물을 판단할 수 있는 것을 말하므로 낭이라 이르는 것이다.

양풍涼風서남풍은 서남쪽 모퉁이에 위치하여 지地를 주관한다. 지란 만

---

27 양기는 바깥에 있고 음기는 안에 있으니 중려란 양기 속에 있어 성공을 돕는다는 의미다.
28 양기가 위에 있어 빈객처럼 행사한다는 의미다.

물의 기를 빼앗는 것을 말한다. 6월에 해당하며 십이율로는 임종林鐘에 해당한다. 임종이란 만물이 곧 죽음에 이르러 죽음의 기가 무성함을 말한다. 그것은 십이지지로 말하면 미未에 해당한다. 미란 만물이 모두 성숙하여 감칠맛이 있다는 것을 말한다. 북쪽으로는 벌수罰宿벌성伐星이라고도 함. 삼수의 남쪽에 있는 별에 이른다. 벌罰이란 만물의 기운을 빼앗고 꺾을 수 있음을 말한다. 북쪽으로는 삼수參宿서쪽 백호 칠수 중 맨 끝 성수에 이른다. 삼參이란 만물을 살필 수 있음을 말하므로 삼이라 이른 것이다. 7월에 해당하며 십이율로는 이칙夷則에 해당한다. 이칙이란 음기가 만물을 손상시키는 것을 말한다. 그것은 십이지지로 말하면 신申에 해당한다. 신이란 음기가 사물에 작용하는 것을 말하며 만물을 손상시키기 때문에 신이라 이른 것이다. 북쪽으로는 탁수濁宿서쪽 백호 칠수 중 다섯째 성수에 이른다. 탁濁이란 부딪힌다는 뜻으로, 만물이 모두 죽음에 부딪히는 것을 말하므로 탁이라 이르는 것이다. 북쪽으로는 유수留宿서쪽 백호 칠수 중 넷째 성수에 이른다. 유留란 아직 양기가 머무르고 있음을 말하므로 유라 이르는 것이다. 8월에 해당하며 십이율로는 남려南呂에 해당한다. 남려란 양기가 들어가 깊이 감추어지는 상태를 말한다. 그것은 십이지지로 말하면 유酉에 해당한다. 유란 만물이 노쇠한 것을 말하므로 유라 이르는 것이다.

창합풍閶闔風서풍. 추분에 도래함은 서쪽에 위치한다. 창閶이란 인도한다는 뜻이며, 합闔이란 감춘다는 뜻이다. [이는] 양기가 만물을 인도하여 황천 아래로 감추어 버리는 것을 말한다. 그것은 십간으로 말하면 경신庚申에 해당한다. 경庚이란 음기가 만물을 바꾸는 것을 말하므로 경이라 이르는 것이다. 신申이란 만물이 새로이 생겨남을 말하므로 신이라 이르는 것이다. 북쪽으로는 위수胃宿서쪽 백호 칠수 중 둘째 성수에 이른다. 위胃

란 양기가 숨는 곳으로, 모두 위胃로 들어가는 것을 말한다. 북쪽으로는 누수婁宿서쪽 백호 칠수 중 둘째 성수에 이른다. 누婁란 만물을 불러 받아들인다는 뜻이다. 북쪽으로는 규수奎宿서쪽 백호 칠수 중 첫째 성수에 이른다. 규奎란 독으로 주관하고 쏘아서 만물을 죽인다는 뜻으로 그것을 받아들이고 감춘다는 뜻이다. 9월에 해당하며 십이율로는 무역無射에 해당한다. 무역이란 음기가 왕성하여 양기가 남아 있지 않은 것을 말하므로 무역이라 이르는 것이다. 그것은 십이지지로 말하면 술戌에 해당한다. 술이란 만물이 모두 없어지는 것을 말하므로 술이라 이르는 것이다.

율수를 계산하는 방법

율수律數율관 길이의 치수

9의 제곱인 81푼 길이의 율관을 궁성宮聲으로 한다.[29] 〔이 율관의 길이에서〕 3분의 1을 제거한 54푼 길이의 율관을 치성徵聲으로 한다. 〔이 율관의 길이에〕 3분의 1을 더한 72푼 길이의 율관을 상성商聲으로 한다. 〔이 율관의 길이에〕 3분의 1을 제거한 48푼 길이의 율관을 우성羽聲으로 한다. 〔이 율관의 길이에〕 3분의 1을 더한 64푼 길이의 율관을 각성角

---

29 옛사람들은 9를 순수한 양의 수로 여겼으며, 만물의 시원으로 생각했다. 그래서 9를 제곱한 수를 황종 율관의 길이로 정했고 이 율관을 통해 나오는 소리가 궁성이다.

聲으로 한다.

황종의 길이는 8촌 7분의 1푼으로 궁성이다. 대려의 길이는 7촌 5와 3분의 2푼이다. 태주의 길이는 7촌 70분의 2푼으로 각성이다. 협종의 길이는 6촌 7과 3분의 1푼이다. 중려의 길이는 5촌 9와 3분의 2푼으로 치성이다. 유빈의 길이는 5촌 6과 3분의 2푼이다. 임종의 길이는 5촌 10분의 4촌으로 각성이다. 이칙의 길이는 5촌 3분의 2푼으로 상성이다. 남려의 길이는 4촌 10분의 8촌으로 치성이다. 무역의 길이는 4촌 4와 3분의 2푼이다. 응종의 길이는 4촌 2와 3분의 2푼으로 우성이다.[30]

황종률黃鐘律중국 고대 십이율의 하나에서 일어나는 비례는 다음과 같다. 자子황종는 1푼이다.[31] 축丑임종은 3분의 2이다. 인寅태주은 9분의 8이다. 묘卯남려는 27분의 16이다. 진辰고선은 81분의 64이다. 사巳응종는 243분의 128이다. 오午유빈는 729분의 512이다. 미未대려는 2180분의 2148이다. 신申이칙은 6561분의 4096이다. 유酉협종는 1만 9683분의 1만 6384이다. 술戌무역은 5만 9049분의 3만 2768이다. 해亥중려는 17만 7147분의 13만 1072이다.

황종률을 계산하는 방법은 다음과 같다. 하생下生하나의 율관에서 3분의 1의 길이를 빼 가면서 율관을 생산하는 방식은 그 실수實數분자에 2를 곱하고 3으로 나누는 것이다. 상생上生은 그 실수에 4를 곱하고 3으로 나

---

30 옛날 사람들은 황종을 81푼으로 정한 다음, 이를 기초로 하여 3분의 1을 증감하여 다른 율의 길이를 구했다. 이를 일컬어 삼분손익법이라 한다.

31 '자子'는 황종을 대신하는 말이다. 황종을 기본 수인 1로 보고 기타 각 율을 비례의 방법으로 구하는 방법을 보인 것이며, 십이지지로 십이율을 대칭한 것이다.

누는 것이다. 가장 높은 배수는 9이고, 상성의 배수는 8이며, 우성의 배수는 7이고, 각성의 배수는 6이며, 궁성의 배수는 5이며, 치성의 배수는 9이다. 1을 기수基數로 삼아 아홉제곱한 3을 법分모으로 삼는다. 실분자이 법分모과 같으면 얻는 수는 1이다. 무릇 얻어지는 수가 9촌이면 이를 '황종의 궁宮'이라고 한다. 그러므로 음은 궁성에서 비롯되고 각성에서 끝난다. 수數는 1에서 시작되고 10에서 끝나며 3에서 완성된다. 기후의 변화는 동지에서 시작되어 1년을 주기로 하여 다시 생겨난다.

신神은 무無에서 생기고,[32] 형形형체은 유有에서 형성되며, 형이 있은 후에 수數가 있고, 형을 이루고 나서 성聲을 이룬다. 그러므로 신이 기氣를 지배하고, 기가 형체를 이룬다고 하는 것이다. 형체와 이치가 같은 것도 있고 다른 것도 있다. 어떤 것은 형체와 다르고 종류도 다르고, 어떤 것은 형체와 같고 종류도 같다. 종류에 따라 나눌 수 있고 종류에 따라 식별할 수 있다. 성인은 천지 만물의 구분을 알고 있기 때문에 이로부터 있는 곳으로부터 없는 곳으로까지 이르며 그 세밀하고 자질구레한 기운을 얻게 되며 오성의 성률처럼 미묘할 수도 있다. 그러나 성인은 신에 의거하여 그것만물을 살피고 비록 미묘할지라도 반드시 감정을 드러내며 그 신묘한 도를 분명하게 드러낼 수 있다. 성스러운 마음이 없이 총명함에만 의지하려 한다면 누가 능히 천지신과 성형成形의 정을 살필 수 있겠는가? 신이란, 만물이 그것을 받아들이면서도 그 오고 가는 것을 알 수 없는 것이다. 그러므로 성인은 그것에 대해 외경하면서도 살피려는 것이

---

32 '신'이란 노자가 말하는 '도'와 유사하고, '무'란 '허무'의 경계를 지칭한다.

다. 오직 그것을 파악하려고 한다면 신도 또한 존재한다. 무릇 〔보통 사람이〕 그것을 보존하려고 하므로 가장 귀한 것으로 여긴다.

태사공은 말한다.

〔천문 관측 기구인〕 선기옥형旋璣玉衡[33]으로 칠정을 가지런히 하니 곧 하늘과 땅 및 이십팔수이다. 십간, 십이지지, 십이율의 조화는 상고上古 시대부터 시작되었다. 율律을 세우고, 역법을 계산하고, 해가 운행하는 도수度數를 헤아리면 이를 근거로 하여 측정했다. 사물과 천지 규율을 부합시키고 도덕을 통하게 하는 것은 이 모든 것에 율력을 세우는 것이다.

---

33 선기는 본래 천문을 관측하는 기구로 혼천의渾天儀를 상징한다. 옥형은 혼천의의 횡통橫筒을 상징한다.

4
◎
역서
曆書

역법曆法은 대대로 중국 천문학에서 중요한 부분을 차지한다. 역법은 기후를 예측하여 농사에 큰 도움을 주었을 뿐 아니라 역법을 기준으로 별자리 등을 관찰하여 전쟁을 일으키는 등 군사 작전에도 매우 유용했으며, 왕조의 흥망과 성쇠를 점치거나 국가에서 발생하는 중대한 사건을 예측하는 데 쓰이기도 했다.

역법은 기본적으로 음양과 오행의 운행의 원칙에서 추론한 것인데, 이 편을 통해 사마천은 역법의 발생과 발전의 과정에 대하여 천시天時와 관련된다는 점을 적시하고 있다. 아울러 사마천은 역법이 차지하고 있는 사회적 의의를 논하면서 여러 가지 역법의 원리 등을 검토하고 하, 은, 주 삼대 이후 존재하는 정치와 역법의 상호 관계 위주로 서술한다. 특히 한 무제가 행한 개력改曆의 배경에 대해서 비교적 상세하게 설명한다. 사마천은 주로 '역술 「갑자편」'에서 자료를 가져왔으며 이십사절기 등 완정한 역보를 추론해 내고 있다. 여기서 왜 사마천이 '태초력太初曆'을 근거로 삼아 이 편을 기술하지 않고 '역술 「갑자편」'만을 붙였느냐 하는 점은 주요한 논란거리이기도 하다.

사마천이 「태사공 자서」에서 그의 아버지의 말을 인용하여 "법률과 역법의 개정, 병권, 산천, 귀신, 천인天人, 시세 변화에 따라 폐해지는 것을 살피고, 세상의 변화에 적응해 나가는 내용으로 팔서를 만들었다."라고 한 데서 알 수 있듯이, 그는 기본적으로 태초력

---

1 태초력은 한나라 무제 태초太初 원년부터 사용했는데, 이것은 정월을 한 해의 시작으로 삼았다.

의 사상적 근원 자체에 우호적이지 않았으며, 천인감응이라는 한 무제의 천인관에 대해서도 꽤 부정적이었기 때문에 이런 입장을 드러낸 것으로 보인다. 사마천은 의식적으로 역법의 도덕 문제를 함께 거론하면서 국가의 운명이 민생과 관련되고 있다는 점을 분명히 하고 있다. 아울러 사마천이 제시한 특수한 연명은 예로부터 거의 사용하지 않는 기이한 명칭인데 그가 왜 이런 명칭을 사용했는지는 아직 명확히 밝혀지지 않았다.

서주 시대에 기원한 이십사절기 그림

왕이 되려는 자가 역법에 정통해야 하는 이유

오랜 옛날로부터 전해 오는 역법에서는 정월이 맹춘孟春[2]에서 시작된다. 이때에 눈과 얼음이 녹고, 겨울잠 자던 동물들이 활동하기 시작하며, 온갖 초목이 왕성하게 싹을 틔워 성장하고, 두견새가 먼저 지저귄다. 만물은 세시歲時와 더불어 생장하고, 봄에 생명이 눈을 뜨며 차례대로 사계절을 거치고, 마침내 겨울이 가고 봄이 온다. 이때 닭이 세 번 울면 (새해의) 날이 밝는다. 열두 달의 절기에 따라 건축建丑의 월하력夏曆의 12월에 (열두 달이) 끝난다. 해와 달이 (제 모습을) 갖춤에 따라 밝음을 얻는다. 밝음이란 어른이며, 어둠은 어린아이이고 어둠과 밝은 것은 암컷과 수컷의 관계와 같다. 암컷과 수컷이 번갈아 일어나며 지극히 바른 정통에 따른다.[3] 해는 서쪽에서 지고 동쪽에서 밝아 오기 시작한다. 달은 동쪽에서 지고 서쪽에서 밝아 오기 시작한다. 정월을 정하는 데 있어 하늘

---

2 한 계절을 셋으로 나누어 각 한 달을 맹孟, 중仲, 계季라고 했는데, 맹춘은 봄의 석 달 중 첫 달로 초봄을 말한다. 옛날에는 황혼 무렵에 북두 두병斗柄의 방향에 의거해서 계절을 정했는데 북쪽에 있으면 자월子月이고 북쪽에서 동쪽으로 편향되면 축월丑月이고 동쪽에서 북쪽으로 편향되면 인월寅月이고 정동쪽이면 묘월卯月이다. 저녁에 두병이 자子의 달을 정월로 삼는 것을 역법에서는 자정子正이라고 하며 순서를 매겨 축정丑正, 인정寅正 등으로 정한다. 원문의 "건정작어맹춘建正作于孟春"은 인월로 정월을 삼은 것을 의미한다.

3 원문은 "자웅대흥, 이순지정至正통雌雄代興, 而順至正之統"인데 낮을 '웅雄', 밤을 '자雌'라 하고 춘하春夏를 '웅雄', 추동秋冬을 '자雌'라고 한 데서 나온 문장이다. 자웅은 음양을 말하고 음양이 순환하면서 정상적인 질서를 형성한다는 말이다.

자연 법칙을 따르지 않고 사람의 도를 따르지 않는다면 모든 일은 쉽게 무너지고 이루기 어렵게 된다.

왕이 된 자가 성을 바꾸고 〔하늘의〕 명을 받으면[4] 반드시 〔건국의〕 초석을 닦는 데 신중하여야만 하며 정삭正朔[5]의 역법을 고치고 복식의 색깔을 바꾸며, 하늘의 원기의 법칙을 살펴 그 뜻을 순수하게 따른다.

태사공은 말한다.

신농씨神農氏[6] 이전의 일은 오래되었다. 황제黃帝[7]가 성상星象별의 형상을 고찰하여 역법을 정하고, 〔오행을〕 세우고, 그것이 소멸되는 이치를 발견하고, 윤달을 설치하여 하늘과 땅의 신에게 제사를 받들고 관직을 설치했으니 이를 오관五官[8]이라고 한다. 각기 맡은 바 자신의 직책에 서로 어지럽히지 않는다. 백성들은 이 때문에 제사 지낼 수 있어 성실할 수 있었고, 〔하늘과 땅의〕 신들은 이 때문에 맡은 바 직책이 있게 되었다. 백성들에게 복을 베풀어 완전한 밝은 덕을 갖추도록 했다. 백성과 신들은

---

4 고대 제왕은 나라를 개인 소유물로 생각하고 신권에 의탁하여 자신의 통치적 지위를 굳건히 하기 위해 스스로 하늘의 명을 받았다고 했다.

5 한 해가 시작되는 기점이 되는 날을 말한다. '정'이란 한 해의 시작이고, '삭'이란 한 달 혹은 하루의 시작을 의미한다. 때로는 왕이 새로 반포한 역법을 모두 말하는 것이기도 하다.

6 염제炎帝라고도 불리며, 농업과 의약의 신으로 받들어지는 전설상의 인물로서 신농은 오장이 훤하게 들여다보이는 특이한 생김새였다고 한다. 그는 병을 치료할 수 있는 약을 발명했다고 한다.

7 중원 각 부족의 공동 시조로 받들어지는 전설상의 인물로 성은 희, 호는 유웅씨 또는 헌원씨이다. 전하는 바로는 염제의 후대를 무찌르고 치우를 죽이고 중원의 안녕을 보존해 준 자이다.

8 다섯 종류의 관직을 말한다. 전설에 따르면 황제는 오색의 구름을 다섯 가지 관직명으로 삼았으니, 청운씨靑雲氏·진운씨縉雲氏·백운씨白雲氏·흑운씨黑雲氏·황운씨黃雲氏가 바로 그것이다.

서로 직책이 달라 공경하면서도 소홀함이 없어 신이 그들에게 농작물을 가꿀 수 있게 했고 백성들은 제물을 바치어 재난이 발생하지 않고 바라는 바대로 수확을 얻었다.

소호씨少昊氏[9]가 쇠미해지자, 구려족九黎族고대 남쪽 부족의 이름이 덕을 어지럽히고, 백성과 신이 어지럽고 혼란스러워졌으며, 제물을 받들지 않아 재난이 번갈아 가며 일어났고 인간은 하늘이 내려 준 목숨을 다 누릴 수가 없게 되었다. 전욱顓頊황제의 손자인 고양씨高陽氏이 제위를 이어받아 남정南正전설 속 관직명으로, 하늘의 일을 주관하며 '목정木正'이라고도 함 중重에게 명하여 천문을 주관하도록 하고 하늘과 땅의 신에게 제사 지내는 것을 주관하도록 했으며, 화정火正관직명으로, '북정北正'이라고도 함 여黎에게 명하여 땅을 주관하게 하고 백성을 다스리는 일을 맡겨, 그들로 하여금 지난날의 전통을 회복하게 하고 서로 침범하는 일이 없도록 했다.

그 뒤 삼묘족三苗族양자강의 중류 일대에서 생활하던 고대 부족이 구려족의 행태를 모방했으므로 두 관직이 모두 없어지고 직책도 사라졌다. 그 때문에 윤달이 성차星次[10]에 들어맞지 않고 정월이 세수歲首에 맞지 않게 되었으며, 섭제성攝提星이 혼란스러워져 모든 역법이 제자리를 잃었다. 당

---

9 고대 전설상에 전해지는 동이족의 우두머리로, 호는 금천씨이다. 황제의 아들이라고도 전해진다. 그는 일찍이 새의 이름으로 관직명을 정했다고 하며, 농정과 공정을 설치하여 농업과 수공업을 관장하게 했다고 한다. 또 새의 이름을 관직으로 정한 데서 새를 토템으로 보는 경우도 있다.

10 옛날 서에서 동으로 흐르는 황도대를 열둘로 등분하여 이를 십이차十二次라 불렀다. 이 십이차를 이용하여 해의 위치, 해와 달 및 다섯 행성의 운행을 설명했다.

요요임금는 중과 여의 후손을 다시 임용하여 그들로 하여금 선조가 남긴 것을 잊지 않도록 하고 다시 그것을 주관하도록 희씨羲氏와 화씨和氏라는 관직을 세웠다. 천시天時의 변화가 바른 법칙에 들어맞게 되니, 음양은 조화롭고 비바람이 적절하고, 무성한 기운이 이르러 백성들은 일찍 죽거나 병이 생기지도 않았다. 〔당요는〕 나이가 들자 제위를 우순에게 선양禪讓하고 문조묘文祖廟조종의 묘에서 우순에게 깨우쳐 말했다.

"하늘의 역수歷數는 그대 몸에 달려 있다."

우순도 똑같은 말로 하우를 깨우쳤다. 이로 말미암아 보건대 왕이 된 자들은 〔역법을〕 중시했던 것이다.

하 대夏代에는 정월을 세수歲首로 삼고, 은 대殷代에는 12월을 세수로 삼고, 주 대周代에는 11월을 세수로 삼았다. 본래 삼왕三王의 세수는 순환되어 다 돌고 나면 그 근본으로 돌아간다. 천하에 도가 있으면 절기와 기후도 조화를 잃지 않았으며, 도가 없으면 정삭이 제후에게 실행되지 않는다.

〔주나라의〕 유왕幽王과 여왕厲王[11] 이후 주 왕실이 쇠미해지자 제후의 대부大夫[12]들이 정권을 잡으면서, 사관은 역사를 〔기록할 때〕 때를 기록하지 않았으며, 군주는 고삭告朔[13]도 거행하지 않았다. 따라서 역술가들의 자제들은 뿔뿔이 흩어져, 어떤 이는 화하華夏중국을 지칭하는 말에 있었

---

11 여왕은 기원전 878년에서 기원전 842년까지, 여왕의 손자인 유왕은 기원전 781년에서 기원전 771년까지 재위했다. 두 왕 모두 주나라 역사상 어리석은 군주로 알려져 있다.

12 춘추 시대 노나라의 맹손씨, 숙손씨, 계손씨와 진나라의 범씨, 중항씨 등 육가를 지칭한다.

13 제후가 겨울마다 조정에서 반포한 행정력을 조묘祖廟에 보관했다가 매월 초에 제사를 받들어 그 행정력을 실행하는 것을 말한다.

고 어떤 이는 이적夷狄에게 있었기 때문에 그들이 하늘의 모습을 관측하고 하늘과 땅의 신들에게 기도하여 길흉을 예보하는 일이 더 이상 체계적이지 않게 되었다. 주나라 양왕襄王 26년 윤3월에 『춘추』에서 그것을 비난했다. 선왕이 세시를 바로잡을 때 연력年歷의 시작을 정확하게 헤아리고, 연중에 역법을 검증하여 바로잡았고, 남는 시간을 윤달 속에 귀속시켰다. 연력의 시작 기점을 추산하여 돌아가는 계절의 순서가 그릇되지 않도록 했으며, 연중에 역법을 고증하고 바로잡아 백성들이 활동하는 데에 미혹에 빠지지 않게 했고, 남는 시간을 윤달에 귀속시켜 일이 어그러지지 않게 했다.

그 후 전국 시대에는 각국이 서로 다투면서 나라를 강대하게 하고 적을 포로로 잡고 위급함을 구하며 분쟁을 해결하는 데에만 마음이 있었을 뿐이니 어찌 이 일을 염두에 둘 시간인들 있었으랴! 이때 오직 추연鄒衍[14]이 있어 '오덕지전五德之傳'[15]의 이론에 밝았으며, 생명이 나고 죽는 이치를 퍼뜨려 제후들 사이에 이름을 떨쳤다. 그리고 진나라가 육국을 멸

---

14 사마천은 「맹자·순경 열전孟子荀卿列傳」에서 추연은 "맹자보다 후대 사람이다. …… 음양陰陽의 소멸과 성장, 변화하는 이치와 기이한 변화를 깊이 관찰하여 「종시終始」와 「대성大聖」 편 등 10여만 자를 지었다. 그의 학설은 넓고 커서 〔유가의〕 이치에 맞지 않으니, 먼저 반드시 〔주변의〕 작은 사물을 살핀 뒤에 이것을 추론하고 확대시켜 무한한 곳까지 이르렀다. 〔시대를 살필 때도〕 먼저 현재부터 시작하여 태고의 황제黃帝까지 거슬러 올라가 학자들이 공통적으로 서술한 바를 펼치고, 대체로 세상의 흥함과 쇠함을 논하고 그 길흉의 조짐과 제도를 기재하고 나서 미루어 멀리 이르게 하였는데, 이로부터 하늘과 땅이 만들어지기 전의 멀고 혼돈스러워 그 근원을 알 수 없는 시대까지 이른다."라고 기록했다.

15 여기서 '전傳' 자는 '전이轉移'라는 글자와 뜻이 통하며, 바로 오행이 상생하고 상극하고 다시 원점으로 돌아가는 순환적인 변화를 의미한다. 이로써 왕조의 흥망을 말하기도 하는데 '오덕종시설'은 바로 역사 순환론 체계를 거짓으로 만들어 제도화했던 것이다.

하면서 전쟁이 지극히 잦았고, 또 제위에 오른 날짜가 얼마 안 되어 〔역법에〕 손을 쓸 틈이 없었다. 그러나 〔진나라는〕 오행五行이 상극相克하는 이치를 신봉하여,[16] 스스로 수덕水德의 상서로움을 얻었다고 생각하여 하수의 이름을 고쳐 '덕수德水'라고 했고 세수를 10월로 삼았으며 색은 검은색을 숭상했다. 그러나 역법에 따라 윤달을 두긴 했지만, 그 근본을 이해할 수는 없었다.

한 왕조가 흥성하자 고조高祖유방가 "북치北峙[17]가 나를 기다렸다가 세워졌도다."라고 말한 것은 또한 스스로 수덕의 상서로움을 얻었다고 생각한 것이다. 비록 그 스스로가 장창張蒼[18] 등처럼 역법에 정통했지만, 모두들 〔고조의 말이〕 옳다고 생각했다. 이때 천하가 막 안정되어 나라의 기강의 큰 틀이 잡힐 무렵인데, 고후高后고제의 황후로 여 태후를 말함가 여주女主여자 황제. 조정의 대권을 차지한 왕후 또는 태후를 말함로서 〔역법에 대해 관심을 기울일〕 틈이 없어 진秦 왕조의 정삭과 복식을 이어받았다.

효문제 때 이르러 노魯나라 사람 공손신公孫臣음양가이 '오덕종시설五

16　진시황이 '검수黔首'라는 말을 사용한 것은 그가 검은색을 숭상한 '오덕종시설五德終始說'과 관련이 있으며 백성들의 지위에 대해서 낮게 보았음을 의미한다.

17　고대 천지의 오방五方 신에게 제사를 올리던 제터를 말한다. 진대에는 사방의 신에게 제사를 올려 사치四峙를 두었으나, 고조에 이르러 북치를 건립하여 오제를 제사했다. 「고조 본기」에 자세한 내용이 나온다.

18　유방을 따라 군대를 일으켜 공을 세워 북평후에 봉해졌고 나중에 어사대부와 승상의 지위에 올랐으며, 전한 초기의 역법과 도량형 제도를 정했다. 사마천은 「장 승상 열전張丞相列傳」 첫머리에서 "승상 장창張蒼은 양무현陽武縣 사람으로 독서와 음률과 역법을 즐겼다. 진秦나라 때 어사로 임명되어 주하柱下궁전에 머무르며 전국 각지에서 올라오는 문서와 책을 관리하는 일을 하다가 죄를 짓고 고향으로 도망쳐 왔다."라고 했다.

德終始說'[19]에 의거하여 황상에게 글을 올려 다음과 같이 말했다.

"한漢 왕조는 토덕土德을 얻었으니 마땅히 원년을 고치고 정삭을 고치고 복색服色을 바꾸어야만 상서로움이 있을 것이고, 그 상서로운 황룡이 나타날 것입니다."

이 일을 승상 장창에게 가르치자 장창도 악률과 역법을 연구하고 있었기에 그 주장이 옳지 못하다고 여겨 이를 받아들이지 않았다.[20] 그 후 황룡이 성기成紀에서 나타나자 장창은 스스로 [관직에서] 물러나니 그가 논하여 지으려고 했던 책은 만들어지지 못했다. 그리고 신원평新垣平 방사方士이 망기望氣[21]에 의거하여 천자를 알현하고는 역법을 바로잡고 복식 제도를 바꾸는 일에 대해 진언하여 왕의 총애를 누리게 되었으나, 나중에 그는 반란을 일으켰다. 그래서 효문제는 그 일에 대하여 더는 묻지 않았다.

---

19 오행은 오덕五德을 말한다. 오덕의 순환 순서에는 두 가지 설이 있는데 화, 수, 토, 목, 금의 순서로 왕조가 교체된다는 오행상승五行相勝과 목, 화, 토, 금, 수의 순서로 바뀐다는 오행상생五行相生이 그것이다. 고대 중국인들은 이 세상에 존재하는 모든 물질을 다섯 가지 요소의 구조체로 파악했을 뿐만 아니라 인간의 정신적·현실적·이상적인 관념까지도 다섯 가지 구조로 귀납시키려고 했다. 추연은 '오덕종시설'을 주장했는데, 이것은 오행상승 학설을 사용하여 각 왕조의 흥망성쇠를 설명한 것으로 모든 왕조는 오행 가운데 한 개의 덕德을 대표한다는 것이다. 예를 들면 토덕土德을 숭상한 황제黃帝는 목덕木德을 숭상한 하夏에 멸망했고, 금덕金德을 숭상한 은殷은 화덕火德을 숭상한 주周에게 멸망했다는 것이다.

20 이 점에 대해 사마천은 "장창은 문학과 음률과 역법에 밝은 한나라의 뛰어난 승상이었다. 그러나 가생과 공손신 등이 올린 역법, 거마, 복색의 개혁안을 배척하여 받아들이지 않고 진秦나라 때 쓰던 전욱이 만든 옛날 역법을 사용하도록 고집한 것은 무슨 까닭인가?"「장 승상 열전」라고 논평하면서 이 점을 의아하게 생각했다.

21 고대의 미신으로 운기를 관측하여 길흉을 점치는 방술인데, 그런 일을 하는 사람을 지칭하기도 한다.

한 무제가 즉위하고 나서 방사 당도唐都전한 초 저명한 천문학자를 초빙하여 이십팔수들 사이의 거리를 재게 했다. 또 파군巴郡 낙하洛下의 굉閎[22]이라는 사람이 전력轉歷혼천의로 천체의 운행을 측정하는 방법 역법을 추산해 내도록 했다. 그러고 나서 일진日辰의 도度해와 달이 만나는 시각와 하력夏曆을 같게 했다. 그러고는 개원改元을 하고 관직명을 고치고 태산에 봉제封祭를 올렸다. 그런 다음 어사御史[23]에게 다음과 같은 조서를 내렸다.

예전에는 담당 관리가 성도星度천체의 위치와 운행 법칙를 분명히 알지 못했으므로 널리 인재를 모집하여 의견을 구함으로써 성도를 이해하고 인식하였다. 대체로 듣자 하니, 옛날 황제가 역법을 만들었는데, 끝없이 순환되어 죽지 않았고 명칭과 규칙이 명확하게 검증되었으며 악률의 청탁淸濁음의 맑음과 흐림을 확정했고, 오부五部오행을 뜻하기도 하고 오성을 뜻하기도 함의 학설을 세웠으며, 기氣이십사절기의 '기'를 뜻함와 물物, 분수分數시간과 공간상의 한계를 명확하게 했다. 그러나 그것은 아득히 오래된 일이다. 써 놓은 것이 없어지고 악률이 느슨해졌으니, 짐은 이 점을 매우 애석하게 여긴다. 짐이 오직 〔한漢 왕조의 역법을 완전하게〕 바로잡을 수 없어서, 일분日分여일과 여분, 즉 남는 날과 남는 분에 대한 처리를 연구하여 수덕을 이길 수 있는 방법을 따르고자 했다. 지금 해가 하지를 운행하고 있으니, 황종률을 궁성으로 삼고, 임종률을 치성으로 삼고,

---

22 전한 초의 유명한 천문학자이자 방사로서, '낙하'는 그가 은둔하여 천문을 연구한 곳이라는 설이 있다.

23 춘추 전국 시대 각국에 설치한 어사는 문서와 기사를 관장했다. 진나라는 각 군에 어사를 파견하여 관리들을 감찰하고 탄핵했으며, 한나라에 이르러서는 시어사·부새어사·치서어사·감군어사 등 세분화된 명칭이 있었다.

태주율을 상성으로 삼고, 남려율을 우성으로 삼고, 고선율을 각성으로 삼는다. 이 이후 절기와 기후가 정상을 회복하고, 우성이 맑은 소리를 회복했으며, 명名각종 천문 현상이 상규를 회복하는 것이 정상과 변이의 주기성을 회복했고 자일子日에 해당하는 날을 동지로 삼게 되었으니, 음양이 만나고 떨어지는 이치를 실행할 수 있을 것이다. 11월 갑자甲子 삭일朔日그믐날 이른 새벽이 동지에서 교체되는 것은 이미 관측되었는바, 원봉元封 7년을 태초 원년으로 삼아야 한다. 연명年名은 '언봉섭제격焉逢攝提格'[24] 으로 하고, 월명月名정월명은 '필취畢聚'라 하고, 날은 '갑자甲子'라 하며, 야반夜半은 삭단朔旦의 시작으로 동지와 교차된다.[25]

역술 「갑자편」의 내용

역술曆術 「갑자편甲子篇」[26]

태초太初 원년, 연명은 '언봉섭제격'으로 하고, 월명은 '필취'라 하고, 날은 '갑자'라고 하며, 야반은 삭단의 시작으로 동지와 교차된다.

---

24 간지로 말하면 갑인년에 해당되는데, 옛날에는 세양과 세음으로 기년의 이름을 삼았다가 뒤에 간편하게 되어 십간과 십이지지로 기년을 표시하게 되었다.
25 고대의 역법에서는 '동지'를 한 해의 시작으로, '삭일'을 한 달의 시작으로, '야반'을 하루의 시작으로 삼았다. 동지가 삭일 야반을 만나는 날을 태초력의 원년으로 삼아 이것을 근거로 그 이후의 절기와 매월 삭망朔望을 추산한 것이다.
26 갑자란 양기陽氣 간지干支의 우두머리이니 갑자로써 편명을 삼은 것이다.

제1장章[27]의 수首: 동지冬至가 자구子에 올 때

정북正北[28]

〔본년〕 12개월 — 〔삭법에 의거하면〕 남아 있는 날이 없고 남아 있는 분이 없으며, 〔지법에 의거하면〕 남아 있는 날이 없고 남아 있는 분이 없다. — 언봉섭제격 태초 원년 〔갑인년〕.

〔본년〕 12개월 — 〔삭법에 의거하면〕 54일과 348분이 남으며, 〔지법에 의거하면〕 5일과 8분이 남는다. — 단몽단알端蒙單閼 〔태초〕 2년 〔을묘년〕.

〔본년〕 윤년 13개월 — 〔삭법에 의거하면〕 48일과 696분이 남으며, 〔지법에 의거하면〕 10일과 16분이 남는다. — 유조집서游兆執徐 〔태초〕 3년 〔병진년〕.

〔본년〕 12개월 — 〔삭법에 의거하면〕 12일과 603분이 남으며, 〔지법에 의거하면〕 15일과 24분이 남는다. — 강오대황락彊梧大荒落 〔태초〕 4년 〔정미년〕.

〔본년〕 12개월 — 〔삭법에 의거하면〕 7일과 11분이 남으며, 〔지법에 의

---

27 고대 역법에서 19년을 1장章이라 하고, 4장을 1부蔀라 했다. 동지가 삭일에 오는 해를 장의 수首로 삼았고, 동지가 삭일 자시에 오는 해를 부의 수로 삼았고, 부의 수의 동지가 자시에 있을 때, 자시는 정북을 대표한다. 제2장 수의 동지는 유시에 있고, 유시는 정서를 대표한다. 제3장 수의 동지는 오시에 있고, 오시는 정남을 대표한다. 제4장 수의 동지는 묘시에 있고 묘시는 정동을 대표한다.

28 여기서는 태초 원년의 동지 때 태양이 정북 방향에 있음을 지칭한다.

거하면〕 21일이 남으며 남아 있는 분이 없다. ─ 도유돈장徒維敦牂 천한
天漢 원년 〔무오년〕.

〔본년〕 윤년 13개월 ─ 〔삭법에 의거하면〕 1일과 359분이 남으며, 〔지
법에 의거하면〕 26일과 8분이 남는다. ─ 축리협흡祝犁協洽 〔천한〕 2년
〔기미년〕.

〔본년〕 12개월 ─ 〔삭법에 의거하면〕 25일과 266분이 남으며, 〔지법에 의
거하면〕 31일과 16분이 남는다. ─ 상횡군탄商橫涒灘 〔천한〕 3년 〔경신년〕.

〔본년〕 12개월 ─ 〔삭법에 의거하면〕 19일과 614분이 남으며, 〔지법에 의
거하면〕 36일과 24분이 남는다. ─ 소양작악昭陽作鄂 〔천한〕 4년 〔신유년〕.

〔본년〕 윤년 13개월 ─ 〔삭법에 의거하면〕 14일과 22분이 남으며, 〔지
법에 의거하면〕 42일이 남으며 남아 있는 분이 없다. ─ 횡애엄무橫艾淹茂
태시太始 원년 〔임술년〕.

〔본년〕 12개월 ─ 〔삭법에 의거하면〕 37일과 869분이 남으며, 〔지법에 의
거하면〕 47일과 8분이 남는다. ─ 상장대연헌尚章大淵獻 〔태시〕 2년 〔계
해년〕.

〔본년〕 윤년 13개월 ─ 〔삭법에 의거하면〕 32일과 277분이 남으며, 〔지
법에 의거하면〕 52일과 16분이 남는다. ─ 언봉곤돈焉逢困敦 〔태시〕 3년
〔갑자년〕.

〔본년〕 12개월 ─ 〔삭법에 의거하면〕 56일과 184분이 남으며, 지법에
의거하면 57일과 24분이 남는다. ─ 단몽적분약端蒙赤奮若 〔태시〕 4년
〔을축년〕.

〔본년〕 12개월 ─ 〔삭법에 의거하면〕 50일과 532분이 남으며, 〔지법에
의거하면〕 3일이 남으며 남아 있는 분이 없다. ─ 유조섭제격游兆攝提格

정화征和 원년 (병인년).

(본년) 12개월 — (삭법에 의거하면) 44일과 880분이 남으며, (지법에 의거하면) 8일과 8분이 남는다. — 강오단알強梧單閼 (정화) 2년 (정묘년).

(본년) 12개월 — (삭법에 의거하면) 8일과 787분이 남으며, (지법에 의거하면) 13일과 16분이 남는다. — 도유집서徒維執徐 (정화) 3년 (무진년).

(본년) 12개월 — (삭법에 의거하면) 3일과 195분이 남으며, (지법에 의거하면) 18일과 24분이 남는다. — 축리대황락祝犁大荒落 (정화) 4년 (기사년).

(본년) 윤년 13개월 — (삭법에 의거하면) 57일과 543분이 남으며, (지법에 의거하면) 24일이 남으며 남아 있는 분이 없다. — 상횡돈장商橫敦牂 후원後元 원년 (경신년).

(본년) 12개월 — (삭법에 의거하면) 21일과 450분이 남으며, (지법에 의거하면) 29일과 8분이 남는다. — 소양즙흡昭陽汁洽 (후원) 2년 (신미년).

(본년) 윤년 13개월 — (삭법에 의거하면) 15일과 798분이 남으며, 지법에 의거하면 34일과 16분이 남는다. — 횡애군탄橫艾涒灘 시원始元 원년 (임신년).

제2장의 수: 동지가 유酉에 올 때

정서正西

〔본년〕 12개월 — 〔삭법에 의거하면〕 39일과 705분이 남으며, 〔지법에 의거하면〕 39일과 24분이 남는다. — 상장작악尙章作噩 — 〔시원〕 2년 〔계유년〕.

〔본년〕 12개월 — 〔삭법에 의거하면〕 34일과 113분이 남으며, 〔지법에 의거하면〕 45일이 남으며 남아 있는 분이 없다. — 언봉엄무焉逢淹茂 〔시원〕 3년 〔갑술년〕.

〔본년〕 윤년 13개월 — 〔삭법에 의거하면〕 28일과 461분이 남으며, 〔지법에 의거하면〕 50일과 8분이 남는다. — 단몽대연헌端蒙大淵獻 〔시원〕 4년 〔을해년〕.

〔본년〕 12개월 — 〔삭법에 의거하면〕 52일과 368분이 남으며, 〔지법에 의거하면〕 55일과 16분이 남는다. — 유조곤돈游兆困敦 〔시원〕 5년 〔병자년〕.

〔본년〕 12개월 — 〔삭법에 의거하면〕 46일과 716분이 남으며, 〔지법에 의거하면〕 남아 있는 날이 없고 24분이 남는다. — 강오적분약强梧赤奮若 〔시원〕 6년 〔정축년〕.

〔본년〕 윤년 13개월 — 〔삭법에 의거하면〕 41일과 124분이 남으며, 〔지법에 의거하면〕 6일이 남으며 남아 있는 분이 없다. — 도유섭제격徒維攝提格 원봉元鳳 원년 〔무인년〕.

〔본년〕 12개월 — 〔삭법에 의거하면〕 5일과 31분이 남으며, 〔지법에 의거하면〕 11일과 8분이 남는다. — 축리단알祝犁單閼 〔원봉〕 2년 〔기묘년〕.

〔본년〕 12개월 — 〔삭법에 의거하면〕 59일과 379분이 남으며, 지법에 의거하면 16일과 16분이 남는다. — 상횡집서商橫執徐 〔원봉〕 3년 〔경진년〕.

〔본년〕 윤년 13개월 — 〔삭법에 의거하면〕 53일과 727분이 남으며, 〔지법에 의거하면〕 21일과 24분이 남는다. — 소양대황락昭陽大荒落 〔원봉〕

4년 [신사년].

[본년] 12개월 — [삭법에 의거하면] 17일과 634분이 남으며, [지법에 의거하면] 27일이 남으며 남아 있는 분이 없다. — 횡애돈장橫艾敦牂 [원봉] 5년 [임오년].

[본년] 윤년 13개월 — [삭법에 의거하면] 12일과 42분이 남으며, [지법에 의거하면] 32일과 8분이 남는다. — 상장즙흡尙章汁洽 [원봉] 6년 [계미년].

[본년] 12개월 — [삭법에 의거하면] 35일과 889분이 남으며, [지법에 의거하면] 37과 16분이 남는다. — 언봉군탄焉逢涒灘 원평元平 3년 [갑신년].

[본년] 12개월 — [삭법에 의거하면] 30일과 297분이 남으며, [지법에 의거하면] 42일과 24분이 남는다. — 단몽작악端蒙作噩 본시本始 원년 [을유년].

[본년] 윤년 13개월 — [삭법에 의거하면] 24일과 645분이 남으며, [지법에 의거하면] 48일이 남으며 남아 있는 분이 없다. — 유조엄무游兆閹茂 [본시] 2년 [병술년].

[본년] 12개월 — [삭법에 의거하면] 48일과 522분이 남으며, [지법에 의거하면] 53일과 8분이 남는다. — 강오대연헌强梧大淵獻 [본시] 3년 [정해년].

[본년] 12개월 — [삭법에 의거하면] 42일과 900분이 남으며, [지법에 의거하면] 58일과 16분이 남는다. — 도유곤돈徒維困敦 [본시] 4년 [무자년].

[본년] 윤년 13개월 — [삭법에 의거하면] 37일과 308분이 남으며, [지법에 의거하면] 3일과 24분이 남는다. — 축리적분약祝犁赤奮若 지절地節

원년 〔기축년〕.

〔본년〕 12개월 ─〔삭법에 의거하면〕 1일과 215분이 남으며, 〔지법에 의거하면〕 9일이 남으며 남아 있는 분이 없다. ─ 상횡섭제격商橫攝提格 〔지절〕 2년 〔경인년〕.

〔본년〕 윤년 13개월 ─〔삭법에 의거하면〕 55일과 563분이 남으며, 〔지법에 의거하면〕 14일과 8분이 남는다. ─ 소양단알昭陽單閼 〔지절〕 3년 〔신묘년〕.

제3장의 수: 동지가 오午에 올 때

정남正南

〔본년〕 12개월 ─〔삭법에 의거하면〕 19일과 470분이 남으며, 〔지법에 의거하면〕 19일과 16분이 남는다. ─ 횡애집서橫艾執徐 〔지절〕 4년 〔임진년〕.

〔본년〕 12개월 ─〔삭법에 의거하면〕 13일과 818분이 남으며, 〔지법에 의거하면〕 24일과 24분이 남는다. ─ 상장대황락尙章大荒落 원강元康 원년 〔계사년〕.

〔본년〕 윤년 13개월 ─〔삭법에 의거하면〕 8일과 226분이 남으며, 〔지법에 의거하면〕 30일이 남으며 남아 있는 분이 없다. ─ 언봉돈장焉逢敦牂 〔원강〕 2년 〔갑오년〕.

〔본년〕 12개월 ─〔삭법에 의거하면〕 32일과 133분이 남으며, 〔지법에 의

거하면) 35일과 8분이 남는다. ― 단몽협흡端蒙協洽 (원강) 3년 (을미년).

(본년) 12개월 ― (삭법에 의거하면) 26일과 481분이 남으며, (지법에 의거하면) 40일과 16분이 남는다. ― 유조군탄游兆涒灘 (원강) 4년 (병신년).

(본년) 윤년 13개월 ― (삭법에 의거하면) 20일과 829분이 남으며, (지법에 의거하면) 45일과 24분이 남는다. ― 강오작악强梧作噩 신작神雀 원년 (정유년).

(본년) 12개월 ― (삭법에 의거하면) 44일과 736분이 남으며, (지법에 의거하면) 51일이 남으며 남아 있는 분이 없다. ― 도유엄무徒維淹茂 (신작) 2년 (무술년).

(본년) 12개월 ― (삭법에 의거하면) 39일과 144분이 남으며, (지법에 의거하면) 56일과 8분이 남는다. ― 축리대연헌祝犁大淵獻 (신작) 3년 (기해년).

(본년) 윤년 13개월 ― (삭법에 의거하면) 33일과 492분이 남으며, (지법에 의거하면) 1일과 16분이 남는다. ― 상횡곤돈商橫困敦 (신작) 4년 (경자년).

(본년) 12개월 ― (삭법에 의거하면) 57일과 399분이 남으며, (지법에 의거하면) 6일과 24분이 남는다. ― 소양적분약昭陽赤奮若 오봉五鳳 원년 (신축년).

(본년) 윤년 13개월 ― (삭법에 의거하면) 50일과 737분이 남으며, (지법에 의거하면) 12일이 남으며 남아 있는 분이 없다. ― 횡애섭제격橫艾攝提格 (오봉) 2년 (임인년).

(본년) 12개월 ― (삭법에 의거하면) 15일과 654분이 남으며, (지법에 의거하면) 17일과 8분이 남는다. ― 상장단어尙章單閼 (오봉) 3년 (계묘년).

〔본년〕 12개월 ― 〔삭법에 의거하면〕 10일과 62분이 남으며, 〔지법에 의거하면〕 22일과 16분이 남는다. ― 언봉집서焉逢執徐 〔오봉〕 4년 〔갑진년〕.

〔본년〕 윤년 13개월 ― 〔삭법에 의거하면〕 4일과 410분이 남으며, 〔지법에 의거하면〕 27일과 27분이 남는다. ― 단몽대황락端蒙大荒落 감로甘露 원년 〔을사년〕.

〔본년〕 12개월 ― 〔삭법에 의거하면〕 28일과 317분이 남으며, 〔지법에 의거하면〕 33일이 남으며 남아 있는 분이 없다. ― 유조돈장游兆敦牂 〔감로〕 2년 〔병오년〕.

〔본년〕 12개월 ― 〔삭법에 의거하면〕 22일과 665분이 남으며, 〔지법에 의거하면〕 38일과 8분이 남는다. ― 강오협흡彊梧協洽 〔감로〕 3년 〔정미년〕.

〔본년〕 윤년 13개월 ― 〔삭법에 의거하면〕 17일과 73분이 남으며, 〔지법에 의거하면〕 43일과 16분이 남는다. ― 도유군탄徒維涒灘 〔감로〕 4년 〔무신년〕.

〔본년〕 12개월 ― 〔삭법에 의거하면〕 40일과 920분이 남으며, 〔지법에 의거하면〕 48일과 24분이 남는다. ― 축리작악祝犂作噩 황룡黃龍 원년 〔기유년〕.

〔본년〕 윤년 13개월 ― 〔삭법에 의거하면〕 35일과 328분이 남으며, 〔지법에 의거하면〕 54일이 남으며 남아 있는 분이 없다. ― 상횡엄무商橫淹茂 초원初元 원년 〔경술년〕.

제4장의 수: 동지가 묘卯에 올 때

정동正東

〔본년〕 12개월 — 〔삭법에 의거하면〕 59일과 235분이 남으며, 〔지법에 의거하면〕 59일과 8분이 남는다. — 소양대연헌昭陽大淵獻 〔초원〕 2년 〔신해년〕.

〔본년〕 12개월 — 〔삭법에 의거하면〕 53일과 583분이 남으며, 〔지법에 의거하면〕 4일과 16분이 남는다. — 횡애곤돈橫艾困敦 〔초원〕 3년 〔임자년〕.

〔본년〕 윤년 13개월 — 〔삭법에 의거하면〕 47일과 931분이 남으며, 〔지법에 의거하면〕 9일과 24분이 남는다. — 상장적분약尙章赤奮若 〔초원〕 4년 〔계축년〕.

〔본년〕 12개월 — 〔삭법에 의거하면〕 11일과 838분이 남으며, 〔지법에 의거하면〕 15일이 남으며 남아 있는 분이 없다. — 언봉섭제격 〔초원〕 5년 〔갑인년〕.

〔본년〕 12개월 — 〔삭법에 의거하면〕 6일과 246분이 남으며, 〔지법에 의거하면〕 20일과 8분이 남는다. — 단몽단알 영광永光 원년 〔을묘년〕.

〔본년〕 윤년 13개월 — 〔삭법에 의거하면〕 남아 있는 날이 없고, 594분이 남으며, 〔지법에 의거하면〕 25일과 16분이 남는다. — 유조집서 〔영광〕 2년 〔병진년〕.

〔본년〕 12개월 — 〔삭법에 의거하면〕 24일과 501분이 남으며, 〔지법에 의거하면〕 30일과 24분이 남는다. — 강오대황락 〔영광〕 3년 〔정사년〕.

〔본년〕 12개월 ─ 〔삭법에 의거하면〕 18일과 849분이 남으며, 〔지법에 의거하면〕 36일이 남으며 남아 있는 분이 없다. ─ 도유돈장 〔영광〕 4년 〔무오년〕.

〔본년〕 윤년 13개월 ─ 〔삭법에 의거하면〕 13일과 257분이 남으며, 〔지법에 의거하면〕 41일과 8분이 남는다. ─ 축리협흡 〔영광〕 5년 〔기미년〕.

〔본년〕 12개월 ─ 〔삭법에 의거하면〕 37일과 164분이 남으며, 〔지법에 의거하면〕 46일과 16분이 남는다. ─ 상횡군탄 건소建昭 원년 〔경신년〕.

〔본년〕 윤년 13개월 ─ 〔삭법에 의거하면〕 31일과 512분이 남으며, 〔지법에 의거하면〕 51일과 24분이 남는다. ─ 소양작악 〔건소〕 2년 〔신유년〕.

〔본년〕 12개월 ─ 〔삭법에 의거하면〕 55일과 419분이 남으며, 〔지법에 의거하면〕 57일이 남으며 남아 있는 분이 없다. ─ 횡애엄무 〔건소〕 3년 〔임술년〕.

〔본년〕 12개월 ─ 〔삭법에 의거하면〕 49일과 767분이 남으며, 〔지법에 의거하면〕 2일과 8분이 남는다. ─ 상장대연헌 〔건소〕 4년 〔계해년〕.

〔본년〕 윤년 13개월 ─ 〔삭법에 의거하면〕 44일과 175분이 남으며, 〔지법에 의거하면〕 7일과 16분이 남는다. ─ 언봉곤돈 〔건소〕 5년 〔갑자년〕.

〔본년〕 12개월 ─ 〔삭법에 의거하면〕 8일과 82분이 남으며, 〔지법에 의거하면〕 12일과 24분이 남는다. ─ 단몽적분약 경녕竟寧 원년 〔을축년〕.

〔본년〕 12개월 ─ 〔삭법에 의거하면〕 2일과 430분이 남으며, 〔지법에 의거하면〕 18일이 남으며 남아 있는 분이 없다. ─ 유조섭제격 건시建始 원년 〔병인년〕.

〔본년〕 윤년 13개월 ─ 〔삭법에 의거하면〕 56일과 778분이 남으며, 〔지법에 의거하면〕 13일과 8분이 남는다. ─ 강오단알 〔건시〕 2년 〔정묘년〕.

〔본년〕 12개월 — 〔삭법에 의거하면〕 20일과 685분이 남으며, 〔지법에 의거하면〕 28일과 16분이 남는다. — 도유집서 〔건시〕 3년 〔무진년〕.

〔본년〕 윤년 13개월 — 〔삭법에 의거하면〕 15일과 93분이 남으며, 〔지법에 의거하면〕 33일과 24분이 남는다. — 축리대황락 〔건시〕 4년 〔기사년〕.

이상은 「역서」이다. 대여大餘는 〔남은〕 일의 수이다. 소여小餘는 〔남은〕 분의 수이다. 단몽端蒙은 연명年名이다. 지지地支는 세양歲陽에 해당하고 축丑은 적분약赤奮若이라고도 하며 인寅은 섭제격攝提格이라고도 한다. 천간天干은 세음歲陰에 해당하고 병丙은 유조游兆라고도 한다. 정북正北에서는 동지가 자시子時에, 정서正西에서는 동지가 유시酉時에, 정남正南에서는 동지가 오시午時에, 정동正東에서는 동지가 묘시卯時에 있다.

5

천관서
天官書

중국의 제왕들은 왕조의 흥망성쇠를 예견하고 제위의 계승 및 전쟁 등 국가 대사를 추진함에 있어 천관天官의 도움을 받았다. 천관이란 항성恒星을 판별하고 하늘의 형상을 관측하고 기록하기 위하여 그 이웃 영역이나 가까운 항성까지 이름을 부여한 단위를 말하며, 성관星官이라고도 한다.

이 편은 천상天象과 인사人事에 입각하여 변혁을 탐구한 것으로 중국 고대의 천문학의 역사뿐 아니라 철학까지 아우르는 천문학의 총체로 보아도 무방하다. 여기에는 점성·망기 등 점술에 관한 부분이 상당히 많은데 성좌의 분포, 오성과 일월의 운동 및 일식이나 월식, 이성異星, 운기雲氣 등 천문 현상에 관한 제반 문제가 총망라되어 있다. 고대의 천관들은 하늘의 모든 별들을 크게 다섯 구역으로 구분하고, 다시 삼원三垣 이십팔수로 나누어 존비 및 예속 관계를 표시하여 마치 인간 세계의 관직처럼 구별했으므로 '천관'이란 명칭이 붙게 된 것이다.

사회 활동이며 사회 관념이기도 한 중국 고대의 천문학은 단순한 점성 문제만을 다룬 것이 아니다. 전한前漢 시기에 천인합일天人合一과 천인감응의 사상이 성행하면서 천관의 위상도 높아졌다. 사마천이 하늘과 인간의 관계 규명에 노력하여 하나의 체계를 구축했다는 데 중요한 의미가 있다.

이 편을 통해 사마천은 완벽한 성관 체계를 구축했다. 사마천은 온 하늘을 다섯 부분으로 나누었으니, 중中·동동東東·서서西西·남남南南·북북北北, 오궁五宮으로 각 조항을 체계적으로 묘사했다. 아울러 북극과 황적도 지역의 중간의 천구 중 이십팔수에 속하지 않는 성관 또한 다섯 개 성관으로 귀납하여 자신만의 독특한 관점을 형성했으니, 이는 후대인들이 나눈 삼원 이십팔수의 구분법과는 다르다. 또한 사마천이 항성의 색깔과 밝기에 대해서 기록한 것은 상당한 표준으로 정착되었다. 물론 항성의 밝기 부분에 관한 기술은 비교적 소략하고 그 구체성도 결여되어 있다는 아쉬움은 있다. 그러나 행성의 운행에 대해서는 꽤 상세히 기록하고 있으니, 사마천의 행성에 대한 인식은 상당히 정확함을 알 수 있다.

특히 주목할 점은 덕을 닦고 형벌을 줄여야 한다는 것이 사마천의 기본 취지로서 '수덕修德'을 최상에 두고 '수정修政'을 그다음에 둔 것은 사마천이 보기에 무제의 사람됨이 그에 미치지 못하는 것을 반증하는 예다.

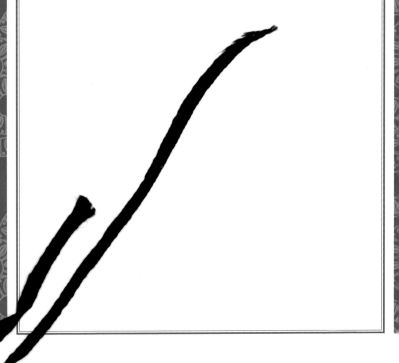

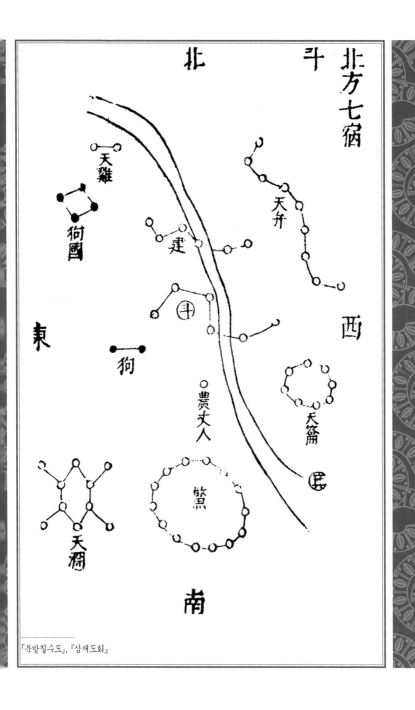

모든 천성관을 서술하다

　　중관中官천구의 중앙[1]에는 천극성天極星북극성으로 북진北辰 또는 자미원紫微垣이라고도 하며 다섯 개의 별이 있음이 있고, 그 가운데 밝은 별이 하나 있는데, 태일太一가장 존귀한 최고의 천신인 천제의 별명이 상주하고 있다. 곁의 세 별은 삼공三公[2]으로, 어떤 사람은 왕의 자손들이라고도 한다. 〔태일〕 뒤에는 갈고리처럼 굽은 네 개의 별이 있는데, 맨 끝에 큰 별이 천제의 정비正妃이고 나머지 세 별은 후궁의 무리이다. 그 주위를 둘러싸고 있는 열두 개의 별들[3]은 번신藩臣제왕을 보위하는 대신들이다. 이상은 모두 자궁紫宮[4]이라 한다. 〔자궁의〕 앞에 마주하고 있는 북두성이 입을 벌리고 있는 세 별은 북쪽을 향해 늘어져 있으며 앞 끝이 보였다 안 보였다 하여 그 이름을 음덕陰德 또는 천일天一이라고 한다. 자궁의 왼쪽에 있는 세 별은 천창天槍이라 하고, 그 오른쪽에 있는 다섯 개의 별은 천부天棓라 하며, 그 뒤에 있는 여섯 개의 별은 은하수를 가로질러 실수室宿영실營室. 이십팔

1　황도를 중·동·서·남·북의 다섯 부분으로 나누어 동방을 창룡蒼龍, 북방을 현무玄武, 서방을 백호白虎, 중방을 황룡黃龍, 남방을 주작朱雀이라고 했는데, 황룡은 주작과 백호 사이에 끼어 있다.
2　주대의 삼공은 태사·대부·태보이며, 진한 시대의 삼공은 승상, 어사대부, 태위이다. 여기서는 태자太子, 서자庶子, 후궁后宮을 가리키는 것으로 보아도 된다.
3　일설에는 자궁원紫宮垣의 열다섯 개의 별이라고도 한다.
4　중궁中宮을 말하며 자미원이라고도 하는데 성관의 이름으로 보기도 하고 하늘의 구역으로 보기도 한다. 여기서는 성관으로 본다.

수의 하나로, 북쪽 칠수 중 여섯 째 성수까지 이르는데, 이름을 각도閣道라고 한다.

북두칠성北斗七星은 이른바 선기옥형으로 운행을 살펴 칠정七政을 바로잡는 별이다. 표杓북두성 앞쪽의 세 별들는 푸른 용의 각수角宿성관 이름, 즉 용각龍角와 이어져 있으며, 형衡북두의 중앙은 두수斗宿남두南斗라고도 함. 이십팔수의 하나로, 북쪽 칠수 중 첫째 성수의 중앙과 마주하고 있으며, 괴魁북두성의 첫째 별는 삼수의 머리를 베개로 삼고 있다. 황혼에 〔인寅의 방향을〕 가리키는 것은 표杓북두칠성의 자루 부분이며, 표의 분야分野는 화산華山의 서남쪽 지역에 해당된다. 한밤중에 〔인寅의 방향을〕 가리키는 것은 형衡북두성의 다섯째 별이며, 형의 분야는 중주中州의 하수와 제수 사이의 지역에 해당된다. 새벽에 〔인寅의 방향을〕 가리키는 것은 괴魁이며, 괴의 분야는 동해東海발해를 말함에서 태산泰山에 이르는 동북 지역에 해당된다. 북두는 천제가 타는 수레로 〔하늘의〕 정중앙에서 운행하며 사방을 통제한다. 밤낮을 구분하고, 사계절을 세우고, 오행을 조절하며 절기를 바꾸고 제기諸紀세歲, 일월성신, 역수曆數 등의 법도를 정하는 것 모두 북두에 달려 있다.

두괴斗魁북두성의 첫째 별가 머리에 이고 있는 듯한 광주리 모양의 여섯 개 별은 문창궁文昌宮이라 부르는데, 첫째는 상장上將, 둘째는 차장次將, 셋째는 귀상貴相, 넷째는 사명司命, 다섯째는 사중司中, 여섯째는 사록司祿이라 한다. 두괴의 한가운데는 귀인貴人의 감옥이다. 두괴의 아래에 있는 여섯 개의 별들은 두 개씩 나란히 늘어서 있는데, 이를 삼능三能이라 부른다. 삼능의 색깔이 화평하면 군주와 신하가 화목함을 나타내며, 〔빛깔이〕 가지런하지 못하면 〔군신이〕 어그러지고 화합하지 못함을 나타낸다. 보성輔星북두성의 여섯째 별 곁에 있는 반성이 밝고 [사록에] 다가서면 보좌하는 신하가 가까워져 힘이 있고, 보성이 [사록으로부터] 멀어지고 밝기가 어두워지면 보좌하는 신하가 소원해지고 약해짐을 나타낸다.

두표斗杓의 말단에는 두 개의 별이 있는데, 하나는 [북두] 가까이에 있는 모矛이며 초요성招搖星이라 하며, [또] 하나는 [북두에서] 멀리 떨어져 있는 순盾으로 천봉성天鋒星이라 한다. 둥근 고리 모양의 열다섯 개 별이 두표에 속하면 하층 사람들의 감옥과 같다. 감옥처럼 생긴 이곳에 별들이 가득하면 수감되는 죄인도 많고 별들이 아주 적으면 죄수들이 석방되는 것을 나타낸다.

천일天一, 창槍, 봉棒, 모矛, 순盾 등이 동요하여 그 광망光芒이 커지면 전쟁이 일어난다.

항성: 동궁

동궁東宮[5]의 형상은 창룡蒼龍과 같으며, [그 대표적인 별자리는] 방수房宿와 심수心宿이다. 심수는 명당明堂이고, 그중 큰 별은 천왕天王을 대표하며, 그 앞과 뒤의 [두] 별은 왕의 자손들이다. [세 별은] 직선을 이룰 수 없고, 직선을 이루게 되면 천왕의 결정이 잘못됐다는 것이다. 방수는

---

5 동관東官이란 말과 같다. 이하 '남궁', '서궁', '북궁'의 경우도 마찬가지다.

〔천왕의〕 관부官府천제가 머무는 곳이며, 또 천사天駟천자의 수레이기도 하다. 그 북쪽에 있는 별은 우참右驂수레 오른쪽의 참마이다. 그 곁에 있는 두 별 이름은 금衿이라고 하며, 그 북쪽에 있는 별은 할轄이다. 동북쪽에 굽어져 있는 열두 개의 별은 기旗라고 한다. 기 가운데 있는 네 별은 천사天市별하늘의 구역을 표시함라고 하고, 여섯 개의 별은 시루市樓라고 한다. 천시의 중앙에 별이 많아지면 〔국고가〕 충실하고, 그곳에 별이 드물어지면 〔국고가〕 궁핍해진다. 방수의 남쪽에는 많은 별들이 있는데, 별들을 기관騎官이라 부른다.

각수角宿의 왼쪽에 있는 별은 이李법관이며, 각수의 오른쪽에 있는 별은 장將장군이다. 대각大角은 천왕의 조정이다. 그 양쪽에는 각기 세 개의 별이 마치 솥발처럼 굽어져 있는데, 섭제攝提라고 한다. 섭제는 두병이 가리키는 곳을 마주하고 있으며 사계절의 변화를 나타내므로 '섭제격攝提格'[6]이라고 한다. 항수亢宿는 외조外朝천제가 정사를 처리하던 곳로 질병을 관장한다. 그 남쪽과 북쪽에는 두 개의 큰 별이 있는데, 남문南門이라 한다. 저수氐宿는 하늘의 근본이며 역병을 관장한다.

미수尾宿에는 아홉 개의 아들 별자성子星이 있는데, 〔이는〕 군주와 신하를 대표하며 서로 배척하고 단절하면 군신이 불화하는 것이다. 기수箕宿는 말썽을 일으키고 시비를 거는 세객說客으로, 구설口舌다툼을 상징함이라고 한다.

화성火星이 각수의 위치를 침범하거나 점령하면 전쟁이 일어나게 된

---

6 섭제좌가 두병을 따라 인의 방향을 가리켜 시작되는 해를 말한다. 그래서 태초 원년이 갑인년이 되는 것이다.

다. 〔화성이〕 방수와 심수를 침범하거나[7] 점령하면, 제왕도 그것을 싫어
한다.

항성: 남궁

남궁南宮은 형상은 주작朱雀과 같으며, 권權권성좌 또는 권좌라고도 함과
형衡형성좌 또는 태미원이라고도 함으로 이루어져 있다. 형은 태미원太微垣이
라고도 불리며, 삼광三光해, 달, 다섯 개의 행성의 궁정宮廷이다. 빙 둘러 포
위하고 있는 열두 개의 별은 〔제왕의〕 번신이며, 서쪽의 별은 장군이고,
동쪽의 별은 재상이며, 남쪽 네 개의 별들은 법을 집행하는 법관이고,
그 중간은 단문端門이다. 단문의 좌우는 액문掖門이다.[8] 문 안에 있는 여
섯 개의 별들은 제후들이다. 그 안에 있는 다섯 개의 별들은 오제좌五帝
座이다. 그 뒤에는 열다섯 개의 별들이 모여 있는데 울창하여 낭위郎位
라고 하며, 그 곁에 있는 큰 별은 장위將位이다. 달과 다섯 개의 별들이
〔태미원으로〕 순행하여 들어와 정상적인 궤도를 따르면, 그것들이 나아
가는 상황도 관찰할 수 있으며 그것들에 의해 침범받는 별들이 대표하
는 관원들은 천자가 주살하는 대상이다. 만일 그것들이 역행하여 〔태미
원으로〕 들어오는 것이 정상적인 궤도를 따르지 못하여 침범한 별은 천

---

7 참고로 「진시황 본기」에 "〔시황〕 36년, 화성이 심수心宿를 침범했다."라는 기록이 있다.
8 단문과 액문은 하늘의 문으로서 전자는 정문이고 후자는 곁문이라는 뜻이다.

자가 관원들에게 죄를 언도하는 것을 나타낸다. 또 오제좌五帝座를 침범하여 재앙이 분명하게 드러나면, 그것은 군신들이 결탁하여 모반하려고 하는 것이다. 금성과 화성이 오제좌를 침범하면 그 재앙이 특히 극심하다. (태미원 동쪽에) 늘어선 별들의 서쪽에 드리워져 있는 다섯 개의 별들은 소미小微라고 하며 사대부를 대표한다. 권權은 헌원軒轅이라고도 불리는데 마치 황룡의 형상과 같다. 앞의 큰 별은 황후를 상징하고, 그 옆의 작은 별들은 비빈과 희첩을 상징한다. 달과 다섯 개의 별들이 헌원 부근에 이르러 침범하게 되면, 형형衡을 점치는 방법으로 해야 된다.

동정東井정수井宿라고도 하며 이십팔수의 하나로 남쪽 칠수 중 첫째 성수[9]은 물의 일을 관장한다. 그 서쪽에는 굽어진 별이 있는데 월鉞형벌과 전쟁을 상징이라고 한다. 월의 북쪽에는 북하좌北河座가 있고, 그 남쪽에는 남하좌南河座가 있다.[10] 북하좌, 남하좌와 천궐天闕[11]의 사이는 (오성 운행의) 관문이다. 여귀興鬼귀수鬼宿라고도 하며 이십팔수의 하나로 남쪽 칠수 중 둘째 성수는 귀신의 제사를 관장한다. 중간에 백색의 빛을 발하는 것은 질質[12]이다. 화성이 남하좌와 북하좌를 지키고 있으면 전쟁이 일어나고 곡물이 자라지 않는다. 그러므로 (제왕이) 덕정德政을 베풀면 형형衡태미원에 그 조짐이 나타나고, 제왕이 밖으로 놀러 가면 천황좌天潢座제왕의 거마의 행적을 볼 수 있다고 함에 그 조짐이 나타나고, 제왕이 몹쓸 짓을 일삼으면 월鉞

---

9 수사水事를 관장하며 제왕을 상징한다. 물은 평평하여 법을 다루는 이의 모범이 된다는 의미에서 "법령·제도의 준칙을 관장하다."라고도 해석될 수 있다.
10 북하좌와 남하좌에는 각각 세 개의 별이 있다.
11 천궐좌에는 두 개의 별이 있다.
12 질은 귀수 네 별의 중앙에 딸린 한 별자리로 적시기積尸氣라고도 불린다.

에 그 조짐이 나타나고, 제왕에게 재앙이 있으면 정수井宿이십팔수의 하나로 남방 칠수의 제1수인 여덟 개의 별임에 그 조짐이 나타나고, 제왕이 주살誅殺을 펼치면 질수質宿[13]에 그 조짐이 나타난다.

유수柳宿이십팔수의 하나. 남쪽 칠수 중 셋째 성수는 새의 부리로서, 초목을 관장한다. 칠성七星성수星宿라고도 함. 이십팔수의 하나. 남쪽 칠수 중 넷째 성수은 새의 목, 즉 목구멍으로 긴급한 일을 관장한다. 장수張宿이십팔수의 하나. 남쪽 칠수 중 다섯째 성수이고, 서양의 바다뱀자리에 속함는 새의 모이주머니이자 주방廚房으로, 빈객을 접대하는 일을 관장한다. 익수翼宿이십팔수의 하나. 남쪽 칠수 중 여섯째 성수는 새의 날개로, 멀리서 온 손님을 관장한다.

진수軫宿이십팔수의 하나. 남쪽 칠수 중 마지막 일곱째 성수이고, 서양의 까마귀자리에 속함는 수레로, 바람을 관장한다. 그 옆에 있는 하나의 작은 별은 장사長沙라고 하는데, 이 별은 그다지 밝지 않으며 만일 장사의 밝기가 진수의 네 별과 같아지거나 다섯 개의 별들이 진수의 중앙으로 침입하게 되면 전쟁이 크게 일어난다. 진수의 남쪽에 수많은 별들은 천고루天庫樓이다.[14] 천고루에는 오거성五車星이 있다. 오거성에서 빛을 발하거나 별들이 많아지거나 숨어 나타나지 않으면, 거마가 동요된다는 조짐이다.

항성: 서궁

서궁西宮에는 함지咸池해가 진다고 하는 큰 연못가 있고,[15] 천오황天五潢이라고 한다. 오황천오황은 오방五方 천제의 수레이자 창고이다. 화성이 〔오황으로〕 침입하면 가뭄이 들고, 금성金星이 침입하면 천하에 병란이 일어나며, 수성이 침입하면 수해가 든다. 그 가운데 삼주三柱삼주좌가 있는데 삼주가 숨어 나타나지 않으면 전쟁이 일어난다.

규수奎宿는 봉시封豕라고도 하는데, 수로를 관장한다. 누수婁宿는 민중을 모으는 것을 관장한다. 위수胃宿는 천제의 식량 창고를 관장한다. 그 남쪽에 있는 수많은 별은 괴적廥積[16]이라고 한다.

묘수昴宿이십팔수의 하나. 서쪽 칠수 중 넷째 성수는 또 모두髦頭라고도 하는데, 호인胡人[17]의 별을 관장하며 상사喪事를 관장한다. 필수畢宿이십팔수의 하나. 서쪽 칠수 중 다섯째 성수는 한거罕車라고도 하며 변방의 군대를 대표하며 사냥을 관장한다. 그 큰 별 곁의 작은 별은 부이附耳이다. 부이가 요동하면 참언을 일삼고 모반하는 신하가 곁에 있다는 것이다. 묘수와 필수의 사이가 천가天街[18]이다. 천가의 북쪽은 음陰이족의 국가이고, 그 남쪽은 양陽중원의 국가이다.

---

15 문맥상 '서궁西宮'이란 글자 뒤에 '백호白虎'라는 글자가 빠져 있다고 보는 견해가 있다.
16 괴적좌에는 여섯 개의 별이 있다.
17 고대 북쪽과 서쪽의 각 부족에 대한 통칭으로서 흉노匈奴만을 지칭하기도 한다.
18 천가좌에는 두 개의 별이 있다.

삼수參宿는 백호白虎의 주체이다. 세 별이 직선으로 늘어서 있는데, 이 별들은 큰 저울이다. 그 아래에는 세 개의 별이 늘어서 있는데 벌성罰星벌좌罰座 혹은 벌좌伐座라고도 함으로 참형하는 일을 관장한다. 삼수 밖의 네 개의 별은 〔백호의〕 좌우 어깨와 양쪽 넓적다리이다. 세 개의 별이 모퉁이에 놓여 있는데, 이는 자휴觜觿자수觜宿라고도 하며, 이십팔수의 하나라고 하고 백호의 머리이며, 흉년의 일을 관장한다. 삼수의 남쪽에 있는 네 개의 별은 천측天廁이라 한다. 천측 아래에 있는 별은 천시天屎라고 한다. 천시가 황색을 띠면 길하고, 청색, 백색, 흑색을 띠면 흉하다. 삼수의 서쪽에 굽은 아홉 개의 별은 세 조助로 늘어서 있는데 첫째 조는 천기天旗이고, 둘째 조는 천원天苑이며, 셋째 조는 구유九游이다.[19] 삼수의 동쪽에 있는 큰 별은 낭狼하늘에서 가장 밝은 항성이라고 한다. 낭의 모서리의 색이 변하면 도적이 많아진다. 아래에 있는 네 개의 별은 호弧라고 하며, 낭과 마주하고 있다. 낭의 근처에 있는 큰 별은 남극노인南極老人남극성의 별칭이며, 수성이라고도 불림이다. 남극노인이 나타나면 잘 다스려져 평안하고 남극노인이 나타나지 않으면 전쟁이 일어난다. 늘 추분 때면 남쪽 교외에서 이를 관측할 수 있다.[20]

부이성附耳星이 필수畢宿의 중앙을 침입하면 전쟁이 일어난다.[21]

---

19 천기좌에는 아홉 개의 별, 천원좌에는 열여섯 개의 별, 구유좌에는 아홉 개의 별이 포함된다.
20 남극성은 남반구 하늘의 지평선 부근에 출현하기 때문에 중원에서는 관측하기가 불가능하다.
21 이 문장은 앞의 부이성 관련 문장 뒤에 나와야 맞는데 착오가 있는 듯하다.

항성: 북궁

북궁北宮의 형상은 현무玄武와 같으며 허수虛宿와 위수危宿로 이루어져 있다. 위수는 지붕과 같고 허수는 곡읍哭泣의 일을 관장한다.

그 남쪽에 있는 많은 별들은 우림천군羽林天軍천군좌라고도 함[22]이라고 한다. 우림천군의 서쪽은 누壘[23]이며, 월鉞이라고도 한다. 그 곁에 있는 하나의 큰 별은 북락北落이다. 북락이 만일 빛이 희미해지다가 없어지면 숨어서 나타나지 않고 군성軍星천군좌이 요동하고 빛이 더욱 희미해지거나, 또 다섯 개의 별이 북락을 침범하고 우림천군을 침입하면 전쟁이 일어난다. 화성, 금성, 수성이 침입할 때 더욱 심하니 화성이 침입하면 군대에 우환이 있고, 수성이 침입하면 수해가 일어나며, 목성과 토성이 침입하면 전쟁의 근심이 있다. 위수의 동쪽에 있는 여섯 개의 별들은 둘씩 서로 마주하고 있으며 사공司空[24]이라고 한다.

영실營室은 청묘淸廟제왕과 제후가 조종을 제사하는 사묘祠廟이며, 이궁離宮제왕이 임시 거처하는 궁실과 각도閣道구름다리를 뜻함라고도 한다. 은하銀河 안의 네 개의 별은 천사天駟라고 한다. 그 곁의 하나의 별은 왕량王良[25]이다. 왕량이 말에 채찍을 가하는 것처럼 한다면 온 들판에 수레와 말이

---

22 우림천군좌에는 마흔다섯 개의 별이 있다.
23 누성좌에는 열두 개의 별이 있다.
24 이 별의 명칭과 위치, 수 모두가 잘못된 점이 있는데, 『사기지의』에서는 논단이 어렵다고 한다.
25 왕량은 본래 춘추 시대 진晉나라의 말을 잘 몰았던 사람의 이름이다.

가득 찬다. 그 곁에 여덟 개의 별이 은하를 가로질러 있으니 천황天潢[26]이라고 한다. 천황의 옆은 강성江星천강좌天江座라고도 함[27]이다. 강성이 요동하면 사람들이 걸어서 물을 건너야 한다.

저杵와 구臼 네 별은 위수의 북쪽에 있다. 포과좌匏瓜座[28]는, 청흑색의 별이 그 곁을 지키면 물고기, 소금의 값이 올라간다.

남두수南斗宿는 묘당廟堂으로 그 북쪽은 건성建星이다. 건성은 천기天旗하늘의 깃발이다. 견우牽牛는 희생을 관장한다. 그 북쪽은 하고대성河鼓大星[29]이다. 하고대성은 상장上將이고, 왼쪽의 별은 좌장左將이고, 오른쪽 별은 우장右將이다. 무녀수婺女宿의 북쪽은 여수女宿무녀좌 이십팔수의 하나. 북쪽 칠수 중 셋째 성수의 북쪽은 직녀좌織女座성수의 이름이다. 직녀는 천제의 손녀[30]이다.

<hr />

26 천황좌의 황潢은 깊은 물, 저수지를 뜻한다.

27 천강좌에는 네 개의 별이 있다.

28 포과좌에는 다섯 개의 별이 있다.

29 성수의 이름으로, 시문 중에서는 종종 하고성을 견우성이라고 불렀고, 우랑성于郎星이라 부르는 경우도 많았다.

30 원문은 "천녀손天女孫"으로 되어 있다. 진 대晉代 이후의 서적에는 천녀天女로 널리 쓰였으며, 시문에서도 천녀 또는 천손天孫으로 쓰였다.

세성: 목성

해와 달의 운행을 관찰하여 세성歲星의 순행과 역행逆行[31]을 살핀다. 세성은 〔오방 가운데〕 동쪽에 속하고, 〔오행 가운데〕 목木에 속하며, 〔오시 가운데〕 봄을 주재하며,[32] 〔십간 가운데〕 갑을甲乙[33]을 판정한다. 〔군주가〕 의로움[34]을 잃으면 징벌은 세성으로부터 나타난다. 세성의 운행이 빠르냐 늦으냐에 따라 그것이 자리한 천구天區[35]에 나라의 운명이 달려 있다. 〔세성이〕 천구에서 서로 대응하고 있는 나라는 정벌할 수 없고 그 나라가 다른 나라를 정벌할 수는 있다. 세성이 정상적인 운행을 벗어나 앞으로 나아가는 것을 영贏이라 하고, 정상적인 운행에서 뒤처지는 것을 축縮이라 한다. 그것이 빠르면 그 나라에 전쟁이 있게 되고 회복하지 못하게 된다. 세성이 뒤처지면 그 나라에 우환이 있게 되고 대장이 죽고 나라도 뒤집어지고 패망하게 된다. 그것이 소재하고 있는 천구는 다섯 개

---

31 관측자를 기준으로 서쪽에서 동쪽으로 운행하면 이를 순행이라 하고, 이와 반대로 동쪽에서 서쪽으로 운행하면 이를 역행이라 한다. 순행하는 시간은 길고 역행하는 시간은 짧은데, 옛날 사람들은 이러한 현상을 이변이라 여겨 재앙의 조짐으로 보았다.

32 오행에 근거하여 목이 봄을, 화가 여름을, 금이 가을을, 수가 겨울을 주재한다고 보았다. 그리고 나머지 토는 1년의 중간인 계하를 주재하는 것으로 보았다.

33 오행설에 의거하여, 십간 가운데 갑을甲乙은 목木에 속하고 병정丙丁은 화火에 속하고, 무기戊己는 토土에 속하고, 경신庚辛은 금金에 속하고, 임계壬癸는 수水에 속한다.

34 오행설에 근거하여, 목木은 의義를, 화火는 예禮를, 토土는 덕德을, 금金은 살殺을, 수水는 형刑을 각각 주재한다고 보았다.

35 사숙인데, 별이 운행하여 도달하고 머무는 하늘의 구역을 말한다.

의 별이 모두 한 수宿 안에 따라서 모여 있으면 그것과 상응하는 나라는 정의의 이름으로 천하를 다스릴 수 있다.[36]

섭제격攝提格인년寅年. 만물이 양기를 받아 흥기한다는 뜻의 해에는 세음歲陰[37]이 좌행左行동에서 서로 운행하여 인寅의 위치에 있고 세성은 우전右轉서에서 동으로 운행하여 축丑에 머문다. 정월에 〔세성이〕 두斗, 견우와 함께 새벽에 동쪽에 나타나는데, 이를 감덕監德[38]이라고 이름 짓는다. 색깔은 짙은 청색이고 빛이 있다. 세성이 성차星次[39]를 잃으면[40] 응험이 유수柳宿의 자리에 나타난다. 세음이 일찍 나타나면 수해가 나고, 늦게 나타나면 가뭄이 든다.

세성이 나와[41] 동쪽으로 12도를 운행하다가 100일 만에 멈추고 〔서쪽으로〕 8도를 역행하며, 100일 만에 다시 동쪽으로 운행한다. 세성은 매년 30과 16분의 7도를 운행하고, 매일 12분의 1도를 운행하여 12년이 되면 하늘을 한 바퀴 돌게 된다.[42] 늘 새벽에 동쪽 하늘에 나타났다가 저물녘에 서쪽 하늘로 사라진다.

---

36 다섯 개의 별이 동시에 동일한 천구에 출현하는 것을 말하며 흔히 오성집五星聚 혹은 오성연주五星連珠라고 불렸는데 상서로운 조짐으로 여겼다.
37 천체의 명칭으로, 태음太陰 또는 태세太歲라고도 하며, 동쪽에서 서쪽으로 황도를 따라 매년 30도씩 운행하여 12년에 일주하는 것으로 가설하고, 황도를 열둘로 등분한 구역을 각기 십이지지로 명명한 것이다.
38 정월의 매일 이른 아침 동쪽에 출현하는 목성을 가리킨다.
39 해와 달 및 다섯 행성의 위치 및 운행을 관측하기 위해 황도대를 열둘로 등분했는데, 이를 십이성차 또는 십이차라 칭했다.
40 성차를 잃는다는 말은 목성이 예기되는 성차에 오지 않는 것을 일컫는다.
41 목성이 해를 벗어나 동쪽에 보이기 시작하는 것을 가리킨다.
42 오늘날의 실제적인 관측에 의하면 세성, 즉 목성의 공전 주기는 11.86년이다.

단알單閼묘년. 음기가 다하여 그치고 양기가 만물을 흥기시킨다는 뜻의 해에는 세음이 묘卯에 있고 세성은 자子에 머문다. 2월에 여수女宿, 허수, 위수危宿와 함께 새벽에 나타나며 이를 강입降入이라 한다. 크고 빛이 난다. 세성이 성차를 잃으면 응험이 장수張宿의 자리에 나타나서 그해에는 수해가 난다.

집서執徐진년. 엎드려 칩거하던 동물들이 서서히 활동을 시작한다는 뜻의 해에는 세음이 진辰에 있고 세성은 해亥에 머문다. 3월에 영실, 동벽東壁벽수壁宿라고 하며 이십팔수의 하나과 함께 새벽에 나타나며 이를 청장青章이라 한다. 푸르고 푸른 것이 매우 또렷하다. 세성이 성차를 잃으면 응험이 있어 진수의 영역에 드는 나라에 재난이 생기는데, 세성이 일찍 나타나면 가뭄이 생기고, 늦게 나타나면 수해가 난다.

대황락大荒駱사년. 만물이 모두 왕성하게 일어나 활발히 뛰논다는 뜻의 해에는 세음이 사巳에 있고 세성은 술戌에 머문다. 4월에 규수奎宿, 누수婁宿와 함께 새벽에 나타나며 이를 변종跰踵이라고 한다. 이글이글하고 왕성한 붉은색이 나고 빛을 낸다. 세성이 성차를 잃으면 응험이 있어 항수의 영역에 드는 나라에 조짐이 나타난다.

돈장敦牂오년. 만물이 왕성하다는 뜻의 해에는 세음이 오午에 있고 세성은 유酉에 머문다. 5월에 위수胃宿, 묘수昴宿, 필수와 함께 새벽에 나타나는데 이를 개명開明이라 한다. 강렬한 빛을 낸다. 군사 행동을 그만두어야 하며, 제왕과 제후의 정치에는 이롭지만 군대를 다스리는 데에 이롭지 못하다. 세성이 성차를 잃으면 응험이 있어 방수의 영역에 드는 나라에 그 조짐이 일어나는데, 세성이 일찍 나타나면 가뭄이 발생하고, 세성이 늦게 나타나면 수해가 난다.

협흡協洽미년. 양기가 생기고 만물이 화합한다는 뜻이며 협흡叶洽이라고도 씀의 해에는 세음이 미未에 있고 세성은 신申에 머문다. 6월에 자휴, 삼수와 함께 새벽에 나타나며, 이를 장렬長列이라 한다. 밝디밝은 빛이 나며 용병에 이롭다. 세성이 성차를 잃으면 응험이 있어 기수箕宿의 영역에 드는 나라에 조짐이 나타난다.

군탄涒灘신년. 만물이 영근다는 뜻의 해에는 세음이 신申에 있고 세성은 미未에 머문다. 7월에 정수井宿, 귀수鬼宿와 함께 새벽에 나타나며 이를 대음大音이라 한다. 밝디밝은 흰빛이 난다. 세성이 성차를 잃으면 응험이 있어 견우에 조짐이 나타난다.

작악作鄂유년. 식물의 까끄라기가 날카롭다는 뜻의 해에는 세음이 유酉에 있고 세성은 오午에 머문다. 8월에 유수柳宿, 칠성七星, 장수張宿와 함께 새벽에 나타나며 이를 장왕長王이라 한다. 타오르듯 빛이 나며 나라가 흥성하고 곡물이 영근다. 세성이 성차를 잃으면 응험이 있는 위수危宿의 영역에 드는 나라에서는 극심한 가뭄이 들고, 군주는 후비를 잃게 되며, 백성들은 질병에 시달리게 된다.

엄무閹茂술년. 만물이 모두 숨고 가려진다는 뜻이며 엄무淹茂라고도 씀의 해에는 세음이 술戌에 있고 세성은 사巳에 머문다. 9월에 익수翼宿, 진수軫宿와 함께 새벽에 나타나며, 이를 천휴天睢라고 한다. 흰빛이 매우 밝게 빛난다. 세성이 성차를 잃으면 응험이 있어 동벽의 영역에 드는 나라에서는 수해가 나고 후비가 세상을 떠난다.

대연헌大淵獻해년. 만물이 대량으로 저장된다는 뜻의 해에는 세음이 해亥에 있고 세성은 진辰에 머문다. 10월에 각수角宿, 항수亢宿와 함께 새벽에 나타나며, 대장大章이라고 한다. 푸르디푸른 성체星體가 마치 튀어 오르듯 새벽에 희미하게 떠오르며 이를 '정평正平'이라 한다. 군대를 동원하면 장수는 반드시 용감하며, 그 나라에 덕이 있으면 장차 천하를 얻을 수 있다. 목성이 성차를 잃으면 응험이 있어 누수婁宿의 영역에 드는 나라에 조짐이 나타난다.

곤돈困敦자년. 만물이 이제 막 싹터 나와 혼돈 상태에 있다는 뜻의 해에는 세음이 자子에 있고 세성은 묘卯에 머문다. 11월에, 저수氐宿, 방수房宿, 심수心宿와 함께 새벽에 나타나며, 이를 천천天泉이라 한다. 검붉은 색이 매우 선명하다. 강물과 연못의 물이 불어나니 군대를 일으키기에는 불리하다. 세성이 성차를 잃으면 묘수의 영역에 드는 나라에 조짐이 나타난다.

적분약赤奮若축년. 양기가 만물에 떨쳐 그들의 천성에 순응한다는 뜻의 해에는 세음이 축丑에 있고 세성은 인寅에 머문다. 12월에 미수尾宿, 기수箕宿와 함께 새벽에 나타나며, 이를 천호天晧라고 한다. 어둑어둑한 검은색이 매우 밝다. 세성이 성차를 잃으면 응험이 있어 삼수의 영역에 드는 나라에 조짐이 나타난다.

〔세성이〕 마땅히 머물러야 함에도 머물지 않거나, 머무르는데 다시 좌우로 요동하거나, 떠나지 않아야 할 때에 떠나게 되어 다른 별과 만나게 되면, 그 나라는 흉하다. 〔세성이〕 오랫동안 머무르면, 〔그 영역에 드는〕 나라는 두터운 덕이 있다. 세성의 광망光芒이 요동치고, 작아졌다 커졌다 하거나 세성의 색깔이 자주 변하면 그 나라의 군주에게 근심거리가 있다.

세성이 성차와 사舍[43]를 어기고 나아가 동북쪽을 향해서 가면 석 달

---

43 행성이 운행할 때 일정한 시기에 머무는 이십팔사, 즉 이십팔수의 위치를 말한다.

뒤 천봉天棓혜성과 유사한 천체을 낳는데, 길이가 4장丈이고 끝이 날카롭다. 앞으로 동남쪽을 향해서 나아가면 석 달 뒤 혜성彗星을 낳는데, 길이가 2장이고 빗자루처럼 생겼다. 물러나 서북쪽을 향해서 나아가면 석 달 뒤 천참天欃을 낳는데, 길이가 4장이고 끝이 날카롭다. 물러나 서남쪽을 향해서 가면 석 달 뒤 천창天槍을 낳는데, 길이가 여러 장이고 양 끝이 날카롭다. 그것들이 나타나는 나라를 세밀히 관찰하여 큰일을 일으키거나 군사를 일으켜서는 안 된다. 세성이 나타나는 것이 마치 떠오르다가 가라앉는 듯하면 그 나라에 토목 공사가 있고, 마치 가라앉는 듯하다가 떠오르는 듯하면 그 분야의 나라는 멸망한다. 그 색깔이 붉고 광망이 있으면 세성이 머무르는 나라가 흥성한다. 세성의 광망을 마주하고 전쟁을 하면 이기지 못한다. 별빛이 등황색이고 가라앉으면 머무는 분야에서는 풍작을 이룬다. 색깔이 청백색이며 적회색이면 머무는 분야에서는 근심이 있다. 세성이 달에 들어가면[44] 그 분야의 나라에 있는 재상이 쫓겨난다. 세성이 태백太白[45]의 빛과 접촉하면 그 분야에 드는 나라는 패하게 된다.

세성은 섭제攝提, 중화重華, 응성應星, 기성紀星이라고도 불린다. 영실은 제왕의 조묘祖廟이며 세성의 묘당廟堂이다.

---

44 목성이 움직여 달, 지구와 일직선상에 오게 되면 목성을 볼 수 없게 되는 것을 말한다.
45 지구의 바로 안쪽에서 해의 주위를 공전하는 별인 금성을 말한다. 금성이 출현하는 시간대에 따라 달리 붙여진 이름 중의 하나다.

형혹: 화성

강렬한 운기를 관찰하여 형혹熒惑[46]의 위치를 판정한다. 형혹은 [오방 가운데] 남쪽에 속하고, [오행 가운데] 화火에 속하며, [오시 가운데] 여름을 주재하며, [십간 가운데] 병정丙丁을 판정한다. [군주가] 예를 잃으면 징벌은 형혹으로부터 나타난다. 형혹이 제 길을 벗어나 운행하는 것이 그것이다.[47] [형혹이] 나타나면 전쟁이 발생하고, 사라지면 전쟁이 끝난다. 형혹이 자리한 성수의 영역에 드는 나라에 여러 가지 조짐을 보인다. 형혹은 혼란과 흉살凶殺, 패란, 질병, 사상死傷, 기아, 전쟁 조짐을 보인다. 형혹이 역행하여 2사舍두 개의 천구天區 이상을 가 머무는데, 그 기간이 석 달이면 재앙이 생기고, 다섯 달이면 전화戰禍를 입고, 일곱 달이면 영토의 절반을 잃고, 아홉 달이면 영토의 대부분을 잃는다. 만일 계속 그곳에 머물면서 출몰을 거듭하면 국가에는 제사가 끊어진다. 형혹이 머물고 있는 영역에 드는 나라에서 재앙이 다시 발생하면 큰 화가 작은 화로 변할 수 있으나, 오래 지나서 재앙이 닥치면 작은 화가 도리어 큰 화가 된다. [형혹이 드는] 나라의 남쪽에서는 남자가 죽고, 그 북쪽에서는 여자가 죽는다. 만일 [형혹의] 광망이 번쩍거리면서 앞에 나타나기도 하

---

46 형혹은 화성을 달리 부르는 말인데 뜨고 지는 것이 일정치 않고 변화무쌍하여 사람을 혼미하게 한다고 하여 붙인 이름이다.

47 화성의 운행은 복잡하여 경우에 따라 드러나기도 하고 숨어 버리기도 하고, 동쪽으로 움직이기도 하고 서쪽으로 움직이기도 하는데, 사람들은 이러한 현상을 정상적인 운행의 질서를 잃어버렸다는 의미의 실행失行이라고 부른다.

고 뒤에 나타나기도 하며, 왼쪽에 나타나기도 하고 오른쪽에 나타나기도 하면 재앙이 더욱 커진다. 다른 행성의 빛이 접근하여 〔형혹의〕 빛과 서로 접촉하면 해롭고, 접촉하지 않으면 해롭지 않다. 다섯 개의 별들이 모두 연이어 천구상에 늘어서면 그 아래의 영역에 드는 나라는 예로써 천하를 통솔할 수 있다.

형혹의 운행 주기는, 나타나서 서쪽에서 동쪽으로 16사舍를 가고 나서 머물고, 다시 동쪽에서 서쪽으로 2사를 가고, 60일이 지나면 다시 서쪽에서 동쪽으로 수십 사를 갔다가 열 달이 지나면 서쪽에서 사라진다. 다섯 달 동안 잠복하여 운행하다가 동쪽으로 운행한다. 형혹이 서쪽에 나타나는 것을 반명反明이라 하는데, 통치자는 이것을 꺼린다. 동쪽으로 운행할 때에는 빨라 하루에 1과 2분의 1도를 운행한다.

형혹이 동서남북으로 운행할 때는 빠르다. 군사가 각자 형혹의 아래에 두고 싸우면 그 방향에 순응하는 쪽이 이기고, 〔운행 방향에〕 거스르면 패한다. 형혹이 태백을 뒤따라가면 군대에 근심거리가 있고, 벗어나면 군대가 퇴각한다. 〔형혹이〕 태백의 북쪽에 떠오르면 군대가 기습당한다. 〔형혹이〕 태백의 남쪽에서 운행하면 정규전을 하게 된다. 운행 중에 태백이 형혹을 앞지르면, 군대를 무너뜨리고 장수를 죽이게 만든다. 형혹이 태미, 헌원軒轅, 영실을 침범하여 머무르면, 그 영역에 드는 나라의 군주는 그 현상을 꺼리게 된다. 심수는 명당이자 형혹의 묘당이므로 형혹을 삼가며 점친다.

전성: 토성

두수斗宿와의 회합을 추정해 가면서 전성塡星의 방위를 판정한다. 전성은 〔오방 가운데〕 중앙에 속하고, 〔오행 가운데〕 토土에 속하며, 〔오시 가운데〕 계하季夏여름의 맨 마지막 달인 6월을 가리킴를 주재하고, 〔십간 가운데〕 무기戊己를 판정한다. 황제黃帝이며 덕을 주관하고 왕후의 성상星象이다. 매년 1수宿씩 채우는데, 전성이 머무는 나라는 길하다. 마땅히 머무르지 않아야 하는데 머물거나, 이미 지났는데 다시 역행하여 되돌아와 머물면, 그 나라는 영토를 얻거나 왕후를 얻는다. 만일 마땅히 머물러야 하는데 머물지 않거나, 이미 머물렀는데 다시 서쪽에서 동쪽으로 가면, 그 나라는 영토를 잃거나 왕후를 잃는다. 이 나라에서는 큰일을 벌이거나 군사를 동원해서는 안 된다. 전성이 오랫동안 머물면 그 나라는 복이 많고, 잠시 머물면 그 나라는 복이 적다.

전성은 지후地侯라고도 달리 부르며, 한 해의 수확을 주관한다. 해마다 13과 112분의 5도를 운행하고, 날마다 28분의 1도를 운행하며, 28년[48] 만에 하늘을 일주한다. 전성이 머무는 곳에 네 별이 와서 다섯 개의 별들이 모두 모이게 되면, 그 분야 아래에 있는 나라는 장엄한 덕으로 천하를 통일할 수 있다. 예법, 덕행, 정의, 정벌, 형법이 모두 상실되면 전성은 그것 때문에 동요된다.

---

48 현재의 실측에 의하면, 토성의 공전 주기는 29.46년이라고 한다.

〔전성의 운행이〕영贏빠르다는 의미이면 왕이 된 자가 안녕하지 못하고, 〔운행이〕축縮느리다는 뜻에 도달하면 〔출정 간〕군대가 되돌아오지 못한다. 전성은 그 색깔이 누렇고, 아홉 개의 광망이 있으며, 음은 황종률과 궁성[49]에 해당된다. 전성이 성차를 잃어 2~3수를 앞서 가는 것을 영이라 하며 이렇게 되면 군주의 명령이 집행되지 않거나 수해가 난다. 성차를 잃어 2~3수 뒤처지는 것을 축이라 하며, 이렇게 되면 왕후는 근심하며, 그해의 음양이 조화롭지 못하거나 하늘이 갈라지고 지진이 발생한다.

두수斗宿는 문채가 있는 중당中堂제왕 종묘의 중실이고, 전성은 묘당이고 천자의 성상이다.

오행성의 움직임

목성이 토성과 만나면, 내란과 기근이 있으므로 군주는 전쟁을 해서는 안 되며 〔전쟁을 해도〕패하게 된다. 〔목성이〕수성과 만나면, 계략을 변경하고 사업을 바꿔야만 한다. 〔목성이〕화성과 만나면 가뭄이 든다. 〔목성이〕금성과 만나면 상사喪事 또는 수해가 난다. 금성이 〔목성의〕남쪽에 있는 것을 빈모牝牡[50]라고 하는데 그해에는 곡식이 잘 영글며, 만일

49　황종률은 십이율의 첫 번째이고 궁성은 오성의 첫 번째이니, 이는 토土가 악률의 기초가 된다는 것을 말한다.

50　빈은 암컷으로 음陰이고, 모는 수컷으로 양陽이다. 흔히 목성은 양을 상징하고 금성은 음을

금성이 〔목성의〕 북쪽에 있으면 그해에 수확이 아주 나쁘다.

화성이 수성과 만나는 것을 쉬焠불이 물속으로 들어가는 현상라 하고 〔화성이〕 금성과 만나는 것을 삭鑠금속이 불을 만나 용해되는 것이라고 하는데, 〔이는〕 재앙을 만들며 모두 거사를 해서는 안 되고 군대를 일으키면 크게 패한다. 〔화성이〕 토성과 만나면 우환이 생기니, 서자가 대신의 자리를 맡게 되며, 〔그해에〕 기근이 크게 들고, 전쟁에서 패하며 군대가 도망가고 군대가 포위되며 일을 일으키면 크게 패한다.

토성이 수성과 만나면, 풍년이 들기는 하지만 유통이 막히며 군대는 뒤집히고 그 나라는 큰일을 일으킬 수 없다. 〔토성이〕 나타나면 영토를 잃으며, 사라지면 영토를 얻는다. 금성과 만나면 질병이 일어나고 내전도 일어나고 영토를 잃는다. 세 별이 만나면 그 구역에 해당하는 나라는 밖으로는 전쟁이 있고 안으로는 재앙이 있으니, 군주를 바꾸어 옹립하게 된다. 네 별화성, 토성, 수성, 금성이 만나면 전쟁과 재앙이 일어나고, 정권을 잡은 자들은 근심하고, 백성들이 떠돌아다닌다. 다섯 별금성, 목성, 수성, 화성, 토성이 만나면, 오행을 바꾼 것으로, 덕이 있는 이가 경사스러운 일을 받고 제왕을 바꾸게 되며, 사방의 토지를 차지하고, 자손들이 번창한다. 그러나 덕이 없는 자는 재앙을 만나거나 망한다. 다섯 별이 모두 커지면 〔영향 주는〕 일도 크고, 모두 작아지면 〔영향 주는〕 일도 작다.

〔행성이〕 일찍 나타나면 영이 되는데, 영이라는 것은 객客빈객이며, 늦게 나타나면 축이라고 하는데, 〔축은〕 주인主人이다. 반드시 천상의 응험

상징하니, 이 문장에서는 음과 양이 화합하는 것을 말한다.

이 표성杓星에 나타난다. 〔두 개 이상의〕 행성이 동시에 한 사舍에 있으면 모였다고 한다. 서로 가려 누르면 싸운다고 하는데, 〔싸우는 두 행성 사이의 거리가〕 7촌 이내면 반드시 재앙이 발생한다.

다섯 별들의 빛이 희고 둥글면 상사喪事와 가뭄이 들고, 붉고 둥글면 〔나라〕 안이 평안하지 못하고 전쟁이 일어나며, 푸르고 둥글면 우환과 수해가 나고, 검고 둥글면 질병이 생기고 사망자가 많다. 황색이고 둥글면 길하다. 광망의 색이 붉은색이면 자기 나라를 침범하는 자가 있고, 광망의 색이 황색이면 영토에 전쟁이 있으며, 광망의 색이 흰색이면 〔백성들의〕 울음소리가 들리고, 광망의 색이 푸른색이면 전쟁의 우환이 있으며 광망의 색이 검은색이면 수해가 난다. 그것들의 형상은 〔색깔로〕 군사를 일으키는 행동의 결과를 암시한다. 〔다섯 별이〕 한가지 색으로 빛나면 천하에 전쟁이 그치며 백성들이 안녕하고 번창한다. 봄에는 바람이 불고, 가을에는 비가 내리며, 겨울에는 춥고, 여름에는 더우며 동요하는 것은 나타난 지 120일이 되면 서쪽으로 역행하고, 서쪽으로 120일을 운행하다가 다시 동쪽으로 운행한다. 330일 동안 나타났다가 사라지고, 사라진 지 30일이 되면 다시 동쪽에 나타난다. 태세太歲가 갑인년甲寅年에 있으면 진성鎭星은 동벽에 있는데, 본래는 영실에 있다.

태백: 금성

해의 운행을 관찰하면 태백太白의 방위를 판단할 수 있다. 태백은 〔오방 가운데〕 서쪽에 속하고, 〔오행 가운데〕 금金에 속하며, 〔오시 가운데〕 가을을 주재하고, 〔십간 가운데〕 경신庚辛을 판정하며, 주살을 주관한다. 주살이 잘못되면 그 징벌이 태백에 나타난다. 태백이 운행의 질서를 잃으면 그것이 자리한 사에 따라 그 분야의 나라를 정한다. 그것은 나와서 이십팔사를 240일 동안 운행하다가 사라진다. 동쪽으로 사라져서 11사를 130일 동안 잠복 운행한다. 그것은 서쪽으로 사라져서 3사를 16일 동안 잠복 운행한다. 마땅히 나와야 하는데도 나타나지 않거나 마땅히 사라져야 하는데도 사라지지 않으면 이를 두고 "사를 잃었다."라고 하는데, 군대를 무너뜨리거나 군주를 찬탈하는 일이 생긴다.

「상원上元」고대 역법. 「상원력上元曆」이라고도 함에 근거하면, 〔태백은〕 섭제격의 해에 영실과 함께 새벽에 동쪽에 나와 각수에 이르러 사라지고, 영실과 함께 저녁에 서쪽에 나와 각수에 이르러 사라지고, 각수와 함께 새벽에 나와 필수에 이르러 사라지고, 각수와 함께 저녁에 나와 필수에 이르러 사라지고, 필수와 함께 새벽에 나와 기수에 이르러 사라지고, 필수와 함께 저녁에 나와 기수에 이르러 사라지고, 기수와 함께 새벽에 나와 유수에 이르러 사라지고, 기수와 함께 저녁에 나와 유수에 이르러 사라지고, 유수와 함께 새벽에 나와 영실에 이르러 사라지며, 유수와 함께 저녁에 나와 영실에 이르러 사라진다. 나타나고 사라짐을 동쪽과 서쪽에서 각기 다섯 번씩 하며, 8년 220일이 지나면 다시 영실과 함께 새벽에 동쪽에 나타난다. 그것은 대체로 1년에 한 차례 하늘을 일주한다.[51] 태백

51 현재의 실측에 의하면 금성의 공전 주기는 224.7일이다.

이 처음에 동쪽에 나타나면 운행이 더디며 대체로 하루에 2분의 1도씩 운행하고, 120일이 지나면 반드시 1~2사씩 역행하며, 극점에 이르면 되돌아가 동쪽으로 운행하는데, 매일 1과 2분의 1도씩 운행하고, 120일이 지나면 사라진다. 태백이〔높이가〕낮으며 해에 접근하면 이를 명성明星이라 한다.〔이때 빛은〕부드럽다.〔태백의 위치가〕높으면, 이를 대효大囂라고 하며,〔이때 빛은〕강렬하다. 태백이 처음에 서쪽에서 나타나면 운행이 빠르며 대체로 하루에 1과 2분의 1도를 운행하는데, 120일이 지나 극점에 이르면 운행이 더뎌져 하루에 2분의 1도씩 운행하며, 120일이 지나면 새벽에 사라지고 반드시 1~2사를 역행하고 나서 사라진다. 태백이 낮아 해에 접근하면 이를 대백大白이라고 부르는데,〔빛이〕부드러우며, 태백이 높아 해로부터 멀어지면 이를 대상大相이라고 부르는데,〔빛이〕강렬하다. 진시辰時오전 7시부터 9시까지와 술시戌時오후 7시부터 9시까지에 나타나고 축시丑時오전 1시부터 3시까지와 미시未時오후 1시부터 3시까지에 사라진다.

　마땅히 나와야 하는데 나타나지 않거나 사라져야 하는데 사라지지 않으면 천하가 전쟁을 그만두어야 하며, 군대가 바깥에 있으면〔본국으로〕들어와야 된다. 나타나지 않아야 하는데 나타나거나 사라져야 하는데 사라지지 않으면, 천하에 전쟁이 일어나고 나라가 무너진다. 태백이 적당한 시기에 나타나면 그 나라는 번창한다. 태백이 동쪽에서 나타나야 하면 동쪽으로 나타나고, 동쪽으로 사라져야 하면 북쪽에서 사라지고, 서쪽에서 나타나야 하면 서쪽으로 나타나고, 서쪽으로 사라져야 하면 남쪽에서 사라진다. 태백이 오래 머물면 그 분야에 있는 나라는 길하고, 이와 반대면 그 분야에 있는 나라는 흉하다.

〔태백이〕 서쪽에서 나와 동쪽으로 순행하면 정서쪽에 있는 나라가 길하다. 동쪽에서 나와 서쪽으로 역행하면 정동쪽에 있는 나라가 길하다. 태백은 하늘에서 나올 수 없으며 〔낮에〕 하늘에서 뜨면 천하에 정권이 바뀐다.

〔태백의〕 형체가 작고 광망이 흔들리면 전쟁이 일어난다. 처음 나올 때에는 컸다가 나중에 작아지면 군대가 약하고, 나올 때에 작았다가 나중에 커지면 군대가 강하다. 태백이 높이 나올 때의 군사 작전은 〔적진〕 깊숙이 들어가야 길하고 얕게 들어가면 흉하다. 〔태백이〕 나타나는 위치가 낮을 때 얕게 들어가면 길하고 깊숙이 들어가면 흉하다. 해가 남쪽으로 이동할 때[52] 태백이 그 남쪽에 있거나, 해가 북쪽으로 이동할 때[53] 태백이 그 북쪽에 있으면 이를 영이라 하는데, 이때 제후와 왕이 안녕하지 못하고, 군사 작전은 진격하면 길하고 물러나면 흉하다. 해가 남쪽으로 이동할 때 태백이 그 북쪽에 있거나 해가 북쪽으로 이동할 때 태백이 그 남쪽에 있으면 이를 축이라 하는데, 이때 제후와 왕이 근심이 있고, 군사 작전은 물러나면 길하고 진격하면 흉하다. 군사 작전은 태백을 따르니, 태백이 빠르게 운행하면 빠르게 행군하고, 더디면 더디게 행군한다. 광망이 보이면 과감하게 싸운다. 〔태백의 빛이〕 빠르게 요동하면 빠르게 공격하고 태백이 둥글고 고요하면 조용히 싸운다. 〔태백의 빛이〕 가리키는 방향에 따라 〔군사를 일으키면〕 길하고, 그와 반대면 모두 흉하다. 〔태백이〕 나타나면 군대를 출동시키고 사라지면 군대를 거두어들인다.

---

52 하지가 지나고 해가 남쪽으로 내려가는 것을 말한다.
53 동지가 지나고 해가 북쪽으로 올라가는 것을 말한다.

〔태백의〕 광망이 붉으면 전쟁이 일어나고, 광망이 흰색이면 상사가 있다. 광망이 검고 둥글면 우환이 있고 수해가 나며, 광망이 작고 푸르고 둥글면 우환이 있고 벌목할 일이 생긴다. 광망이 누렇고 둥글면 토목 공사가 있고 풍년이 든다. 태백이 나타났다가 사흘 만에 점점 사라지고 사라진 지 사흘 만에 갑자기 나타나면, 이를 연爽연약하다는 의미이라고 하는데, 그 아래에 있는 나라에서는 군대가 패하고 장수가 도망친다. 태백이 사라진 지 사흘 만에 다시 조금씩 나타났다가 나타난 지 사흘 만에 갑자기 사라지면 그 아래에 있는 나라에는 우환이 있으며, 군대는 양식과 무기를 다른 사람으로 하여금 쓰게 만들고 병졸은 비록 많지만 장차 다른 사람에게 포로가 된다. 태백이 서쪽에서 나와 질서를 잃으면 〔중원〕 바깥의 나라들[54]이 패하고, 태백이 동쪽에서 나와 질서를 잃으면 중원의 나라들이 패한다. 태백의 색깔이 크고 둥글고 황색으로 윤택하면 좋은 일이 생겨난다. 그것이 둥글고 크며 적색이면, 설사 군대가 강성하다 할지라도 전쟁을 일으켜서는 안 된다.

　　태백이 흰색이면 낭狼천랑성과 비슷하고, 홍색이면 심수와 비슷하고, 황색이면 삼좌견參左肩삼수의 왼쪽 어깨에 있는 별과 비슷하고, 푸른색이면 삼우견參右肩삼수의 오른쪽 어깨에 있는 별과 비슷하고, 검은색이면 규수의 큰 별[55]과 비슷하다. 오성五星태백과 다른 네 행성이 모두 태백을 쫓아와서 한 사에서 모이면 그 아래에 있는 나라는 무력으로 천하를 제압할 수 있다. 〔태백이〕 정상적인 자리에 있으면 제자리를 얻을 것이고 비정상적

54　한족의 여러 나라를 둘러싼 사방 이민족들의 국가를 말한다.
55　규수의 서남쪽에 있는 큰 별을 가리키며 고대에는 천주목天柱木이라 불렸다.

인 자리에 있으면 제자리를 얻지 못할 것이다. 운행이 색깔[56]을 이기고 색깔이 자리를 이기며, 자리가 있는 것이 자리가 없는 것을 이기고 색깔이 있는 것이 색깔이 없는 것을 이기고 운행이 제자리를 얻은 것이 다른 것들을 모두 이긴다.[57] 태백이 나와 뽕나무와 느릅나무 사이에 있으면[58] 그 아래에 있는 나라에 해를 끼친다. [태백이] 상승하는 것이 빨라 그 길이 다 되지 않았는데도 하늘의 3분의 1을 지나면 그것이 마주하고 있는 나라에 해를 끼친다. [태백이] 위로 올라갔다가 다시 내려가고, 내려갔다가 다시 올라가면 모반하는 장수가 있다. 태백이 달의 뒤로 들어가면 대장이 피살된다. 금성이 목성[59]과 만나 목성의 빛이 있으면, 그 나라는 전쟁이 일어나지 않고 군대를 비록 일으켜도 싸우지 않는다. 그러나 두 별이 만났는데 빛이 어둡게 변하면 그 분야에 무너진 군대가 있게 된다. 서쪽에서 나타났다가 황혼 녘에 떠올라 어두워지면 습격하는 군대가 강성하며, 저녁밥 먹을 때 나타나면 좀 더 약해지고, 한밤중에 나타나면 중간쯤 약해지고, 닭이 울 무렵에 나타나면 가장 약한데, 이를 "음이 양에 빠졌다."라고 한다. 태백이 동쪽에서 빛을 받아 밝게

---

56 색깔은 별빛의 변화와 계절의 대응 관계, 즉 춘春과 청靑, 하夏와 적赤, 계하季夏와 황黃, 추秋와 백白, 동冬과 흑黑을 말한다.

57 금성을 관측하여 점을 칠 때의 원칙을 밝힌 것이라고 볼 수 있다. 운행·궤도·색깔·위치순으로 고려함을 밝히고 있다.

58 해 질 녘에 금성은 지평선상에 나와야 정상인데, 뽕나무와 느릅나무 위에 머무르면 너무 일찍 나온 것이다.

59 원문에는 '목성木星'으로 되어 있어 원문에 따라 번역을 했으나 『사기지의』는 이를 '수성水星'으로 보아야 한다고 말한다. 이 「천관서」에서 줄곧 목성을 '세성'이라 하고 '목성'으로는 쓰지 않은 점을 그 근거로 들고 있는데 상당히 타당한 지적으로 보인다.

나타나면 정병精兵이 강하며, 닭이 울 무렵에 나타나면 조금 약하고, 한밤중에 나타나면 더욱 약하고, 황혼 녘에 나타나면 가장 약한데, 이를 "양이 음에 빠졌다."라고 한다. 태백이 숨을 때 군대를 출동시키면 군대에 재앙이 있다. 태백이 동남쪽에서 나타나면 남쪽이 북쪽을 이기고, 동북쪽에서 나타나면 북쪽이 남쪽을 이기고, 정동쪽에서 나타나면 동쪽의 나라가 승리한다. 서북쪽에서 나타나면 북쪽이 남쪽을 이기고, 서남쪽에서 나타나면 남쪽이 북쪽을 이기고, 정서쪽에서 나타나면 서쪽의 나라가 승리한다.

태백과 열성列星항성恒星이 서로 침범하면 작은 전쟁이 일어나고, 오성태백과 다른 네 행성이 서로 침범하면 큰 전쟁이 일어난다. 그것들다섯 별이 서로 침범하고 태백이 다른 별의 남쪽으로 나타나면 남쪽 나라가 패하고, 다른 별의 북쪽으로 나타나면 북쪽 나라가 패한다. 빠르게 운행하면 무력을 사용해야 하며, 운행하지 않으면 문채가 빛난다. 색은 흰색이고 다섯 개의 광망이 있으며 일찍 뜨면 월식이 생기고, 늦게 뜨면 천요天妖요성妖星, 규칙적으로 출현하지 않는 천체와 혜성이 나타나며 그 나라를 장차 진동하게 한다. 〔태백이〕 동쪽으로 나타나면 덕행을 주관하니 거사할 때 태백의 왼쪽에 접근하거나 마주하면 〔그 나라는〕 길하다. 태백이 서쪽으로 나타나면 형살을 주재하니, 거사할 때 태백의 오른쪽에 접근하거나 등지게 되면 〔그 나라는〕 길하다. 이와 반대로 하면 모두 흉하다. 태백의 빛이 〔물체에〕 그림자를 드리우면 전쟁에서 승리한다. 〔태백이〕 대낮에 나타나서 하늘을 지나가는 것을 쟁명爭明이라고 하며 강성한 국가는 약해지고, 약소한 국가는 강성해지니 왕후의 나라가 번창한다.

항수亢宿는 천체의 외묘外廟이자 태백의 묘당이다. 태백은 대신으로 그것은 상공上公[60]이라고 부른다. 그것의 다른 이름은 은성殷星, 태정太正, 영성營星, 관성觀星, 궁성宮星, 명성明星, 대쇠大衰, 대택大澤, 종성終星, 대상大相, 천호天浩, 서성序星, 월위月緯이다. 대사마大司馬권세가 가장 큰 장군의 명예직의 관직은 신중히 태백의 상황을 보고 점치는 것이다.

진성: 수성

해와 별들의 회합을 관찰하여 진성辰星의 방위를 확정한다. 〔수성은〕〔오방 가운데〕 북쪽에 속하고, 〔오행 가운데〕 수水에 속하며, 태음의 정령이고, 〔오시 가운데〕 겨울을 주재하며, 〔십간 가운데〕 임계壬癸를 판정한다. 형벌을 그르치면 그 징벌은 진성에 나타나며 그것이 도달한 수宿에 따라 분야의 나라를 확정한다.

진성의 〔위치에 의거하여〕 사계절을 바로잡는다. 중춘仲春음력 2월의 춘분 때 〔진성은〕 저녁에 규수와 누수와 위수胃宿의 천구상에 나와 동쪽으로 5사를 운행하니 이곳이 제齊나라 지역이다. 중하仲夏음력 5월의 하지 때 〔진성은〕 저녁에 정수와 귀수와 유수의 천구상에 나와 동쪽으로 7사를 운행하니 이곳이 초楚나라 지역이다. 중추仲秋음력 8월의 추분 때 〔진성은〕 저녁에 각수와 항수와 저수와 방수의 천구상에 나와 동쪽으

60 주 대의 관제에 의하면, 삼공三公, 태사太師, 태부太傅, 태보太保 중 특별한 공덕을 세운 자를 상공이라 칭했다. 한대에는 태부를 상공이라 칭하여 삼공보다 우위에 두었다.

로 4사를 운행하니 이곳은 한漢나라 지역이다. 중동仲冬음력 11월의 동지 때 〔진성은〕 새벽에 동쪽 교외로 나와 미수, 기수, 두수, 견우와 함께 서쪽으로 운행하니, 이곳은 중원中原61 지역이다. 〔진성의〕 나타나고 사라짐은 늘 진시, 술시, 축시, 미시에 있다.

진성이 일찍 나타나면 월식이 일어나고, 늦게 나타나면 혜성과 천요가 있다. 진성이 나와야 하는데 나타나지 않아 질서를 잃으면, 추격하는 병사가 바깥에 있으므로 교전하지 않는다. 〔사계절 중〕 어느 한 계절에 〔진성이〕 나타나지 않으면 그 계절이 조화롭지 못하고, 사계절 내내 나타나지 않으면 천하에 큰 기근이 든다. 그것이 마땅히 나올 때에 나와 색깔이 흰색이면 가뭄이 들고, 황색이면 오물이 영글고, 적색이면 전쟁이 일어나고, 검은색이면 수해가 난다. 〔진성이〕 동쪽에 나와 형체가 크고 색깔이 흰색이면 밖에 있는 군대는 철수해야 한다. 〔진성이〕 동쪽에 나와 그것이 적색이면 중국中國중원 나라이 승리하고, 그것이 서쪽에 나와 적색이면 바깥 나라가 유리하다. 바깥에 군대가 없는데 적색이면 전쟁이 일어난다. 진성이 태백과 함께 동쪽에 나와 모두 적색이고 광망이 있으면 바깥 나라가 크게 패하고 중국이 승리한다. 진성이 태백과 함께 서쪽에 나와 모두 적색이고 광망이 있으면 바깥 나라가 승리한다. 다섯 별이 하늘의 중앙을 점유하여 동쪽에 모두 모여 있으면 중원이 승리하고, 서쪽에 모여 있으면 바깥 나라가 군사 작전을 하면 유리하다. 오성진성과 다른 네 별이 진성과 한 사에서 만나면 그 분야에 있는 나라는 법으로 천하

61　여기서는 오늘날의 하남성河南省 일대를 가리킨다.

를 통일할 수 있다. 진성이 나타나지 않으면 태백은 객이 된다. 그것진성은 주主가 된다. 〔진성이〕 나와서 태백과 함께 서로 따르지 않으면, 그 분야에 있는 나라는 비록 군대가 있어도 전쟁을 하지 말아야 한다. 〔진성이〕 동쪽에서 나타나고 태백이 서쪽에서 나타나거나, 〔진성이〕 서쪽에서 나타나고 태백이 동쪽에서 나타나는 것을 '격擊'이라고 하는데, 그 분야에 있는 나라는 비록 군대가 있어도 전쟁을 하지 말아야 한다. 〔진성이〕 그 나와야 할 시기를 잃어서 나타나면, 마땅히 추워야 하는데 도리어 따뜻하고, 따뜻해야 하는데 도리어 춥다. 〔진성이〕 나와야 하는데 나타나지 않는 것을 '격졸擊卒병졸을 친다 혹은 죽인다는 뜻'이라고 하는데, 전쟁이 크게 일어난다. 〔진성이〕 태백 속으로 들어갔다가 위로 나타나면 군대가 격파되고 장군이 죽으며 객군客軍외지에서 침입한 군대이 승리한다. 그 아래로 나타나면 객군이 영토를 잃는다. 진성이 태백으로 다가가는데 태백이 비껴가지 않으면 장군이 죽는다. 바로 그 위에서 나타나면 군대가 격파되고 장군이 죽으며 객군이 승리한다. 그 아래로 나타나면 객군이 영토를 잃는다. 그것이 가리키는 방향을 보면 무너지는 군대를 확정할 수 있다. 진성이 태백의 둘레를 돌거나 〔태백의 광망과〕 부딪히면, 큰 전쟁이 일어나며 객군이 승리한다. 〔진성이〕 태백을 지날 때 그 틈으로 칼 한 자루가 들어갈 정도면 작은 전쟁이 일어나고 객군이 승리한다. 진성이 태백의 앞에 머무르면 군대가 물러나고, 태백의 왼쪽으로 나타나면 작은 전쟁이 일어나고, 태백에 가까이 접근하면 수만 명이 싸우고 주군主軍의 관리가 죽으며, 태백의 오른쪽으로 나타나며 〔그 사이가〕 3척 정도 떨어져 있으면 군대가 신속하게 전쟁을 한다. 〔진성이〕 푸른색 광망을 내면 전쟁의 근심이 있고, 검은색 광망을 내면 수해가 난다. 붉은색이 되어 운

행하면 갈 데 없는 군대의 마지막 종착지이다.[62]

　진성은 일곱 개의 이름이 있는데, 소정小正, 진성辰星, 천참天欃, 안주성安周星, 세상細爽, 능성能星, 구성鉤星이다. 진성의 색깔이 황색이고 작으며 나와서 위치를 바꾸면, 천하의 제도가 변하여 점점 선정이 베풀어지지 않게 된다. 진성의 색깔은 다섯 가지이니, 푸른색이고 둥글면 우환이 있고, 흰색이고 둥글면 상사가 있고, 붉은색이고 둥글면 내부가 평안하지 못하고, 검은색이고 둥글면 길하다. 붉은색의 광망을 내면 자기 나라를 침범하는 자가 있고, 황색의 광망을 내면 영토 분쟁이 있고, 백색의 광망을 내면 울음소리가 있다.

　진성이 동쪽으로 나와 4사를 48일 동안 운행하는데 대체로 20일을 가다가 되돌아 동쪽으로 사라진다. 또 서쪽으로 나와 4사를 48일 동안 운행하는데 대체로 20일을 가다가 되돌아 서쪽으로 사라진다. 어떤 때에는 실수, 각수, 필수, 기수, 유수의 천구에서 〔진성을〕 관찰할 수 있다. 〔진성이〕 방수와 심수 사이에 나타나면 지진이 있다.

　진성의 색깔이 봄에는 청황색이고, 여름에는 적백색이고, 가을에는 청백색이면 그해의 수확이 좋고 겨울에는 황색인데 밝지 못하다. 만일 진성의 색깔이 변하면 그 계절은 좋지 못하다. 봄에 나타나지 않으면 큰 바람이 불고, 가을에 수확을 거둘 수 없다. 여름에 나타나지 않으면 60일 동안 가뭄이 들고 월식이 있다. 가을에 나타나지 않으면 전쟁이 있고 〔이듬해〕 봄 작물이 성장하지 않는다. 겨울에 나타나지 않으면 장맛비가 60일

---

62 『사기지의』에는 이 문장 역시 잘못 들어간 문장이므로 번역 역시 생략되어야 한다고 판단했지만, 여기서는 원전에 의거하여 번역했다.

동안 내리고, 성읍이 유실되며, (이듬해) 여름 작물이 성장하지 않는다.

이십팔수와 분야의 관계

각수, 항수, 저수의 영역에 드는 분야는 연주兗州이다. 방수와 심수의 분야는 예주豫州이다. 미수와 기수의 분야는 유주幽州이다. 두수의 분야는 강수와 태호太湖 유역이다. 견우와 직녀의 분야는 양주揚州이다. 또 허수와 위수의 분야는 청주靑州이다. 영실에서 동벽에 이르는 분야는 병주幷州이다. 규수, 누수, 위수의 분야는 서주徐州이다. 묘수와 필수의 분야는 기주冀州이다. 자휴와 삼수의 분야는 익주益州이다. 동정과 귀수의 분야는 옹주雍州이다. 유수, 칠성, 장수의 분야는 삼하三河하동, 하내, 하남 세 군을 말함 유역이다. 익수와 진수의 분야는 형주荊州이다.

칠성은 관원으로서 진성의 묘에 해당하며, 만이蠻夷를 지배하는 별이다.

해

두 군대가 서로 대치하는데 햇무리가 고르면 (쌍방의) 세력이 균등하다. (햇무리가) 두껍고 길고 크면 (전쟁에) 승산이 있으며, (햇무리가) 얇고 짧고 작으면 전쟁에 이기지 못한다. 햇무리가 해를 겹겹이 에워싸면 크게 패한다.

햇무리가 안으로 향하면 강화를 상징하고, [햇무리가] 밖으로 향하면 불화를 상징하며 관계를 끊고 서로 떨어져 나간다. [햇무리가] 곧으면 스스로 독립하여 따로 제후와 왕을 세우며 [아군이] 지고 장수가 죽는다. 해가 [구름을] 등지거나 머리에 이고 있으면 좋은 일이 있다. 햇무리가 구름의 바깥에 있으면 안쪽에 있는 군대가 승리하고, [햇무리가] 구름의 안쪽에 있으면 바깥쪽에 있는 군대가 승리한다. 햇무리의 청색이 바깥쪽이고 적색이 안쪽이면 [두 군대는] 서로 화해하고 물러나며, 적색이 바깥쪽이고 청색이 안쪽이면 [두 군대가] 서로 원한을 품고 물러난다. 햇무리의 고리나 띠가 먼저 나타났다가 나중에 사라지면 주둔군이 승리한다. 햇무리가 [꼬리나 띠보다] 먼저 나타났다가 나중에 사라지면 처음에는 유리하다가 나중에는 불리하다. 햇무리가 나중에 나타났다가 나중에 사라지면 처음에는 불리하나 나중에는 유리하고, 나중에 나타났다가 먼저 사라지면 처음, 나중 모두 불리하여 주둔군이 승리하지 못한다. 햇무리가 나타났다가 사라지는 그 과정이 짧으면, 비록 작은 승리는 거둘지라도 공적은 없다. 햇무리가 반나절 이상 나타나면 공적이 크다. 햇무리가 흰 무지개처럼 굽어 있고 [그 길이가] 짧으며 위아래 양 끝이 날카로우면, 이 분야에 있는 나라에서는 많은 피를 흘리는 전쟁이 일어난다. 햇무리가 승패를 결정하는 것은, 짧게는 30일, 길게는 60일이다.

일식이 있을 때 그 분야에 있는 나라는 불길하고, [해가] 다시 나타나면 나타나는 쪽이 유리하다. 일식이 다하면 군주에게 응험이 있다. 일식이 있는 부위, 해가 있는 수宿, 그리고 발생한 날짜와 시간을 더하여 그 분야에 있는 나라를 확정한다.

달

달이 중도中道[63]를 운행하면 안녕하고 평화롭다. 〔달이〕 음간陰間[64]을 지나면 비가 많이 내리고 은밀하고 추악한 일이 발생한다. 북쪽에서 3척 정도 되는 곳이 음성陰星인데, 〔이곳을 지나면〕 변란이 많다.[65] 〔다시〕 북쪽으로 3척 정도 되는 곳이 태음太陰극성한 음기라는 의미인데, 〔이곳을 지나면〕 수해와 전쟁이 난다. 달이 양간陽間방수의 남쪽 두 별의 중간을 지나면 〔군주가〕 교만하고 방자해진다. 달이 양성陽星을 지나면 흉악한 형벌이 많아진다. 태양太陽극성한 양기라는 의미을 지나면 큰 가뭄과 상사가 있다. 달이 각수의 천문天門[66]을 지나면 10월이면 〔이듬해〕 4월에, 11월이면 〔이듬해〕 5월에, 12월이면 〔이듬해〕 6월에 수해가 나는데, 가까운 곳은 깊이가 3척, 먼 곳은 깊이가 5척이다. 〔달이〕 방수의 네 별을 침범하면 보좌하는 신하가 주살된다. 〔달이〕 남하성南河星과 북하성北河星을 지날 때 남하성의 남쪽이면 가뭄과 전쟁이 있고, 북하성의 북쪽이면 수해

---

63 중도는 운행 노선의 명칭인데, 방수 네 별의 중간을 말한다.

64 달이 천구상에서 지나는 노선, 즉 방수의 북쪽 두 별의 중간을 가리킨다.

65 원문에는 누락되어 있는데, 『한서』 「천문지天文志」에 의거하여 "다란多亂"이라는 구절을 덧붙여 해석했다.

66 각수의 두 별을 천관天關하늘의 관문이라고 하며 두 별 사이를 천문이라고 한다.

와 상사가 일어난다.

달이 세성을 가리면, 그 분야의 나라는 기근 속에서 쇠망하게 된다. 〔달이〕 형혹을 가리면 변란이 있고, 전성을 가리면 아랫사람이 윗사람을 범하고, 태백을 가리면 강대국이라도 전쟁에서 패하고, 진성을 가리면 후비后妃로 인한 혼란이 생긴다. 달이 대각大角을 가리면 군주 된 자가 이를 꺼리고 달이 심수를 가리면 조정 내부에 반란이 일어나고, 달이 뭇 항성들을 가리면 그 분야의 나라에는 우환이 있다.

월식은 일어난 날로부터 다섯 달마다 여섯 번 일어나고, 여섯 달마다 다섯 번 일어나며, 다섯 달마다 다시 여섯 번 일어나고, 여섯 달 만에 한 번 일어나며, 다시 다섯 달 만에 다섯 번 일어나니, 모두 113개월[67] 만에 다시 시작하게 된다. 그러므로 월식은 늘 그러한 것이지만 일식은 늘 그렇게 나타나는 것이 아니다.[68] 〔십간 가운데〕 갑과 을의 날에는 사해四海

---

67 위에 나타난 것을 근거로 하여 맨 처음 월식이 일어난 날로부터 월식 주기를 계산해 보면, 5개월 간격으로 여섯 번이므로 30개월, 6개월 간격으로 다섯 번이니 30개월, 다시 5개월 간격으로 여섯 번이니 30개월, 그로부터 6개월 후에 한 차례이니 6개월, 다시 5개월 간격으로 다섯 번이니 25개월이므로 도합 121개월이 되는 셈이다. 따라서 이는 113개월이 아니라 121개월로 바로 잡아야 옳다. 오늘날 과학적으로 실측한 것에 의하면, 일식과 월식의 주기는 18년 11일또는 10일이고, 1주기 내 평균적으로 일식이 마흔세 차례, 월식이 스물여덟 차례 일어난다고 한다. 이를 사마천이 추산한 것과 오늘날의 실측과 비교하기 위해 편의상 100년 단위로 계산해 보면, 사마천의 추산으로는 121개월에 스물세 차례이므로 100년마다 월식이 243.2번 일어난다고 볼 수 있다. 그리고 오늘날 실측한 것에 의해 계산하면 100년마다 234.6번 일어나는 것으로 볼 수 있다. 이 둘을 비교해 볼 때 오차는 8.6번에 지나지 않는다. 옛날 사람들이 얼마나 정확하게 관측했나를 가히 짐작할 수 있다.

68 일식은 지상의 한 지역에 국한하여 볼 수 있는 현상이지만, 월식 현상은 지구의 반구 전체에서 관측할 수 있다. 지구 전체를 놓고 말하면, 앞의 주에서 본 바와 같이 일식 현상이 월식 현상보다 많다. 그러나 어느 한 지역에 국한하여 말한다면, 월식 현상이 일식 현상보다 많다. 따라서

밖에 나타나므로 일식과 월식으로는 점치지 않는다. 병과 정의 날에는 강수와 회수淮水 유역, 동해와 태산 사이의 지역에 그 조짐을 보인다. 무와 기의 날에는 중원 지구, 하수와 제수濟水 유역에 그 조짐을 보인다. 경과 신의 날에는 화산華山 서쪽 유역에 그 조짐을 보인다. 임과 계의 날에는 항산恒山의 북쪽 유역에 그 조짐을 보인다. 일식은 나라의 군주에게 응험이 있고 월식은 장군과 재상이 그것을 감당한다.

괴이한 천상天象을 점치는 법

국황성國皇城은 크고 붉으며, 형상이 남극南極남극성과 유사하다. 국황성이 나타나면 그 아래에 있는 나라에서는 전쟁을 일으키고 군대가 강하며, 그와 마주하고 있는 나라는 불길하다.

소명성昭明星필성筆星이라고도 함은 크고 백색이며, 광망이 없는 때에는 위로 올라갔다 내려갔다 한다. 소명성이 나타나는 나라에서는 전쟁을 일으키고 변고가 많다.

오잔성五殘星오봉성五鋒星이라고도 함은 정동인 동쪽의 분야에 나타난다. 이 별의 형상은 진성과 비슷하고, 지면에서 약 6장丈 떨어져 있다.

대적성大賊星은 정남인 남쪽의 분야에 나타난다. 이 별은 지면에서 약

고대에는 중국, 심지어 중원 지구에 국한하여 관찰·기록한 것이므로 월식 현상에 비해 일식 현상은 보기 드물었다. 당시 사람들은 월식과 일식을 상당히 불길한 조짐으로 여겼다.

6장 떨어져 있고 크고 붉으며, 자주 요동치며 빛을 낸다.

사위성司危星은 정서인 서쪽의 분야에 나타난다. 이 별은 지면에서 약 6장 떨어져 있고, 크고 희며 태백과 유사하다.

옥한성獄漢星함한성咸漢星이라고도 함은 정북인 북쪽의 분야에 나타난다. 이 별은 지면에서 약 6장 떨어져 있고 크고 붉으며 자주 요동치고, 자세히 관찰하면 희미한 푸른빛을 띤다. 이 네 분야의 별이 나타나는데, 그것의 방위가 아닌 곳에서 나타난다면 그 아래에 있는 나라에서는 전쟁이 일어나고, 그와 마주하고 있는 분야의 나라는 불길하다.

사진성四鎮星이 나타나는 천구는 네 모퉁이이고, 지면에서 약 4장 떨어져 있다.

지유함광地維咸光지유성은 또한 네 모퉁이에서 나타나고 지면에서 약 3장 떨어져 있으며, 달이 처음 출현하는 것과 같다. 이 별이 나타나는 분야에서는 그 아래에 변란이 있고, 변란이 있으면 멸망하고 덕을 베푸는 나라는 흥성한다.

촉성燭星은 형상이 태백과 비슷하고, 나타나기는 하나 운행하지는 않으며, 나타났다가 곧 사라진다. 이 별이 비추는 분야의 나라는 변란이 있다.

별과 유사하나 별이 아니고, 구름과 유사하나 구름이 아닌 것을 귀사歸邪[69]라고 명명한다. 귀사가 나타나면 반드시 본국으로 돌아오는 자[70]가

---

69 귀사성은 혜성과 비슷한 천체이다.
70 "돌아오는 자"란 말은 도망했다가 귀국하는 임금이나 대신일 수도 있고 다른 나라에서 투항해 오는 자일 수도 있다.

있다.

별은 금속의 흩어진 기운이며 그 본질은 불이다. 별이 많으면 나라가 길하고, 별이 적으면 흉하다.

은하도 역시 금속의 흩어진 기운이며 그 본질은 물이다. 은하에 별이 많으면 비가 많이 내리고 별이 적으면 가뭄이 드는데, 이것은 일정한 규칙이다.

천고天鼓천고성는 소리를 내는데, 우레 소리 같기도 하고 아닌 것도 같으며 그 소리는 땅으로부터 땅 아래까지 전해진다. 이 별이 향하는 분야 아래에 있는 나라에서는 전쟁이 일어난다.

천구天狗천구성는 형상이 큰 유성流星과 비슷하고 소리를 내는데, 그것이 땅에 떨어져야 소리가 멈추며, 개 짖는 소리와 유사하다. 그것이 떨어진 곳은 멀리서 보면 마치 불빛이 타올라 하늘을 찌르는 듯하다. 그 아래의 둘레는 마치 몇 경頃의 밭과 같고 위는 뾰족하며 황색을 띠고 있는데 〔이 별이 나타난 곳〕 1000리 밖의 군대가 지고 장수가 죽게 된다.

격택성格澤星은 마치 타오르는 불꽃의 모습으로 황백색이며, 땅에서 솟구쳐 올라간다. 아랫부분은 크고 윗부분은 뾰족하다. 이 별이 나타나면 씨를 뿌리지 않아도 거둘 수 있고, 토목 공사가 있지 않으면 반드시 큰 재앙이 있다.

치우지기蚩尤之旗[71]는 빗자루와 비슷하고 뒷부분이 굽어 마치 깃발 같

---

71 치우는 머리는 구리로 되어 있고 이마는 쇠로 된 용맹스러운 신이다. 그는 염제의 후손이며 중국 민족의 시조인 황제에게 대항한 신으로서 악신惡神이 되었다. 보다 자세한 것이 「오제 본기」에 있다.

다. 이 별이 나타나면 왕이 된 자가 사방을 정벌한다.

순시旬始는 북두의 옆에 나타나는데, 그 형상은 마치 수탉과 같다. 이 별이 빛을 내뿜으면 청흑색으로 마치 엎드린 자라와 같다.

왕시枉矢는 큰 유성과 비슷하고 뱀처럼 기어가는 듯하며 청흑색을 띠는데, 그것을 바라보면 마치 깃털이 있는 것 같다.

장경長庚은 한 필의 베를 하늘에 걸어 놓은 듯하다. 이 별이 나타나면 전쟁이 일어난다.

별이 땅에 떨어지면 돌이 된다. 하수와 제수 사이에는 때때로 별이 떨어진다.

날씨가 맑으면 경성景星[72]이 나타난다. 경성은 덕성德星이다. 그 모습은 일정하지 않으며, 항상 도의가 있는 나라에 나타난다.

구름과 바람 및 그 외의 것들을 점치는 법

운기雲氣[73]를 관찰하여 점을 칠 때 고개를 쳐들고 바라보면 300~400 리가 되고 수평으로 바라보아 뽕나무나 느릅나무 위를 보면 1000여 리가 되고, 높은 곳에 올라 바라보면 아래로 3000여 리가 된다. 운기가 금

---

72 이 별은 서성瑞星 또는 덕성德星으로도 불렸으며 상서로운 조짐으로 여겼다.
73 운기란 땅 위에서 수증기가 발생하여 상승하여 생긴 구름을 말하는데, 한곳에 모이지 않고 하늘에 흩어져 다니므로 기氣라는 말을 덧붙인 것이다.

수의 형상처럼 웅크리고 있으면 승리한다.

화산 이남의 운기는 아랫부분이 검고 윗부분이 붉다. 숭고崇高숭산와 삼하 교외의 운기는 모두 빨간색이다. 항산 이북의 운기는 아랫부분이 검고 윗부분이 푸르다. 발해渤海와 갈석碣石, 동해東海와 대종岱宗태산 사이의 운기는 모두 검은색이다. 강수와 회수 사이의 운기는 모두 흰색이다.

전쟁의 조짐을 보이는 운기는 흰색이다. 〔방어하기 위한〕 토목 공사의 조짐을 보이는 구름은 황색이다. 병거兵車병사의 수레를 동원한 전쟁의 조짐을 보이는 운기는 높아졌다 낮아졌다 하고 가끔 〔한자리에〕 모인다. 기병을 동원한 전쟁의 조짐을 보이는 운기는 낮고 분포되어 있다. 보병을 동원한 전쟁의 조짐을 보이는 운기는 한자리에 모여 있다. 〔운기의〕 앞부분이 낮고 뒷부분이 높으면 〔행군이〕 빠르고, 앞부분이 네모형이고 뒷부분이 높으면 정예로우며, 뒷부분이 뾰족하고 낮으면 〔군대가〕 물러난다. 운기가 평평하면 행군하는 속도가 느리다. 운기의 앞부분이 높고 뒷부분이 낮으면 〔군대가〕 멈추지 않고 되돌아간다. 두 운기가 서로 만나면 낮은 운기 아래에 있는 나라가 높은 운기 아래에 있는 나라를 이기며, 뾰족하고 날카로운 운기 아래에 있는 나라가 네모난 운기 아래에 있는 나라를 이긴다. 운기가 낮게 수레바퀴 자국을 따라 흘러가면 사나흘이 못 되어 5~6리 떨어진 곳에서 조짐이 나타난다. 운기가 7~8척 높아지면 5~6일이 못 되어 10여 리 떨어진 곳에서 조짐이 나타난다. 운기의 높이가 1장 2척이면, 14일이 못 되어 50~60리 떨어진 곳에서 조짐이 나타난다.

〔깃털처럼〕 가볍게 날리는 운기가 순백색을 띠면 장수는 날래지만 병사들은 겁을 낸다. 운기의 아랫부분이 크고 앞부분이 멀리까지 뻗어 있으면 싸우는 것이 마땅하다. 〔운기가〕 청백색이고 앞부분이 낮으면 전쟁

에서 승리하고, 〔운기가〕 앞부분이 적색이고 우러러보면 전쟁에서 패한다. 진운陣雲은 마치 솟은 성벽과 비슷하고, 저운杼雲은 베틀과 비슷하다. 축운軸雲은 둥근 모양인데, 양 끝이 뾰족하다. 작운杓雲은 밧줄과 비슷한데, 앞부분은 하늘을 가로지르고 그 절반은 하늘의 반을 차지한다. 예운霓雲은 전투 깃발과 비슷하다. 구운鉤雲은 굽은 모양이다. 이러한 운기들이 나타나면 오색에 근거하여 점을 친다. 만일 윤택이 나며 한자리에 모여 있고 조밀하면, 운기의 나타남은 사람들의 주의를 끌게 되고, 비로소 점을 칠 만한 가치가 있게 되며, 군사 행동이 반드시 일어나고, 그 자리에서 상응하는 운기가 서로 싸운다.

왕삭王朔한나라 무제 때 성상星象을 점치는 데 뛰어났던 사람은 점칠 때, 해 주위의 운기를 관측하여 결정했다. 해 주위의 운기는 제후와 왕의 상징이다. 모두 그 모양에 따라 점을 쳤던 것이다.

그러므로 북쪽 오랑캐 지역의 운기는 가축과 천막이고, 남쪽 오랑캐 지역의 운기는 배나 돛의 모양과 비슷하다. 수해가 난 곳, 군대가 패한 전쟁터, 무너진 나라의 폐허, 지하에 쌓여 있는 금전과 금은보화의 위에는 모두 운기가 있으니 살피지 않을 수 없는 것이다. 바닷가의 신기루는 누각 같고 광야의 운기는 궁궐 같다. 운기는 그곳 산천의 형세와 백성들을 모은 형세와 기질을 닮는다.

그러므로 사회의 성쇠를 점치려는 자는 나라나 봉읍으로 들어가 그 봉읍의 경계와 밭두둑이 잘 정리·정돈되고 있는지 살펴야 하며 성곽과 가옥, 문호가 윤택한지, 수레와 복식, 가축이 살찌고 튼실한지 살펴야만 한다. 충실하고 번영하면 길하고, 텅 비고 소모되면 흉하다.

연기 같은데 연기가 아니고, 구름 같은데 구름이 아니고, 문채가 성하고 영롱하며 퍼져서 표류하는 모양이면 이를 경운卿雲좋은 징조로 인정됨이라고 한다. 경운이 나타나면 좋은 기운이 생길 것이다. 안개 같은데 안개가 아니고, 옷이나 갓이 젖지도 않는데 이것이 나타나면 그 지역에는 갑옷 입은 자들이 달리게 된다.

번개, 무지개, 벼락, 야명夜明대기의 성분이 해의 빛을 받아 희미한 빛을 발하는 현상은 양기가 움직이는 것으로 봄과 여름에 발생하고 가을과 겨울에는 숨어 버린다. 따라서 점치는 자는 반드시 이것들을 관찰하지 않을 수 없다.

하늘은 갈라져 만물을 늘어뜨리고, 땅에 지진이 나고 갈라지고 끊어진다. 산은 무너지고 옮겨 가고 강은 막히고 시냇물이 메워지고 물이 넘실거리고 땅이 솟아오르며, 못의 물이 마르는 것은 모두 조짐을 나타낸다. 성곽이나 여문동네 어귀에 세운 문이 윤택한가 메말랐는가〔도 조짐이고〕, 궁궐과 대저택, 백성들이 머무는 곳 또한 마찬가지이다. 습속, 수레와 복식, 백성들의 음식도 관찰한다. 오곡과 초목이 심어져 있는 곳을 관찰한다. 곡식 창고와 마굿간, 무기 창고 및 사방으로 통하는 길을 관찰한다. 여섯 가지 가축들소, 말, 양, 돼지, 개, 닭과 금수가 방목되고 자라는 곳을 관찰한다. 물고기와 자라, 새와 쥐가 왕래하고 사는 곳을 관찰한다. 귀신의 울음소리를 들었다고 하면 그 사람은 귀신을 만났다고 말한다. 해괴한 말들이 사실로 되는 것은 진실로 이런 이치들이다.

1년의 점

　무릇 한 해 운세의 좋고 나쁨을 점칠 때에는 삼가 그해의 세시歲時한 해의 처음이라는 뜻에 점친다. 한 해의 시작은 동짓날인데, 생기가 비로소 발생한다. 납명일臘明日납일의 다음 날에는 사람들이 한 해를 보내고 한자리에 모여 음식을 먹고, 양기를 발산시키므로 이를 초세初歲라고 한다. 정월 초하루는 제왕이 만든 1년의 첫머리이다. 입춘은 사계절의 처음이다. 사시四始네 계절의 시작이니 동지, 납명일, 정월 초하루, 입춘의 네 날의 처음은 점치는 날이다.

　한나라 때 위선魏鮮성상을 점치는 데에 뛰어났던 사람은 납명일과 정월 초하루에 팔방의 바람에 귀결시킴으로써 점을 쳤다. 바람이 남쪽에서 불어오면 큰 가뭄이 들고, 서남쪽에서 불어오면 작은 가뭄이 들고, 서쪽에서 불어오면 전쟁이 일어나고, 서북쪽에서 불어오면 콩이 영글고 비가 적게 내려 갑작스러운 전쟁이 생긴다. 북쪽에서 불어오면 중급의 수확이 있고, 동북쪽에서 불어오면 상급의 수확이 있으며 동쪽에서 불어오면 수해가 나고, 동남쪽에서 불어오면 백성들이 전염병에 걸리고 수확이 나쁘다. 따라서 팔방의 바람은 각각 그 맞은편 바람과 상쇄되고 비교적 많은 쪽이 이기게 된다. 많은 것은 적은 것을 이기고, 오래 지속되는 것이 짧은 것을 이기고, 빠른 것이 느린 것을 이긴다. 새벽부터 아침밥 때까지는 〔바람이〕 보리를 관장하고, 아침밥 때부터 해가 기울 때까지는 메기장을 관장하고, 해가 기울 때부터 저물녘까지는 기장을 관장하고, 저물녘부터 하포下餔오늘날 오후 6시가 지난 시각을 가리킴까지는 콩을 관장하고, 그 이후부터 일입日入해가 완전히 질 때까지는 삼마隄을 관장한다. 온종일 구름이 있고 바람이 있고 해가 있기를 바라는데, 그 시간에 해당되는 작물은 줄기가 우거지고 열매가 많다. 구름은 없고 바람과 해만 있으면 그 시간에 해당되는 작물은 줄기는 약하나 열매가 많다. 구름과 바람은 있되 해가 없으면 그 시간에 해당되는 작물은 줄기는 깊으나 열매가 적다. 해는 있는데 구름이 없고 바람도 없으면 그 시간에 해당되는 작물은 수확은 있지만 흉작이다. 그때가 만일 밥 먹을 틈만큼의 짧은 시간이라면 조금 흉작이 들겠지만 쌀 다섯 말을 익힐 만큼의 긴 시간이라면 큰 흉작이 든다. 바람이 다시 불어오고 구름이 있으면 그 작물은 다시 살아난다. 각각의 농작물에 해당되는 시간에 따라 구름의 색을 관찰하여 적당한 작물을 점친다. 만일 비가 내리거나 눈이 내리거나 추우면 수확이 나쁘다.

만일 정월 초하루에 밝은 빛이 있으면 도읍과 마을에서는 백성들의 노랫소리가 들린다. 만일 궁성이 들리면 수확이 좋고 길하고, 상성이 들리면 전쟁이 일어난다. 그리고 치성이 들리면 가뭄이 들고, 우성이 들리면 수해가 나고, 각성이 들리면 수확이 나쁘다.

어떤 이는 정월 초하루부터 연이어 비 오는 날의 수를 계산하기도 한다. 하루 내리는 비에 따라 한 되의 수확이 있고, (최고) 일곱 되의 수확이 있다. 일곱 되를 초과하면 점치지 않는다. 또 12일까지 숫자를 헤아리면서 하루하루를 그 달치로 계산하여 수해와 가뭄을 점친다. 이 방법은 그 나라의 영토의 1000리 안에 있는 것을 점치는 것이며 천하를 위하여 점을 친다면 정월 한 달을 (보고) 점쳐야 한다. 달이 어떤 수宿에 자리해 있는지 보고, 그날의 해, 바람, 구름에 따라 그 나라의 수확을 점친다. 그러나 반드시 태세太歲가 있는 곳을 관찰해야만 하니 만일 태세가 서쪽에 있으면 풍년이 들고, 북쪽에 있으면 흉년이 들고, 동쪽에 있으면 기근이 들고, 남쪽에 있으면 가뭄이 든다. 이것이 일반적인 원칙이다.

정월 상순 갑일甲日에 바람이 동쪽에서 불어오면 양잠에 적합하고, 바람이 서쪽에서 불어오거나 아침에 누런 구름이 있으면 (수확이) 나쁘다.

동짓날 (낮의 길이가) 가장 짧은데, 저울의 양 끝에 흙과 숯을 매달아 놓아 숯이 아래로 기울면[74] 수사슴의 뿔이 빠지고,[75] 난초 뿌리가 자라며 샘물이 솟아나는데, 이렇게 하면 일지日至를 알 수 있으며, 이는 해시계의 그림자에 의해 결정된다. 세성이 자리하고 있는 분야는 오곡이 풍성해질 것이다. 그와 마주하고 있는 곳을 '충衝'이라고 하는데 수확에 재앙이 있게 된다.

모든 군주와 제왕들이 해와 달의 운행을 관찰한 이유

태사공은 말한다.

처음 백성이 생겨난 이래 역대 군주들이 어찌 일찍이 해와 달과 별의 운행을 관찰하지 않았겠는가? 오제와 삼대에 이르러 그것들을 이어받

---

74 저울의 양 끝에 흙과 숯을 매달아 평형을 만드는데, 동지 이후 해가 돌아오면 공기 중의 습도가 증가하여 습기를 흡수한 숯의 무게가 늘어나 숯 쪽으로 기울어지고, 하지 이후에는 이와 정반대의 현상이 일어난다고 한다.

75 수사슴의 뿔은 매년 이른 봄에 빠지고, 늦봄에 다시 자란다.

아 밝혀서, 관을 쓰고 띠를 매는 민족을 안쪽으로 하고 이적을 바깥으로 하여, 중국을 열두 주州로 나누었으니 위로는 하늘에서 현상을 관찰하고 아래로는 땅에서 법칙을 살폈다. 하늘에는 해와 달이 있고, 땅에는 음과 양이 있고 하늘에는 오성이 있고 땅에는 오행이 있다. 하늘에는 별자리들이 열을 지어 있고 땅에는 주州의 구역이 있다. 삼광三光해와 달과 별은 음과 양의 정기이고, 정기의 근본은 땅에 있으며, 성인은 이를 통합하여 다스린다.

〔주나라〕유왕幽王과 여왕厲王 이전은 아득히 오래되었다. 나타난 천상天象의 이변일식, 월식, 지진 등은 모두 달라 나라마다 이변의 자취를 남겨 놓았고, 점술가들은 괴이한 사물을 점쳐서 당시의 현상에 부합했으나, 그들의 문자와 그림과 서적으로 쓰인 책이 분석한 길흉화복의 조짐을 법칙으로 삼지는 못했다. 그래서 공자는 육경六經을 평론하면서 기이한 것을 기록하고 그에 대한 해설은 기술하지 않았다. 천도天道해, 달, 별 등의 천체 운행 규칙와 천명天命천상으로 나타난 하늘의 뜻에 관해서도 전수하지 않았으니, 그 사람천도와 천명을 분명히 이해한 성현에게 전수하면서는 알려 주지 않았고 그 사람이 아닌 자에게 알려 주었으나 그 말을 이해하지 못했다.

옛날 천문天文 역법을 전수한 사람으로는, 고신씨高辛氏[76] 이전에는 중

---

76 사마천은 「오제 본기」에서 이렇게 기록했다. "제곡 고신은 황제의 증손이다. 고신의 아버지는 교극橋極요임금의 조상이라 불렸고, 교극의 아버지는 현효라고 불렸으며, 현효의 아버지는 황제라고 불렸다. 현효와 교극은 모두 제위에 오르지 못했고 고신에 와서야 제위에 올랐다. 고신은 전욱에게는 족자簇子사촌의 아들가 된다."

重과 여黎[77]가 있었고, 당唐과 우虞의 시대에는 희羲와 화和[78]가 있었으며, 하 대夏代에는 곤오昆吾가 있었고, 은상 대殷商代에는 무함巫咸이 있었으며, 주나라 왕실에는 사일史佚무왕 때의 태사 윤일을 가리킴과 장홍萇弘[79]이 있었고, 송나라에는 자위子韋송나라 경공景公 때의 천문 역법가가 있었고, 정鄭나라에는 비조裨竈가 있었고, 제齊나라에는 감공甘公이 있었고, 초楚나라에는 당말唐昧이 있었고, 조趙나라에는 윤고尹皐가 있었고, 위魏나라에는 석신石申[80]이 있었다.

무릇 천운天運자연의 운세은 30년에 한 번 작게 변하고 100년이 지나면 중간쯤 변하며 500년에 한 번 큰 변화가 있다. 세 번의 큰 변화가 있으면 1기紀[81]이고, 세 번의 기를 거치면 큰 변화를 갖추게 되니 이것은 대수大數, 대운大運, 즉 하늘과 땅 사이에 돌아가는 기수이다. 나라를 다스리는 자는 반드시 3과 5의 변화[82]를 귀하게 여기고 위아래로 각 1000년씩 거쳐야 하며 그런 연후에 하늘과 사람 사이의 도가 이어져 완비된다.

태사공이 옛날의 천상의 변화를 추산해 보았는데, 오늘날에 고증할 수 없는 것도 있다. 대체로 춘추 시대 242년간 일식이 서른여섯 차례 있었고, 혜성이 세 번 나타났으며 송나라 양공 때 별똥별이 비 오듯 했

---

77 중은 전욱제 때 남정의 직책을 맡아 천문과 제사를 관장한 자이고, 여는 전욱제 때 화정에 임명되어 지리와 민정을 관장한 사람의 이름이다.

78 천지와 사기를 관장한 벼슬 이름이기도 하다.

79 주나라 경왕 때의 대부로 진나라의 대부들이 내분을 일으켰을 때 범씨를 도왔다가 죽게 되었다.

80 『천문天文』을 지었다고 전하는 전국 시대 말기 사람이다.

81 중국의 고대 역법에 의하면, 19년을 1장, 4장을 1부, 20부를 1기, 3기를 1원으로 한다.

82 30년에 한 번인 작은 변화와 500년에 한 번인 큰 변화를 의미한다.

다. 천자의 권위가 약해지자 제후들이 무력으로 정벌하고, 오패가 차례로 일어나며 번갈아 패주가 되어 명을 주도했다. 이때부터 다수가 소수를 억압하고 큰 나라가 작은 나라를 집어삼켰다. 진秦, 초楚, 오吳, 월越은 모두 이적夷狄인데, 강성한 패주가 되었다. 전씨田氏는 제나라를 찬탈했고, 삼가三家한씨, 위씨, 조씨 세 집안가 진나라를 나누어 나란히 전국 시대에 들어섰다. 성을 공격하고 빼앗는 데에 다투어 전쟁이 연달아 일어났고 성과 읍이 수차례 도륙되었고 이로 인하여 [백성은] 기근과 역병의 고통에 시달리게 되었으며, 신하와 군주가 함께 우려하고 근심하여 길흉의 조짐을 살피고 별과 운기를 살피는 것이 더욱 다급하게 되었다. 근세近世에 열두 제후와 칠국이 서로 왕 노릇 하려고 하고 합종과 연횡을 말하는 자들이 줄지어 일어나서 윤고, 당말, 감공, 석신이 당시의 형세에 따라 저마다 문서와 전적을 담론하는 데 힘썼으니 그들의 점치는 것과 응험은 무질서하고 잡다하여 쌀이나 소금 알갱이 같았다.

이십팔수가 열두 주를 주재하고, 두수가 그들을 총괄한다는 것은 오래전부터 전해 왔던 것이다. 진나라의 강역은 태백을 점치고 낭천랑성과 천호천호성로 점친다. 오나라와 초나라의 강역은 형혹을 점치고 조鳥유수와 형衡태미원으로 점친다. 연나라와 제나라의 강역은 진성을 점치고 허수와 위수로 점친다. 송과 정의 강역은 세성을 점치고 방수와 심수로 점친다. 진의 강역도 진성을 점치고 삼수와 벌성으로 점친다.

진秦나라가 삼진三晉한韓나라, 위魏나라, 조趙나라과 연나라 및 대代나라를 모두 집어삼키면서 하수와 진령晉嶺으로부터 태행산太行山 이남이 중국중원이 되었다. 중원은 사해四海 안에 있고 동남쪽에 있으며 양에 속하는데, 양에 속하는 별은 해, 세성, 형혹, 전성이며, 천가天街의 남쪽에서 점치고 필수가 이를 주재한다. 그 서북쪽 호인胡人, 맥인貊人, 월지月氏의 여러 종족은 털가죽 옷을 걸치고 활로 사냥하는 족속으로 음에 속하는데, 음에 속하는 별은 달과 태백, 진성이며, 천가의 북쪽에서 점치고, 묘수가 그들을 주재한다. 그래서 중원의 산맥과 하천은 동북쪽으로 흐르고, 그들의 머리는 농롱隴과 촉蜀에 있고 꼬리는 발해와 갈석으로 빠진다. 이 때문에 진秦나라와 진晉나라는 전쟁을 좋아했고, 또 태백으로 점쳤으며, 태백이 중원을 주재했다. 그런데 호인과 맥인이 늘 침범했으니, 오로지 진성으로 점쳤으며, 진성의 나타남과 사라짐이 조급하고 빠른 것은 늘 이적을 주재하기 때문이니, 이는 일반적인 원칙이다. 이것들은 번갈아가며 객과 주인이 된다. 형혹이 어그러지면 밖으로 군사를 다스리고 안으로 정사를 처리한다. 그러므로 "비록 영명한 천자가 있다 하더라도 반드시 형혹이 있는 곳을 관찰해야 한다."라고 한 것이다. 제후들이 번갈아가며 강성해지고 때때로 당시 재앙과 이변에 관한 기록이 있지만, 기록할 수 없다.

진시황秦始皇 때, 15년 사이에 혜성이 네 번 나타났는데, 오래된 것은 80일이나 되었고 길이가 긴 것은 하늘을 가로지르기도 했다. 그 후 진나라는 마침내 무력으로 여섯 나라의 왕을 멸하여 중원을 통일하고, 밖으로 사이四夷사방의 오랑캐를 내쫓았는데, 죽은 사람이 엉클어진 삼처럼 즐비했고 〔진섭陳涉이〕 이런 틈을 타 초나라를 넓힌다는 명분으로 봉기하여 그 후 30년 사이에 병사들이 서로 짓밟은 것은 이루 헤아릴 수조차 없었으니 치우의 난 이래 일찍이 이 같은 일이 없었다.

항우項羽가 거록鉅鹿을 구원하자[83] 왕시枉矢왕시성, 유성 이름가 서쪽으로 흘러가 산동山東효산 동쪽에서는 제후들이 합종하여 서쪽으로 진나라 병사들을 구덩이에 파묻고 함양咸陽을 도륙했다.

한漢 왕조가 흥기할 때 다섯 별들이 동정의 천구상에 모였다. 평성平城이 포위당했을 때 달무리가 삼수와 필수에 일곱 겹으로 나타났다. 여러 여씨呂氏들이 난을 일으켰을 때 일식이 일어나 낮에도 어두웠다. 오초칠국吳楚七國이 반역했을 때는 여러 장丈이나 되는 혜성이 나타나고 천구성이 양나라의 분야를 통과했으며, 전쟁이 일어나자 그 별 아래로 엎드린 시체에서는 피가 흘러내렸다. 원광元光과 원수元狩 연간에 치우지기가 두 번 나타났는데 긴 것은 하늘의 절반이나 되었다. 그 후 조정의 군대가 네 번 출정하여 이적들을 주살하는 것을 수십 년이나 했는데 특히 북방 오랑캐를 정벌할 때는 더욱 심했다. 남월南越이 멸망할 때는 형혹이 두수를 점거했다. 조선이 함락될 때는 남하성과 북하성이 요충지를 비추었다. 군대가 대원大宛을 정벌할 때에는 초요가 빛났다. 이는 분명히 큰 이변이다. 희미하고 굽어져 있는 작은 별들까지 모두 열거하자면 이루 다 말할 수 없다. 이로부터 보면, 먼저 천상의 변화가 보이고 그것의 응험이 따르지 않은 것은 아무것도 없었다.

무릇 한 왕조 이래 천문 역법을 연구한 자들로 별에는 당도唐都전한 초

---

83 항우의 이름은 적籍이고, 우는 그의 자이다. 그는 초나라 귀족 출신으로 진나라 말기에 농민을 주축으로 하는 군대의 우두머리가 되었다. 그는 진나라 이세 원년에 진승陳勝진섭과 오광吳廣이 병사를 일으키자 숙부 항량項梁을 따라 지금의 소주蘇州 지방에서 병사를 일으켰다. 항량이 싸우다 죽자 진나라 장수 장한章邯은 조나라를 에워쌌다. 초나라에서는 송의宋義를 상장군上將軍으로 임명하고, 항우를 부장으로 삼아 병사를 이끌고 조나라를 돕도록 했다. 송의가 안양安陽에 이르러 앞으로 나아가지 못하자 그는 송의를 죽이고 장수漳水를 건너 조나라를 구하고, 거록 싸움에서 진나라의 주력 부대를 전멸시켰다.

저명한 천문학자가, 운기에는 왕삭王朔이, 수확을 점치는 데는 위선魏鮮이 있었다. 감공과 석신은 다섯 별의 운행 법칙을 정리했는데 오직 형혹만 이 도리어 역행하면서, 역행하다가 점거한 자리 및 다른 별들이 역행한 것, 해와 달의 가벼운 일식과 월식을 모두 점치는 대상으로 삼았다.

내가 역사의 기록을 보고 지나간 일을 고찰했는데, 100년 사이에 다섯 별이 나타나서 도리어 역행을 하지 않는 별이 없었으며 도리어 역행하다가 일찍이 크게 빛나다가 색깔을 변하게 했으며 해와 달이 가벼운 일식과 월식이 있었으며, 남북으로 운행하는 것에 일정한 시기가 있었으니 이것은 아마도 대체적인 법도이다. 그러므로 자궁자미원, 방수와 심수, 권과 형태미원, 함지, 허수와 위수 등의 별자리와 별들은 이 모든 것들이 하늘의 다섯 관작에 해당되는 자리로서 경성항성은 이동하지 않고 크고 작은 것의 차이가 있으며 항성 사이의 거리도 일정하다. 수성, 화성, 금성, 목성, 전성토성 이 다섯 개의 별은 하늘의 다섯 가지 보필이자 위성緯星행성으로, 그것들이 나타났다가 사라지는 데에 일정한 규율이 있고, 그것들이 운행하는 영과 축에는 법도가 있다.

해에 이변이 생기면 덕을 닦고, 달에 이변이 생기면 형벌을 줄이며, 별에 이변이 생기면 인화해야 한다. 무릇 천상에 이변이 지나치면 점을 친다. 나라의 군주가 강대하고 덕이 있으면 번창하고, 군주가 나약하고 약소하며 거짓을 일삼으면 망한다. 가장 좋은 것은 덕을 닦는 것이고 그다음은 정사를 닦는 것이며 그다음은 구제를 하는 것이고 그다음은 귀신에게 비는 것이며 가장 아래에 있는 것은 이런 것들을 다 무시하는 것이다. 무릇 항성의 이변은 아주 드물게 나타나는데, 삼광의 점은 자주 사용된다. 햇무리, 달무리, 일식, 월식, 바람, 구름은 모두 하늘이 잠시 멈출 때의 운기이며, 그들이 나타남은 대운大運천운일 수도 있다. 그러나 그것들은 정치의 좋고 나쁨에 따라 위아래로 변하게 되며 하늘과 사람 사이에 가장 가까운 매개체이다. 이 다섯 가지 현상은 하늘의 감동이다. 천문 역법을 연구하는 자는 반드시 3과 5의 숫자에 통달해야 하며, 옛날과 오늘을 꿰뚫고, 시세의 변화를 깊이 관찰하며 그것의 정수와 껍데기를 잘 관찰해 보아야만 천관天官에 관한 견해를 갖추었다고 할 수 있다.

떨어져 나간 문장들[84]

창제가 덕을 펼치면 천문天門이 열리고, 적제가 덕을 펼치면 천뢰天牢하늘의 감옥가 텅 비고 황제가 덕을 펼치면 천시天矢가 그것 때문에 나타난다. 바람이 서북쪽에서 불어오는 것은 반드시 경신庚申의 날에 온다. 한 해의 가을에 다섯 차례 불면 대사면大赦免이 있고, 세 차례 불면 작은 사면이 있다. 백제가 덕을 베푸는 것은 정월 20일과 21일에 하는데 달무리가 둥글게 에워쌀 때에는 늘 대사면이 있는 해이고 태양이 있다고 하는 것이다. 백제의 덕행에는 두 가지가 있다. 하나는 백제가 덕을 행하는 것이 [달무리가] 필수와 묘수를 에워쌌을 때 일어나는 것이다. 그러나

---

84 다음 문장은 오랜 기간 전사와 전각의 과정을 거치면서 떨어져 나온 문장들로서 문장이 뒤섞이고 혼란스럽게 되어 있어 이해하기 힘든 것들이다. 우선 원전에 의거하여 번역해 두고 별도의 교감 작업은 하지 않는다.

사흘 저녁을 에워싸면 덕이 이루어지고, 사흘 저녁을 못 넘기고 에워싼 것이 들어맞지 않으면 덕이 이루어질 수 없다. 두 번째는 달무리가 진성을 에워싸면 열흘을 못 넘겨도 덕이 성취된다. 흑제가 덕을 펼치면 천관天關하늘의 관문이 움직인다. 하늘이 덕을 펼치면 천자는 연호를 바꾸어야 한다. 덕이 행해지지 않으면 바람과 비가 돌을 깰 정도다. 삼능三能과 삼형三衡은 하늘의 궁정이다. 객성이 하늘의 궁정에 나타나면 기이한 법령이 나온다.

6
◎
봉선서
封禪書

고대 중국의 국가 대사는 모두 제사와 관련 있다고 해도 과언이 아닐 정도로 둘 사이는 밀접한데, 사마천이 정치, 군사, 천문, 지리와 함께 국가의 대전大典인 제사를 기록한 것은 역사가의 책임이자 사마천 부자가 담당했던 태사령의 기본 임무이기 때문일 것이다.

천지 조상에게 제사를 지내는 것은 중국의 제왕들이 대단히 중시한 것으로서, 봉封이란 군왕이 즉위한 후 태산에 흙을 쌓아 제단을 만들고 천신에게 제사 지내는 것이고, 선禪이란 태산 아래의 양보산梁父山의 일정한 구역에서 지신에게 제사 지내는 것을 말한다. 이 편은 사마천이 "명산대천의 여러 신들에게 제사 지내는 예의 본원을 거슬러 올라가 연구하여"「태사공 자서」 지은 것으로서, 순임금부터 한나라 무제까지의 봉선 제도에 관한 기록이다.

천지에 복을 기원하는 것과 천지 만물에 대한 감사의 표시를 하는 것은 봉선 의식의 기본적인 의미다. 이 제사를 주관하는 자는 물론 황제인데, 이는 곧 천명을 받는다는 의미의 수명受命이라는 말과도 상통하기 때문이다. 사마천이 봉선 의식에 대해 기본적으로 반대를 한 것은 아니지만,[1] 진시황과 한 무제가 이 의식을 거행한 것에 대해서는 찬

---

1 「태사공 자서」에 의하면, 그는 아버지 사마담이 죽은 후 3년이 지난 무제 원봉元封 3년기원전 108년에 태사령이 되어 무제를 시종하면서 천제天帝에 제사 드리는 봉선封禪에 참여하기도 하고 역법을 개정하기도 했다.

동하기보다는 대단히 비통해했으니, 사마천이 보기에는 이 두 사람이야말로 봉선을 거행할 수 있는 자격이 충분하지 않다는 것이다. 특히 사마천은 한 무제가 귀신에 빠져 큰 제사를 지낸 것만도 몇 차례였고 장생長生을 추구하고 신선을 추구한 역사적 사례를 염두에 두었다. 이 두 황제는 신성한 의식인 봉선을 마치 보통 사람들이 복과 장생 불사를 기원하는 듯한 낮은 수준까지 끌어내리려 했다는 점에서 사마천에 의해 비판받는 것이다.

한편 이 편 후반부의 한 무제 시대 내용은 「효무 본기」의 해당 부분과 똑같아 위작 시비를 남겼다.

항산, 『삼재도회』

요사스러움은 덕을 이기지 못한다

예로부터 천명을 받은 제왕이라면 어찌 일찍이 봉선封禪을 행하지 않겠는가! 대체로 하늘의 감응이 없으면 봉선 의식을 거행했고, 〔하늘의〕 상서로운 조짐이 나타난 것을 보면 태산에 가서 봉선을 거행하지 않은 적이 없었다. 비록 천명을 받았으나 공을 이루지 못하면 양보산梁父山에 올라가도 덕치가 스며들지 않았고 〔설령〕 스며들었다 해도 틈이 없어 봉선의 의식을 행하는 일이 드물었다.

전傳『논어』「양화陽貨」에서 말한다.

"3년 동안 예를 행하지 아니하면 예는 반드시 없어지고, 3년 동안 악樂을 행하지 않으면 그 악의 교화는 반드시 무너진다."

흥성한 세대를 만날 때마다 반드시 봉선 의식으로 응답하면 쇠미함도 멈추었다. 이러한 상황이 멀게는 1000여 년이고 가까이로는 수백 년이 되었으나 그 의식이 모두 없어져 버려 그에 관한 상세한 내용은 얻을 수 없고 전해 오는 것을 기록해 둔다.

『상서』에서 말한다.

순舜은 선기옥형으로 칠정七政과 달과 오행성의 운행 규칙을 관찰했다. 드디어 상제천신에게 제사 지내고 육종六宗[2]에게 인禋섶을 태워 그 연기가 하늘

---

2 육종이 무엇인지에 대한 설이 분분하다. 첫째, 사시四時, 한서寒暑, 수한水旱, 일日, 월月, 성신星辰이라는 설. 둘째, 수水, 화火, 뇌雷, 풍風, 산山, 택澤이라는 설. 셋째, 하늘의 해, 달, 별과 지상의 하河, 해

의 신령에게 도달하도록 올리는 제사의 일종을 지내고, 산과 큰 하천을 돌며 여러 신에게 두루 제사 지냈다. 그리고 오서五瑞다섯 등급의 제후들이 가지고 있는 상서로운 옥를 수집하여 길한 날을 택하여 사악四嶽의 장관들을 소집하여 서옥瑞玉상서로운 옥을 되돌려 주었다. 해마다 2월에, 〔순은〕 동쪽으로는 제후를 순시하여 대종岱宗에 이르렀다. 대종은 태산을 말한다. 이곳에서 시제柴祭하늘에 올리는 제사를 거행하고, 순서에 따라 이름난 산과 큰 하천에 돌아가며 제사 지내고 마침내 동후를 접견했다. 동후란 〔동쪽의〕 제후를 말한다. 〔순은〕 사계절의 달의 수와 날의 이름을 조정했으며, 음률과 도량형을 통일시키고, 오례五禮다섯 가지의 예의를 정비하고, 오옥五玉공公, 후侯, 백伯, 자子, 남男 등 다섯 등급의 제후들이 갖고 있는 옥, 삼백三帛삼공이 만날 때 지니는 예물로 붉은색, 검은색, 노란색 빛깔의 비단, 이생二生경과 대부들이 예를 행할 때 손에 잡고 있는 살아 있는 양과 기러기나 꿩, 일사一死선비가 잡고 있는 야생 닭를 조현朝見의 예물로 삼았다. 5월에는 순행하여 남악南嶽에 이르렀다.

남악은 형산荊山을 말한다. 8월에는 순행하여 서악西嶽에 이르렀다. 서악은 화산華山을 말한다. 11월에는 순행하여 북악北嶽에 이르렀다. 북악은 항산恒山을 말한다. 〔순행하는 곳마다〕 대종에서의 의례와 같은 의식을 치렀다. 중악은 숭고崇高숭산嵩山를 말한다. 〔순은〕 5년마다 한 번씩 순행했다.

우禹는 이러한 제도를 따랐다. 나중에 14대의 공갑제孔甲帝에 이르러

海, 대岱라는 설, 넷째, 천天, 지地, 춘春, 하夏, 추秋, 동冬이라는 설 등이 있다.

행동을 방탕하게 하고 귀신에 빠지자 천신은 두 마리의 용을 그에게서 빼앗았다. 그로부터 3대가 지나 탕湯상나라 개국 군주은 걸桀을 정벌하였고 탕은 하사夏社하 왕조의 토지신을 모신 사당를 옮기고 싶었으나 그럴 수 없자 「하사」『상서』의 편명. 일실되어 전해 오지 않음 편을 지었다. 그 후 8대가 지나 태무제太武帝태무제太戊帝라고도 함에 이르러, 뽕나무와 닥나무가 조정에서 자라나 하룻저녁 사이 한 아름만큼이나 커진 일이 일어났다. [태무제가] 두려워하자 이척伊陟태무제의 신하. 이윤伊尹의 아들이 말했다.

"요사스러움은 덕행을 이기지 못합니다."

태무제가 덕을 닦으니 뽕나무와 닥나무가 말라 죽었다. 이척이 무함巫咸태무제의 현신으로 북을 발명함을 칭찬하자 무함巫咸신령에게 기도하여 재앙을 물리치는 일의 흥성함은 이때로부터 시작되었다. 그 후 14대가 지나 무정제가 부열傅說[3]을 얻어 재상으로 삼은 뒤부터 은 왕조는 다시 부흥하게 되어 그는 고종高宗이라고 일컬어졌다. 한번은 꿩이 구정九鼎[4]의 귀에 올라와 울자 무정은 두려워했다. 조기祖己은나라의 현신賢臣가 말했다.

"덕을 닦으십시오."

무정이 그의 말을 따르자 재위하는 동안 영원토록 편안했다. 그 뒤 5대가 지나 무을제武乙帝가 신령에게 오만하게 굴다가 벼락을 맞아 죽었

---

3 은나라 고종高宗의 어진 재상으로, 고종의 꿈에 부열이 나타나자 그를 찾아 재상에 등용하니 나라가 잘 다스려졌다고 한다.
4 하夏나라 우禹가 구주九州의 금속을 모아 주조했다는 아홉 개의 솥을 말하는데, 그 후 전국의 보기寶器로 삼았다. 하, 은, 주 세 왕조에 걸쳐 전해지다가 진秦나라가 주 왕조를 멸하여 이 구정을 차지하게 되었는데, 그중 하나는 사수泗水에 빠졌다고 전하고, 나머지는 어떻게 되었는지 알 길이 없다.

다. 그로부터 3대가 지나 주왕이 음란하여 무왕이 그를 토벌했다. 이로 미루어 보건대 개국 군주는 엄숙하고 경건하지 않은 자가 없었지만 후대에 이르러 점차 게으르고 오만해졌다.

『주례周禮』에 말한다.

"동지가 되면 천자는 남쪽 교외에서 하늘에 제사 지내며 길어지는 해가 떠오르는 것을 맞이하고, 하지가 되면 지신地神에게 제사를 지낸다. [이들은] 모두 음악과 무도를 사용하여야만 신에게 제사 지내는 예의에 합치될 수 있다. 천자는 천하의 이름난 산과 큰 하천에 제사 지내는데, 오악五嶽[5]에 제사할 때에는 삼공三公주나라의 태사太師, 태부太傅, 태보太保의 예로써 지내고, 사독四瀆[6]은 제후의 예로써 제사 지냈으며 제후는 자신의 봉국 안에 있는 이름난 산과 큰 하천에 제사 지냈다. 사독이란 강수, 회수淮水, 하수, 제수를 말한다. 천자가 제사를 거행하고 조회하는 건물은 명당明堂 또는 벽옹辟雍이라 하며, 제후가 지내는 곳은 반궁泮宮이라고 한다."

주공周公[7]이 성왕成王무왕의 아들 희송을 보좌하게 되자 후직后稷[8]에게 지내는 교외 제사 때에는 하늘을 배향했고, 종묘 제사에는 문왕文王무왕

---

5 앞서 나온 대로 동악인 태산, 남악인 형산, 북악인 항산, 서악인 화산, 중악인 숭산을 말한다.

6 고대 사람들이 지칭했던 바다로 유입되는 장강長江강수, 황하黃河하수, 회수淮水, 제수濟水 등 네 개의 큰 하천에 대한 총칭이다.

7 서주 초기의 정치가로서 성은 희姬, 이름은 단旦이다. 무왕이 세상을 떠난 후 아들 희송姬誦이 어린 나이에 즉위하자 주공이 섭정했다.

8 주나라의 시조로 이름은 엽棄이다. 그는 각종 농작물을 잘 재배하여 우순 시대에 농관農官에 임명되었고 민간에 경종법耕種法을 가르쳤다.

의 부친 희창姬昌이 명당에서 상제上帝를 배향했다. [하나라의] 우가 흥기하자 토지신에게 제사를 지냈고 후직이 농사를 지은 후부터 후직의 사당이 생겨나 곡신穀神에게 제사를 지내게 되었으니, 교외 제사와 천지에 제사 지내는 것은 이로부터 보건대 유래가 오래되었다.

주나라가 은 왕조를 정복한 때로부터 14대가 지나자 나라의 세력이 더욱 쇠미해지고 예악이 없어졌으며 제후들이 방자하게 행동하고 유왕幽王은 견융犬戎옛날 서융의 종족에게 패하니 주 왕조는 동쪽 낙읍으로 천도했다. 진秦나라 양공襄公이 견융을 공격하여 주 왕조를 구하고 그 공으로 처음으로 제후의 반열에 올랐다. 진나라 양공이 제후가 되고 나서 서쪽 변경에서 거주하고 있었는데 스스로 소호少昊고대 전설상 동이족東夷族의 수령. 이름은 지摯, 국호는 금천씨의 신령에게 제사 지내는 것을 주관해야 한다고 생각하고는 서치西畤9를 만들어 백제白帝서쪽을 다스린다는 신화·전설상의 천제에게 제사 지냈는데, 희생물로는 유구騮駒검은 갈기의 붉은 말와 황소와 저양羝羊수양을 각각 한 마리씩 사용했다. 그로부터 16년이 지나 진나라 문공文公10이 동쪽 견수汧水와 위수渭水 사이로 사냥을 나가 [도읍을 정하는 문제를] 점쳤는데, 점괘가 길했다. 문공의 꿈속에서 누런 뱀이 하늘에서 내려와 땅까지 이어졌으며 그 입은 부鄜의 산비탈까지 뻗어 있었다. 문공이 태사太史11 돈敦에게 자문하니 돈이 말했다.

---

9 '치畤'는 천지 오제五帝를 제사 지내는 장소의 명칭이다.

10 진나라의 24대 군주로 기원전 636년부터 기원전 628년까지 재위했다.

11 서주와 춘추 시대에 문서의 초안을 잡고 제후와 경, 대부의 이름을 신적에 올리며 사사史事를 기재하고 사서史書를 편사하는 일과 국가 전적, 천문, 역법, 제사 등을 담당하는 관리를 주관했다.

"이는 상제의 조짐이오니, 군왕께서는 그에게 제사 지내십시오."

그래서 부치를 세우고 삼생三生소, 양, 돼지을 써서 백제白帝전설 속 서쪽의 천신天神에게 교외 제사를 올렸다.

아직 부치를 세우기 이전에 옹읍雍邑 근처에 예로부터 본래 오양吳陽 옹읍 부근에 있는 지명의 무치武畤진나라 때 지신에게 제사를 올리던 곳가 있었으며 옹읍 동쪽에도 호치好畤하늘에 제사를 올리던 곳가 있었는데, 모두 황폐화되어 제사 지내는 사람이 없었다. 어떤 사람이 말했다.

"예로부터 옹주의 지세가 높아 신명이 모이는 장소가 되었으므로 제단을 세워 상제에게 제사를 지냈으며 뭇 신들의 사당을 이곳에 모아 두었다고 합니다. 대개 황제 때에도 [이곳에서] 제사를 거행했으며, 주나라 말기까지도 [이곳에서] 제사를 거행했습니다."

그러나 이러한 말들이 경전에 나타나 있지 않기 때문에 사대부들조차도 말하지 않는다.

부치를 세운 지 9년 후, 문공은 옥석 같은 것을 하나 얻었는데 진창산陳倉山 북쪽 산비탈에 성을 짓고 그것에 제사 지냈다. 그러나 그 신은 어떤 때에는 몇 년이 되도록 오지 않고 어떤 때는 몇 년 만에 왔다. 오는 때는 늘 밤이었고 유성처럼 빛을 뿜고 있었으며 동남쪽에서 사성祠城으로 모여들었으며 그 모습은 마치 수탉 같았는데, 은은한 울음소리를 내면 들꿩들도 밤에 따라 울었다. 매번 [제사 지낼 때는] 한 번에 한 마리씩 지냈는데, 진보陳寶라고 이름 붙였다.

부치를 세운 지 78년이 지나 진나라 덕공德公이 즉위하여 옹雍에 도읍을 정하는 문제에 대하여 점을 쳤는데 이렇게 말했다.

"후대의 자손들은 말에게 하수의 물을 먹일 수 있다."

드디어 옹에 도읍을 정했다. 옹의 많은 신묘는 이로부터 생겨나기 시작한 것이다. [덕공은] 부치에 털빛이 흰 희생 세 마리를 바쳤다. 복사伏祠복날 제사 지내는 사당도 지었다.[12] 개의 사지를 찢어 성읍의 네 문에 달아 악귀의 재앙을 막고자 했다.

덕공은 재위 2년 만에 세상을 떠났다. 그로부터 4년 후, 진나라 선공宣公은 위수의 남쪽에 밀치密畤를 세우고 청제青帝신화·전설상의 동쪽 천제. 일설에는 태호씨라고 전해짐에게 제사 지냈다.

14년 후, 진나라 목공繆公이 즉위했는데 병이 들어 닷새 동안 누워 있다가 깨어나지 못하더니, 깨어나서는 꿈에서 상제를 만났다고 하며 목공에게 명하여 진나라의 난을 평정하라 했다고 말했다. 사관이 이를 기록하여 비부秘府궁중에서 중요한 문서나 물건을 보관하는 장소에 보관해 두었다. 후세 사람들은 모두 진 목공이 하늘로 올라갔다고 말한다.

진 목공이 즉위하고 9년 후, 제齊나라 환공桓公[13]이 패주霸主가 되어 규구葵丘[14]에서 제후들과 회맹하고는 봉선 의식을 행하고자 했다. 그러자 관중管仲[15]이 말했다.

---

12 하지부터 입추까지 초복初伏, 중복中伏, 말복末伏 등 삼복三伏이 있다.
13 춘추 시대 제나라의 군주인 강소백姜小白으로 기원전 685년에서 기원전 643년까지 재위했다. 관중管仲을 상相으로 임명하여 개혁을 단행했으며, '존왕양이尊王攘夷왕을 존숭하고 오랑캐를 물리친다'란 표어를 내세워 융적戎狄이 중원을 공격해 오는 것을 막고 동주 왕실의 내란을 평정했으며, 여러 차례에 걸쳐 제후들과 회맹을 가진 결과 맹약을 체결하여 춘추 시대 최초의 패주가 되었다. 「제 태공 세가齊太公世家」에 자세한 내용이 보인다.
14 제 환공이 이곳에서 노魯나라, 송宋나라, 위衛나라, 정鄭나라, 허許나라, 조趙나라 등의 제후들과 회맹하여 패주의 지위를 굳혔다.
15 이름은 이오夷吾, 자는 중仲으로 춘추 시대 초기의 뛰어난 정치가이다. 포숙아鮑叔牙의 천거

"옛날 태산에서 하늘에 제사 지내고 양보산에서 땅에 제사 지내던 제후는 일흔두 명이었으나 제가 기억하기로는 열두 명이었습니다. 옛날 무회씨無懷氏복희씨 이전 전설상의 제왕는 태산에서 하늘에 제사 지내고 운운산云云山에서 땅에 제사 지냈으며, 복희씨伏羲氏[16]는 태산에서 하늘에 제사 지내고 운운산에서 땅에 제사 지냈으며, 신농씨神農氏[17]는 태산에서 하늘에 제사 지내고, 운운산에서 땅에 제사 지냈으며, 염제炎帝신농씨의 별칭이나, 여기서는 신농씨의 후손을 가리킴는 태산에서 하늘에 제사 지내고, 운운산에서 땅에 제사 지냈으며, 황제는 태산에서 하늘에 제사 지내고, 정정산亭亭山에서 땅에 제사 지냈으며, 전욱顓頊전설상 오제의 하나은 태산에서 하늘에 제사 지내고, 운운산에서 땅에 제사 지냈으며, 제곡帝嚳전설상 오제의 하나은 태산에서 하늘에 제사 지내고, 운운산에서 땅에 제사 지냈으며, 당의 요堯는 태산에서 하늘에 제사 지내고, 운운산에서 땅에 제사 지냈으며, 우의 순舜은 태산에서 하늘에 제사 지내고, 운운산에서 땅에 제사 지냈으며, 하의 우禹는 태산에서 하늘에 제사 지내고, 회계산에서 땅에 제사 지냈으며, 탕湯은 태산에서 하늘에 제사 지내고, 운운산에서 땅에 제사 지냈으며, 주나라 성왕成王은 태산에서 하늘에 제사 지

로 제 환공이 그를 경에 임명했는데, 정치, 군사, 경제 및 인재 선발에 탁월한 재능을 발휘하고, 큰 개혁을 단행하여, 제나라를 부강하게 만드는 데 혁혁한 공을 세워, 환공이 최초의 패주가 되도록 보좌했다.

16 인류의 시조로 받들어지는 신화·전설상의 인물로 여동생 여와와 결혼하여 인류를 재창조했다고 전해지며, 고기 잡는 그물을 발명하여 사람들에게 이를 가르쳐 주었으며, 팔괘를 만들었다고 한다.

17 옛날 중국에서 처음으로 농업과 의약을 발명했다는 전설상의 인물로 강수姜水에서 태어났기 때문에 성을 강씨姜氏로 삼았으며, 화덕火德의 왕이므로 염제炎帝라고도 불렸다.

내고, 사수산에서 땅에 제사 지냈습니다. 그들은 모두 천명을 받은 후에 봉선의 의식을 거행했습니다."

환공이 말했다.

"과인은 북쪽으로는 산융山戎북적北狄, 즉 선비족을 말하는데, 춘추 시대 제諸 나라, 정鄭나라, 연燕나라에 화근이 되었던 이민족을 정벌하고 고죽孤竹을 지났으며, 서쪽으로는 대하大夏를 토벌하고 유사流沙를 건넜으며, 말고삐를 묶고 수레를 매달아 (위험을 무릅쓰고) 비이산卑耳山에 올랐다. 또 남쪽으로는 소릉召陵까지 정벌했고, 웅이산熊耳山에 올라 멀리 강수江水와 한수를 바라보았다. 군사적인 회맹을 세 차례, 평화적인 회맹을 여섯 차례, 도합 아홉 차례에 걸쳐 제후들과 회맹하여 천하를 구제했다. 제후들 중에서는 아무도 나를 어기지 않았다. 이것이 삼대三代하, 은, 주가 천명을 받은 것과 또한 무엇이 다르겠는가?"

이에 관중은 제 환공을 말로는 설득할 수 없다고 여겨, 그로 인하여 구체적 사실로써 설득하려고 말했다.

"옛날에 봉선을 거행할 때에는 호상鄗上산 이름에서 나는 기장과 북리北里에서 나는 곡물을 (제물로) 썼으며, 또 강수와 회수 유역에서 나는 한 줄기에 가지가 셋 달린 영모로써 신령의 자리를 삼았습니다. 동해에서 가져온 비목어比目魚와 서해에서 보내온 비익조比翼鳥가 있었으며 요구하지 않아도 저절로 찾아오는 희귀한 물건들이 열다섯 가지나 되었습니다. 지금 봉황과 기린도 나타나지 않고 좋은 곡식도 나지 않고 쑥, 명아주가 무성하여 가라지 등의 잡초들만 자라고 올빼미 같은 흉조들만 자꾸 나타나는데, (이러한 상황에서) 봉선을 하는 것은 아마도 옳은 것이 아니겠지요?"

그러자 환공은 비로소 〔봉선 의식을〕 그만두었다. 이해 진秦 목공은 진晉나라 군주 이오夷吾를 그 나라로 돌아가게 했다. 이후 세 차례에 걸쳐 진晉의 군주를 세워 진晉의 내란을 평정했다. 목공은 즉위 39년 만에 세상을 떠났다.

100여 년 뒤, 공자가 육례六禮유가의 여섯 경전를 논술하면서, 성姓을 고치고 왕 노릇 한 자들에 대해서 대략적으로 기술한 것이 전해지는데, 태산에서 하늘에 제사 지내고 양보산梁父山에서 땅에 제사 지낸 자 중에서 70여 명이 왕 노릇 하게 되었다. 그러나 제기와 제품祭品 등의 의례에 관해서는 분명하게 기록하지 않았는데 아마도 그것을 기술하기 어려웠을 것이다. 어떤 사람이 체제禘祭의 이치에 대하여 묻자 공자가 말했다.

"모른다. 만일 체제의 이치에 대하여 아는 자가 있다면, 그가 천하를 다스리는 것은 그의 손바닥을 보는 것처럼 쉬울 것이다."

『시경』에 이르기를 주왕이 재위하고 있을 때 문왕이 천명을 받았으나 그 정치는 태산에까지 미치지 못했다. 무왕은 은나라를 정벌한 지 2년 만에 천하가 평안하지도 않았는데 붕어했다. 이 때문에 주나라의 덕정이 보급된 것이 성왕에서 시작되었는데 바로 성왕의 봉선 의식이 그 이치에 가까웠던 것이다. 그 후 제후의 대부계손씨季孫氏가 정권을 잡고 마침내 계씨季氏가 〔신분에 걸맞지 않게〕 태산에서 여제旅祭를 거행했을 때, 공자는 그를 비난했다.

이때 장홍萇弘[18]은 방술로써 주나라 영왕靈王을 섬겼는데, 제후들이

---

18 춘추 시대 동주의 대부로 방술로써 신괴神怪를 부를 수 있었다.

아무도 주나라에 조회하러 오지 않았으니, 주 왕조의 세력이 약해졌기 때문으로, 이에 장홍은 귀신의 일을 선양하고 이수貍首살쾡이의 머리 모양의 과녁를 세워 놓고 활로 쏘았다. 이수란, 제후 중에 오지 않은 자들이다. 귀신의 힘에 의존하여 제후들을 굴복시키고자 했던 것이다. 〔그러나〕 제후들은 따르지 않았고 진晉나라 사람이 장홍을 잡아서 죽였다. 주나라 사람들이 방술과 괴이함을 말한 것은 장홍으로부터 비롯되었다.

100여 년 뒤, 진秦 영공은 오양吳陽에 상치上畤를 세우고 황제에게 제사 지냈으며, 또 하치下畤를 세우고 염제에게 제사 지냈다.

그로부터 48년이 지난 후, 주 왕조의 태사太史 담儋은 진秦나라 헌공獻公을 알현하고 말했다.

"진나라가 처음에 주나라와 하나로 합쳐졌다가 분리되었는데, 500년이 지나면 반드시 다시 합쳐질 것이며, 합쳐졌다가 17년이 지나면 패왕霸王이 출현할 것입니다."

역양櫟陽진 헌공이 도읍을 세운 곳에서 황금 비가 내렸는데, 진 헌공은 스스로 오행 중 금金에 속하는 조짐을 얻었다고 생각하고는 역양에 휴치畦畤를 세우고 백제에게 제사 지냈다.

그로부터 120년 후, 진秦나라가 주나라 왕조를 멸하니, 주 왕조의 구정이 진 왕조에 귀속되었다. 어떤 사람이 말하기를 송나라 태구太丘의 사단社壇토지의 신을 제사 지내는 단이 무너질 때 구정도 팽성彭成 아래의 사수泗水 속에 가라앉았다고 한다.

그 후 115년이 지나 진나라가 천하를 통일했다.

진시황이 수덕을 얻고 봉선 의식을 거행하다

진시황이 이미 천하를 통일하고 제왕이 되자 어떤 사람이 말했다.

"황제는 토덕土德을 얻어 황룡과 큰 지렁이가 출현했으며, 하 왕조는 목덕木德을 얻어 청룡이 교외에 머물고 초목이 무성하게 우거졌으며, 은 왕조는 금덕金德을 얻어 은銀이 산에서 넘쳤으며, 주 왕조는 화덕火德을 얻어 적색 까마귀의 길조가 있었습니다. 지금 진나라가 주 왕조를 대신했으니 수덕水德이 흥성할 시기입니다. 옛날에 진 문공이 사냥을 나가 흑룡을 얻으셨으니, 이는 (진 왕조가) 수덕의 상서로운 조짐을 얻은 것입니다."

그래서 진 왕조는 하수를 '덕수德水'라 바꾸어 명하고,[19] 겨울 10월을 한 해의 처음으로 삼았으며, 흑색을 숭상하고, 길이의 단위를 6척尺으로 했으며, 음악은 대려大呂를 숭상하고, 일을 처리할 때에는 법치를 숭상했다.

진시황은 제위에 오른 지 3년 만에 동쪽으로 군현을 순행하여 추역산騶嶧山에 제사 지내며, 진 왕조의 공적을 기렸다. 그러고는 제齊나라와 노魯나라의 유생儒生과 박사博士 일흔 명을 소집하여 그들과 함께 태산 아래에 도착했다. 여러 유생 중에 어떤 이가 논의하여 말했다.

"옛날에 봉선 의식을 거행할 때 포거蒲車수레바퀴를 부들로 싼 것를 쓴 것

19 이 부분에 관한 자세한 사항은 「진시황 본기」에 나온다.

은 산 위의 흙과 돌, 초목이 상하는 것을 싫어했기 때문이며, 땅을 쓸고 거기서 제사를 지냈는데 자리는 벼의 줄기를 사용했으니, 이는 의례를 따르기 쉽게 하기 위한 것이었습니다."

진시황은 이들의 논의가 저마다 각기 다르고 사리에 어긋나 시행하기에 어렵다고 생각하고는 이로 말미암아 유생들을 배척했다. 마침내 영을 내려 수레가 다닐 수 있는 도로를 닦게 한 뒤 위로는 태산의 남쪽으로부터 정상에 이르기까지 길을 닦았으며 진시황 자신의 공덕을 기리는 비석을 세워 그가 하늘에 제사 지내게 된 것을 밝혔다. 〔태산의〕 북쪽 길로 내려와서 양보산에서 땅의 신에게 제사 지냈다. 그 의례에는 태축太祝제사를 지낼 때 축문과 기도를 관장하는 관직이 옹현에서 상제에게 제사 지낼 때 사용하는 의례들을 많이 기록했다. 그러나 하늘에 제사 지낸 기록들은 모두 비밀에 부쳤으므로 세상 사람들은 이를 기록할 수가 없었다.

진시황이 태산에 올랐다가 산 중턱에서 폭풍우를 만나 큰 나무 아래에서 쉬고 있었다. 유생들은 이미 배척되어 봉선의 의례에도 참석할 수 없었는데, 시황제가 비바람을 만났다는 말을 듣고는 그를 비웃었다.

이에 진시황은 드디어 동쪽으로 바닷가까지 유람하여 이름난 산과 큰 하천 및 팔신八神에게 제사를 지내고 신선 선문羨門옛 선인과 같은 무리에게 복을 빌었다. 팔신은 예로부터 있었는데, 제齊나라 태공太公[20]

----

20 성은 강姜이고, 이름은 상尙이다. 주나라 문왕이 그를 존숭하여 태공망이라 불렀으며, 주나라 무왕을 보좌하여 은 왕조를 멸하는 데 혁혁한 공을 세웠고, 그 공로로 나중에 제에 봉해져 제나라의 시조가 되었다. 자세한 내용은 「제 태공 세가」에 있다.

이후에 만들어졌다고 한다. 제나라가 '제'라고 불리게 된 까닭은, 천제신으로부터 말미암은 것이다. 그러나 그 제사가 끊어져 아무도 시작된때를 알지 못한다. 팔신이란 다음과 같다. 첫 번째 신은 천주天主로서천제天齊에서 제사 지낸다. 천제는 샘물인데 임치臨淄제나라의 도읍지 남쪽 교외의 산 아래에 있다. 두 번째 신은 지주地主로서 태산과 양보산에서 제사 지낸다. 본래 천신天神은 음기를 좋아하여 그에게 제사할 때에는 반드시 높은 산 아래나 작은 산 위에서 제사 지내야 하므로〔그제단을〕'치畤'라고 명명한 것이다. 지신地神은 양기를 귀하게 여기므로그에게 제사 지낼 때는 반드시 대택大澤의 둥근 언덕 위에서 제사 지내야 한다. 세 번째 신은 병주兵主로서 치우에게 제사 지낸다. 치우는 동평륙東平陸의 감향監鄕에 있는데,〔그곳은〕제나라 서쪽 변경에 위치해있다. 네 번째 신은 음주陰主로서 삼산三山에서 제사 지낸다. 다섯 번째 신은 양주陽主로서 지부산之罘山에서 제사 지낸다. 여섯 번째 신은월주月主로서, 내산萊山에서 제사 지낸다. 그것은 제나라 북쪽에 있으며 발해에 인접해 있다. 일곱 번째 신은 일주日主로서 성산成山에서 제사 지낸다. 성산은 가파르게 바다로 들어가며, 제나라의 북쪽 모퉁이에 위치하여 해돋이를 맞이할 수 있다. 여덟 번째 신은 사시주四時主로서 낭야琅邪에서 제사 지낸다. 낭야는 제나라의 동쪽에 있는데, 이곳에서 한 해의 시작을 기도한다. 이상〔여덟 신에 대한 제사는〕모두 희생 한 마리를 써서 제사 지내며 각기 무축巫祝사묘에서 제례를 관장하는 사람은 옥백玉帛을 더하거나 뺄 수 있으며 그 중간에 특이한 것이 섞이기도 한다.

제나라 위왕威王과 선왕宣王 때에는 추자騶子추연騶衍, 전국 시대의 대표적인 음양오행가의 무리가 종시오덕終始五德[21]의 운행을 글로 써서 논했는데 진나라가 제왕이라고 칭하게 되면서 제나라 사람들이 이 이론을 상주했기 때문에 진시황은 그것을 받아들인 것이다. 송무기宋毋忌, 정백교正伯僑, 충상充尙, 선문자고羨門子高에 이르기까지 모두 연나라 사람으로 그들은 신선의 도술을 배우고 익혔는데 육체는 소멸되고 영혼은 승천하여 귀신의 일에 의존하게 되었다. 추연은 음양학설에 의거하여 주로 제후들 사이에서 이름을 떨쳤는데, 연나라와 제나라 해안가 지방의 방사들이 그의 학술을 계승했으나 통달하지 못하여 이에 실제에서 크게 벗어나고, 아부하고 영합하는 무리들이 흥기한 것이 셀 수조차 없었다.

〔제나라의〕 위왕, 선왕, 연나라의 소왕昭王 때부터 사람을 바다로 보내 봉래蓬萊, 방장方丈, 영주瀛州를 찾도록 했다. 이 삼신산三神山은 전설로는 발해에 있다고 하는데, 인간 세상으로부터 멀리 떨어져 있지는 않으나 신선들이 배가 닿을 것을 걱정하여 바람을 일으켜 배를 보낸다는 것이다. 일찍이 어떤 사람이 그곳에 가 본 적이 있다고 하며, 모든 선인들과 불사약이 그곳에 있다고 한다. 그곳의 물체와 새, 짐승들은 모두 흰색이고, 황금과 은으로 궁궐을 지었다고 한다. 아직 도착하지 않았을 때 그곳을 바라보면 마치 구름 같고 그곳에 도착해 보면 삼신산은 오히려 수면 아래 있는 것 같다. 그곳에 다가가면 바람이 문득 배를 밀쳐 내어 끝내 그곳에 아무도 도착할 수가 없었다고 한다. 세상의 제왕치고 그곳에 가고 싶어 하지 않는 사람이 없었다. 진시황이 천하를 통일하고 해안가

---

21 만물을 구성하는 다섯 가지 물질을 이른다. 즉 오행의 덕행이 상생相生, 상극相剋하며 번갈아 순환한다는 원리로 왕조의 흥망의 원인을 설명하는 학설이다.

까지 왔을 때 방사들이 그에게 신선의 일을 이루 말할 수 없이 〔많이〕 진언했다. 진시황은 몸소 바닷가로 나아갔다가 〔삼신산에〕 도착하지 못할까 두려워 사람을 시켜 동남동녀들을 재계하여 바다로 들여보내 그곳을 찾도록 했다. 배가 바다로 나갔는데 모두 바람 때문에 도달하지 못했지만 확실히 삼신산을 보았다고 말했다. 그 이듬해 진시황은 다시 바다로 순행하여 낭야에 이르렀으며, 항산을 지나 상당上黨으로부터 되돌아왔다. 그로부터 3년 후 진시황은 갈석碣石을 순행하며 〔신선을 찾으러〕 바다로 나갔던 방사들을 심문하고 상군上郡으로부터 돌아왔다. 5년 후 진시황은 남쪽으로 상산湘山에 이르렀으며 마침내 회계산에 오른 뒤 해안을 따라 올라가면서 삼신산의 기이한 약불사약을 구할 수 있기를 바랐다. 그러나 얻지 못하고 돌아오다가 사구沙丘에 이르러 붕어했다.

〔진나라〕 이세 원년, 동쪽으로 갈석산을 순행하고 바다를 따라 남하하여 태산을 거쳐 회계산에 이르러 모두 제례에 따라 그들에게 제사 지내고 아울러 시황제가 새긴 비석 곁에 글을 새겨 넣어 시황의 공덕을 찬양했다. 그해 가을, 제후들이 진나라에 반기를 들었다. 〔진 이세〕 3년, 진 이세는 시해되었다.

진시황이 봉선 의식을 거행한 지 12년 만에 진 왕조는 멸망했다. 여러 유생들은 진시황이 『시』와 『서』를 불태우고 문학文學들을 주살한 것에 대해 증오했으며, 백성들은 그가 만든 법을 원망했고, 천하 사람들이 그에게 모반했기 때문에 모두들 유언비어로 이렇게 말했다.

"진시황은 태산에 올랐지만 폭풍우의 저지를 받아 봉선 의식을 거행하지 못했다."

이것이 이른바 그 덕행이 없는데도 억지로 봉선의 예를 행하려 한 것

아니겠는가?

사악과 오악에 제사 지내는 방식이 다르다

옛날 삼대三代하, 상, 주의 수도는 모두 하수와 낙수洛水 사이에 있었기 때문에 숭고嵩高를 중악中岳으로 삼고 나머지 다른 사악四岳은 각자 방위에 따랐으며, 사독四瀆은 모두 산동 지역에 있었다. 그러나 진시황이 제위를 선포하면서 함양에 도읍을 정하자 오악과 사독은 모두 동쪽에 있게 된 것이다. 오제로부터 진 왕조에 이르기까지 흥성하기도 하고 쇠락하기도 하였으며 이름난 산과 큰 하천이 어떤 경우에는 제후국의 지역에 있기도 했으며 어떤 경우에는 천자의 지역에 있기도 하였으며 그 제사 의례의 손실과 이익이 시대마다 달라 이루 다 기록할 수 없다. 진나라가 천하를 통일하면서 사관祠官에게 명하여 하늘과 땅, 이름난 산과 큰 하천의 귀신에게 늘 제사를 받들었기 때문에 차례대로 기술할 수 있게 된 것이다.

당시 효산殽山의 동쪽으로 이름난 산 다섯 개와 큰 하천 두 개에 제사를 지냈다. 태실산太室山이라고 일컫는 산이 있었는데 태실은 곧 숭고산嵩高山숭산이다. [나머지 네 산은] 항산恒山, 태산, 회계산, 상산湘山이다. [큰 하천은] 제수와 회수이다. 봄에는 말린 고기와 술로써 그해의 제사를 지냈으며 하천이 녹아 풀릴 때, 가을에 강물이 얼 때, 겨울에 [빙설로] 길이 막힐 때 제사를 올렸다. 제사의 제물은 각기 송아지 한 마리를 썼으며 제기에 담는 옥과 비단 등의 제물은 서로 달랐다.

화산華山의 서쪽으로는 이름난 산이 일곱 개, 이름난 하천이 네 개 있었다. [이름난 산은] 화산과 박산薄山이라고 한다. 박산은 곧 쇠산衰山이다. [나머지 다섯 산은] 악산岳山, 기산岐山, 오악吳岳, 홍총鴻冢, 독산瀆山이다. 독산은 촉蜀의 민산汶山을 말한다. 큰 하천으로는 하수가 있는데 임진臨晉에 제사 지내며, 면수沔水는 한중에서 제사 지내며, 추연은 조나朝那에서 제사 지내며, 강수江水는 촉에서 제사 지냈다. 봄에 하천이 녹아 풀릴 때, 가을에 강물이 얼 때 제사를 지냈는데 마치 동쪽의 이름난 산과 큰 하천에 제사 지내는 것과 같았으며 제사의 제물은 송아지를 썼으며, 제기에 담는 옥과 비단 등의 제물은 서로 달랐다. 또 네 개의 큰 산인 홍산鴻山, 기산, 오악, 악산에서는 모두 햇곡식을 바쳐 제사 지냈다.

진보신陳寶神에게도 계절에 따라 제사를 지냈다. 하수를 제사할 때에는 탁주를 추가해 올렸다. 이상의 산과 하천은 모두 옹주雍州에 있었고 천자의 도성과 가까웠으므로 [제사 지낼 때] 수레 한 대와 유구騮駒 네 마리를 추가했다.

파수灞水, 산수産水, 장수長水, 예수澧水, 노수澇水, 경수涇水, 위수渭水는 모두 큰 하천은 아니지만 함양에서 가까웠으므로 제사 지낼 때 이름난 산과 큰 하천에 버금가는 제사를 지냈는데, 더 추가되는 것은 없었다. 또 견수汧水와 낙수洛水 두 하천과 명택鳴澤, 포산蒲山, 악서산岳壻山과 같은 부류들은 작은 산과 하천이지만, 또한 해마다 [빙설로] 길이 막힐 때와 해빙될 때와 고갈될 때 제사 지냈으며 제례는 똑같은 것은 아니었다.

옹현에는 일신日神, 월신月神, 삼參, 진辰, 남북두南北斗, 화성, 금성, 목성, 토성, 수성, 이십팔수, 풍백風伯바람의 신, 우사雨師비의 신, 사해四海바다

의 신, **구신**九臣아홉 황제의 아홉 신하, **십사신**十四臣육십사신六十四臣의 오자로
서 제왕들의 신하들임, **제포**諸布별에 제사 지내는 곳이라는 설과 사람에게 해를 끼치
는 귀신이란 뜻이 있음, **제엄**諸嚴각 도로상의 신으로 추정됨, **제구**諸逑각 도로상의
신으로 추정됨 등 신령들을 제사하는 사당이 100여 군데나 있었다. 서현
西縣에도 수십여 개의 사당이 있었다. 호현湖縣에는 주의 천자를 제사하
는 사당이 있었으며, 하규下邽에는 천신을 제사하는 사당이 있었다. 풍灃
과 호滈에는 소명昭明화성의 별칭을 제사하는 사당과 천자벽지天子辟池 사
당이 있었다. 두杜와 박亳에는 세 개의 두주杜主 사당과 수성壽星남극노인
사당이 있었다. 그리고 옹현의 관묘에도 두주 사당이 있었다. 두주는 본
래 주나라 왕조의 우장군이었는데, 그가 작은 귀신 가운데에 가장 영험
이 있었다. [이러한 성수와 신령들을] 해마다 때에 맞추어 각각 제사를
받들었다.

　오직 옹현에는 네 제단치畤의 상제를 받들었으며 신이 강림했을 때
빛이 나와 사람을 감동시키는 것은 오직 진보신에 대한 제사였다. 옹현
의 네 제단에서 봄에는 풍년을 기원하는 제사와 아울러 해빙제를 거행
했으며, 겨울에는 [빙설로] 길이 막힐 때 제사를 지냈으며, 5월에는 상
구嘗駒젊고 건장한 준마를 사용하여 거행하는 제사를 지냈으며, 사계절의 중
간 달에는 월사月祠를 지냈으며, 진보신이 오는 계절에 맞추어 한 차례
씩 제사를 올렸다. 봄과 여름에는 적색 말을 썼으며, 가을과 겨울에는
유구를 바쳤다. 각 제단에는 네 필의 망아지를 사용하며, 네 개의 나무
인형으로 용을 조각한 방울이 달린 수레 한 대 및 목형의 수레는 말 네
필이 끌며 각자 천제의 색깔과 같게 했다. 누런 송아지와 새끼 양은 각
각 네 마리이고, 옥과 비단은 일정 수량이 있었으며, 살아 있는 희생은

모두 매장했고, 제기는 사용하지 않았다. 3년에 한 번씩 교외 제사를 거행했다. 진나라는 겨울의 10월을 한 해의 첫 달로 삼았기 때문에 천자는 언제나 10월에 재계하고 교외에 나가 봉화에 불을 붙이고 함양 부근에서 망사의 제사를 지냈으며, 흰옷을 숭상했고, 기타 용품은 일반 제사와 같았다. 서치와 휴치의 제사는 예전처럼 지냈으나 천자가 직접 참석하지는 않았다.

이러한 제사들은 모두 태축太祝이 항상 주관하여 매년 때에 맞추어 지냈다. 그 밖에 이름난 산과 큰 하천의 뭇 신령들 및 팔신과 같은 무리의 제사는 황상이 그곳을 지날 때만 지냈으며 떠나면 그만두었다. 군현 및 〔수도로부터〕 멀리 떨어진 신사들은 백성들이 각자 제사를 받들었으며, 천자의 축관에게 관장하지 않도록 했다. 축관 중에는 비축祕祝제왕을 위해서 기도하는 관직명이 있는데, 재앙이 생기면 제사를 거행하여 축복을 기원하고 아랫사람들에게 그 재앙을 전가한다.

천지의 귀신에게 제사 지내는 방식도 다르다

한漢나라가 흥기했는데 한 고조가 미천했을 때 큰 뱀을 죽인 일이 있었다. 〔그때〕 귀신이 말했다.

"이 뱀은 백제白帝의 아들이며, 그 뱀을 죽인 자는 적제赤帝남쪽을 다스린다는 신화 속의 천제의 아들이다."

고조가 처음 군사를 일으켰을 때 풍읍豐邑의 분유사枌楡祠에서 기도 했다. 그 후 패현을 점령하고 패공沛公이 되자 치우에게 제사 지내고 〔제물로 바친〕 희생 동물의 피를 북과 기에 발랐다. 뒤이어 10월에는 파상灞上에 이르러 제후들과 함께 함양을 평정하고 한나라의 왕이 되었다. 그래서 10월을 한 해의 첫 달로 하고 색은 적색을 숭상했다.

〔한 고조〕 2년, 동쪽으로 항적項籍항우을 공격하고 다시 관중으로 돌아와 신하들에게 물었다.

"옛날 진 왕조 때 제사하던 상제上帝들은 누구인가?"

대답하여 말했다.

"사제四祭이니 백제, 청제, 황제, 적제의 사당입니다."

고조가 말했다.

"내가 듣건대 하늘에는 오제가 있다고 하는데, 사제만 제사한 까닭은 무엇인가?"

아무도 그 이치를 알지 못했다. 이에 고조가 말했다.

"내가 알겠으니 이는 곧 내가 오기를 기다렸다가 오제를 채우게 된 것이다."

그러고는 고조는 흑제黑帝[22]의 사당을 건립하고 북치北畤라 명했다. 그러나 담당 관리가 제사를 올리고 황상이 친히 가 보지는 않았다. 그리고 옛 진나라의 축관을 모두 불러 태축과 태재太宰의 관직을 다시 설치하고 예전과 똑같은 의례에 따라 제사 지냈으며, 아울러 각 현에 공사公社를 두고 조서를 내려 말했다.

---

22 신화·전설 중 북쪽의 천제로 이름은 즙광기汁光紀이며 일설에는 전욱顓頊이라고도 한다.

나는 사당을 존중하고 제사를 존경한다. 이제 상제의 제사와 산과 하천의 뭇 신령 중 마땅히 제사해야만 할 것은 각기 규정된 때에 맞게 예전처럼 제사하도록 하라.

그로부터 4년 후 천하가 이윽고 평정되자 어사御史에게 조서를 내려 풍현의 분유사를 삼가 보수하고 늘 사계절마다 제사하게 하며 봄에는 양과 돼지로써 제사 지내도록 명했다. 축관에게는 명령을 내려 장안長安에 치우사蚩尤祠를 세우도록 했다. 장안에는 사관祠官, 축관, 여무女巫를 두었다. 그중 양梁 땅의 무巫는 하늘, 땅, 천사天社, 천수天水, 방중房中, 당상堂上 등의 신령들을 제사하는 책임을 맡았으며, 진晉 땅의 무는 오제, 동군東君, 운중군云中君, 사명司命, 무사巫社, 무巫, 족인族人, 선취先炊 등의 신령들을 제사하는 책임을 맡았다. 또 진秦 땅의 무는 두주杜主, 무보巫保, 족루族累 등의 신령들을 제사하는 책임을 맡았고, 형荊 땅의 무는 당하堂下, 무선巫先, 사명司命, 시미施糜 등의 신령들을 제사하는 책임을 맡았으며, 구천九天중앙과 하늘의 팔방의 무는 구천의 신령을 제사하는 책임을 맡았는데 모두들 해마다 때에 맞추어 궁중에서 제사 지냈다. 그중 하무河巫는 임진에서 하신河神을 제사했고, 남산무南山巫는 남산에서 진중秦中을 제사했다. 진중이란 이세황제를 가리킨다. [이상의] 각 제사는 날짜가 있었다.

2년 후 어떤 사람이 주나라 왕조가 흥성한 후 태읍邰邑을 세우고 후직后稷의 사당을 설립했는데, 지금까지도 천하 사람들이 제사 지내고 있다고 말했다.

이에 고조는 어사에게 다음과 같은 조서를 내렸다.

각 군국郡國[23]과 현에 영성靈星토곡식 농사를 맡은 별 사당을 설립하고 매년 정해진 때에 맞춰 소를 제물로 하여 제사하라.

고조 10년 봄, 담당 관리가 주청하여 각 현은 늘 봄 2월 및 12월에 양과 돼지로써 토지신과 곡식신에게 제사 지내며 민간의 토지신에게는 각자 제물을 징수하여 제사 지내게 하도록 청했다. 황제가 영을 내려 말했다.

"허락하노라."

그 뒤 18년 만에 효문제孝文帝가 즉위했다. 즉위한 지 13년 되던 해에 조서를 내려 말했다.

지금 비축이 재앙을 아랫사람신하와 백성들에게 전가하고 있는데, 짐은 전혀 받아들일 수 없다. 지금부터는 이러한 제도를 없애도록 하라.

이름난 산과 큰 하천은 제후국에 있었는데 제후의 축관들은 각기 제사를 받들었으나 천자의 축관은 이들을 통솔할 수 없었다. 제나라와 회남국이 제사를 없애자 태축에게 명하여 모두 해마다 때에 맞추어 이전처럼 제사를 지내도록 했다.

이해 〔효문제는〕 조서를 내려 말했다.

짐이 즉위한 지 오늘로 13년이 되었는데 종묘의 신령과 사직의 축복에 의

---

23 전한은 진秦 왕조의 군현제郡縣制를 계승한 동시에 제후국을 분봉했다. 군과 국을 합쳐 군국이라고 하며 일반적으로 지방을 가리킨다.

지하여 바야흐로 나라 안으로는 태평하고 백성들은 고통이 없으며 몇 년 사이에 해마다 풍년이 드니 짐이 부덕함에도 어찌하여 이러한 것을 누릴 수 있었겠는가? 모두 상제와 여러 신들이 내려 준 것이다. 대체로 옛날에 그러한 덕을 누리면 반드시 그 공로에 보답해야만 한다고 들었으니 여러 신들에게 제사를 더 확장하고자 한다. 담당 관리는 의논하여 옹현의 오치를 제사할 때 각기 수레 한 대와 그에 딸린 마구들을 추가하고 서치와 휴치에는 각기 나무로 만든 모형 수레 한 대와 네 필의 모형 말 및 그에 딸린 모든 마구를 추가하며 하수, 추수湫淵, 한수漢水의 제사에는 옥벽을 각 두 개씩 추가하라. 또 여러 사당에도 제단의 장소를 더 넓히고 옥과 비단과 제기 등은 차등을 추가하도록 하라. 축사를 드리는 사람은 복을 짐에게만 돌려주어 백성들은 (이 복을) 함께할 수 없었다. 지금부터 금후 축사함에 공경을 다하되 짐에게는 기도하지 말라.

노魯나라 사람 공손신公孫臣이 상서를 올려 말했다.

처음에 진나라는 수덕을 얻었고 이제 한나라가 그것을 이어받았는데 오덕종시설에 의해 미루어 보면 한나라는 마땅히 토덕을 받았으니 토덕의 감화로 황룡이 나타날 것입니다. 정삭正朔한 해의 첫 달을 바꾸고 복색을 바꾸어 색을 숭상하십시오.

이때 승상 장창은 음률과 역법을 좋아했는데, 한나라가 곧 수덕의 창시자라고 생각하고는 하수의 금제가 터진 것을 가지고 그수덕 조짐이라고 생각했다. 그래서 한 해의 첫 달을 겨울 10월로 시작하고, 색깔은 밖은 흑색이고 안은 적색을 숭상하여야 수덕과 서로 감응한다고 했다. 공손신이 말한 바와 같은 것은 옳지 않아서 그의 의견은 내쳐졌다. 3년 뒤 황룡이 성기成紀에 나타났다. 문제는 곧 공손신을 불러 박사에 제수하고는 여러 유생들과 함께 역법을 바꾸고 복색을 고치는 일의 초안을 세우도록 했다. 그해 여름, 문제가 조서를 내려 말했다.

　기이한 신물이 성기현成紀縣에 나타났는데, 백성들에게는 해가 없고 해마다 풍년이 들 것이다. 짐은 교외에서 상제와 여러 신에게 제사 지내려 하니 예관은 논의하여 거리낌 없이 짐에게 말하도록 하라.

담당 관리가 모두 말했다.

"옛날 천자는 여름에 몸소 교외 제사를 지냈는데 교외에서 상제에게 제사 지냈으므로 교사라고 말한 것입니다."

그래서 여름 4월, 문제는 처음으로 옹현의 오치 사당에서 제사를 지냈으며 의복은 모두 적색을 숭상했다.

그 이듬해, 조趙나라 사람 신원평新垣平이 구름의 기운을 보고 황상에게 알현을 청하여 아뢰었다.

"장안의 동북쪽에 신비로운 기운이 있는데 다섯 가지 색깔을 이루고 있고, 마치 사람이 면류관을 쓴 것 같습니다. 어떤 사람은 말하기를 동북쪽은 신명의 거처이고 서쪽은 신명의 묘라고 합니다. 하늘의 길조가 내려왔으니 마땅히 사당을 세우고 상제에게 제사 지내어 상서로운 조짐에 부응해야 합니다."

이에 〔문제는〕 위양渭陽에 오제의 묘를 만들었는데 한 사당에 두었으며 각각의 상제는 하나의 전당에 살게 했고 마주 보는 각 다섯 개의 문은 각자 그 상제의 색깔과 같게 했다.

여름 4월, 문제는 몸소 파수와 위수가 만나는 곳에 가서 참배하고 위양의 오제를 찾아가 제사 지냈다. 오제의 묘는 남쪽으로 위수에 인접해 있고 북쪽으로는 포지蒲池를 가로질러 수로를 두고 있었다. 횃불을 밝혀 제사를 받들었는데 불빛이 빛나서 마치 하늘과 서로 이어진 것 같았다. 이에 신원평에게 상대부의 높은 자리를 내리고 수천 금을 내려 주었다. 또 박사와 여러 유생들에게 육경六經 속에서 추려 내어 「왕제王制」『예기』의 편명를 편찬하고, 순수巡狩와 봉선의 일을 논의하도록 명했다.

문제가 장문정長門亭을 나서는데 마치 다섯 사람이 도로 북쪽에 서 있는 것 같아 곧바로 북쪽에 오제의 제단을 세우고 다섯 마리의 희생물과 제품으로 제사 지냈다.

그 이듬해 신원평은 사람을 시켜 옥배를 지니고 궁궐 아래에 가서 상서를 올려 진언하라고 했다. 신원평이 〔미리〕 황상에게 말했다.

"궁궐 아래에 보옥의 기운이 내려와 있습니다."

얼마 후에 과연 옥과 잔을 바치러 온 자가 있었는데 '인주연수人主延壽'라고 새겨져 있었다. 신원평은 또 말했다.

"신이 추측하기로 해는 하루에 두 번 나타나 중천으로 돌아올 것입니다."

얼마 후 해가 서쪽으로 치우쳤다가 다시 중천으로 돌아가게 되었다. 이에 〔문제는〕 처음에서 〔즉위〕 17년 되던 해를 다시 원년으로 바꾸고 천하에 성대한 연을 베풀도록 영을 내렸다.

신원평이 말했다.

"주 왕조의 보정寶鼎제위를 상징하는 솥이 사수에 빠졌는데, 지금 하수가 범람하여 사수로 관통합니다. 신이 동북쪽 분음汾陰 지역을 관찰하던 중 하늘에 금보金寶의 기가 보였습니다. 아마도 주 왕조의 보정이 나타나게 되겠지요. 조짐이 나타나는데 그것을 우러르지 아니하면 〔보정이〕 오지 않을 것입니다."

이에 황상은 사자使者를 파견하여 하수에 인접한 분음 남쪽에 사당을 세우고 제사를 지내며 하수에 이르러 주 왕조의 보정이 나타나기를 기다렸다.

어떤 사람이 글을 올려 신원평이 말한 운기雲氣와 신령神靈에 관한 일은 모두 거짓이라고 고발했다. 〔이에 황상은〕 신원평을 옥리獄吏에게 취죄하도록 하여 신원평을 죽이고 씨족을 멸했다. 이때부터 문제는 정삭과 복색, 신령의 일을 바꾸는 것에 대해 게을러졌으며 위양渭陽과 장문長門의 오제 제사는 사관祀官이 관리하도록 하고 해마다 제사를 올리되 직접 가지는 않았다.

이듬해 흉노가 여러 차례 변방으로 쳐들어오자 군대를 일으켜 방어했다. 그 후 수확은 줄어들어 늘어나지 않았으며 몇 년이 지나 효경제孝景帝가 즉위했다. 〔이후〕 16년 동안 사관祀官은 각자 해마다 때에 맞추어 예전처럼 제사를 지냈으며 더 이상 건립한 사당 없이 지금의 천자에 이르게 된 것이다.

귀신을 미친 듯 추종하다가 사기꾼들에게 우롱당하다

지금의 천자는 즉위 초에 특히 귀신을 숭배하고 제사를 중시했다. 한 나라가 일어난 지 이미 60여 년이 지나서 천하가 안정되게 다스려지니 조정 고관들은 모두 천자가 봉선 의식을 거행하고 역법을 바로잡기를 바랐다.

황제가 유가의 학설에 쏠려 현량賢良[24]들을 불러들이니 조관趙綰과 왕장王臧 등은 문장력과 박학으로써 공경公卿이 된 후, 옛 제도대로 성 남쪽에 명당明堂[25]을 세워 제후들이 조회하러 오는 곳으로 삼자고 논의하려 했다. 그들은 순수巡狩순행, 봉선, 역법과 의복 색깔의 개정 등 여러 일들의 초안을 잡았지만 성과를 이루지 못했다. 때마침 두 태후竇太后가 황로黃老의 학설[26]을 연구해 유술儒術유가의 학설을 좋아하지 않았으므로 사람을 시켜 조관 등이 간사하게 이익을 챙긴 일을 은밀히 알아낸 후, 조관과 왕장을 심문했다.[27] 조관과 왕장이 스스로 목숨을 끊자 실행하려던

---

24 경학에 밝고 덕행이 뛰어난 자들인데 한대에는 이런 인재를 선발한 관리 등용 방법이기도 했다. 관직은 갖지 않았다.

25 옛날 천자가 정교를 펴던 궁전으로, 조회, 제사, 선사 등의 대전을 이곳에서 거행했다.

26 전국 시대와 한나라 초기에 도가 학설을 신봉하는 학파로, 황제黃帝와 노자老子의 학설에 의거해 붙인 이름이다. 「여 태후 본기呂太后本紀」에도 나와 있지만 당시 통치자 중에는 이 학설을 신봉한 자가 적지 않았으며, 한나라 무제 때에는 유가 학설과 잦은 충돌을 일으켰다.

27 『사기』「위기·무안후 열전魏其武安侯列傳」에 따르면 "태후는 황로의 주장을 좋아하였는데 위기후, 무안후, 조관, 왕장 등은 유가의 학술을 장려하고 도가의 말을 깎아내려서 두 태후는 위기후 등을 더욱 달가워하지 않게 되었다."

여러 일들은 모두 폐기되었다. 그로부터 여섯 해 뒤 두 태후가 세상을 떠났다. 그다음 해에 황제가 문학文學의 사인舍人인 공손홍公孫弘 등을 불러들였다.

이듬해 황제는 처음으로 옹현雍縣에 이르러 오치五畤에서 천제에게 교사郊祠를 지냈다. 그 후로 통상 3년에 한 번씩 교사를 지냈다. 이때 황제는 신군神君신령의 경칭을 구해 상림원上林苑[28]의 제씨관蹏氏觀묘당 이름에 머물게 했다. 신군은 장릉에 살던 여자로 자식이 죽어 슬퍼 애통해하다 죽은 까닭에, 그녀의 동서인 완약宛若의 몸에 신령을 드러냈다. 완약은 자기 집에서 그녀에게 제사 지냈는데 백성들 대부분이 거기에 제사 지내러 갔다. 평원군平原君도 가서 제사 지냈으므로, 그 후에 평원군의 자손들이 지위가 높고 이름이 드러났다. 무제가 자리에 오를 때 후한 예로써 궁 안에 그녀를 모셔 두고 제사 지내게 했는데, 말소리는 들렸으나 사람은 보이지 않았다고 한다.

이때 이소군李少君 역시 사조祠竈부엌의 신에게 제사를 지내 행복을 얻는 방술, 곡도穀道곡식을 먹지 않고 끊어 버리는 방술, 각로却老노쇠함을 물리치는 방술로써 황제를 알현하자 황제가 그를 높이 받들었다.[29] 이소군은 이전에 심택후深澤侯의 추천으로 들어와 천자의 방술을 주관했다.[30] 그는 자기 나

---

28 당시 진나라 도성 남쪽에 있었으며, 구역이 아주 넓었다.

29 전한 때에는 강력한 통일 국가의 경제적 번영을 기초로 황실에서 도가를 존중하고 신선 방사들을 우대했다. 나중에 한나라 무제는 『한무동명기漢武洞冥記』, 『한무고사漢武故事』, 『한무내전漢武內傳』 등의 작품에 주인공으로 등장할 정도로 신선 방사 집단과 결합해 구선求仙 행위에 심취함으로써 사회 전체가 '구선' 열풍에 휩싸이게 되었다.

30 방사들은 불로장생이라는, 죽음의 현세적 극복에 대한 염원에 영합해 '신산神山', '선약仙藥'

이와 출생, 성장 내력을 감추고는 항상 자신은 일흔 살이며 귀신을 부리고 노쇠함을 물리칠 수 있다고 말했다. 그는 방술을 빌미로 제후들을 두루 돌아다니며 만났다. 아내와 자식은 없었다. 사람들은 그가 귀신을 부리고 죽지 않게 할 수 있다는 소문을 듣고 앞다투어 재물을 가져다주었으므로 항상 금전과 비단 및 옷과 음식이 남아돌았다. 그리하여 사람들은 모두 그가 생업의 방도를 세우지 않아도 풍족하다고 생각했고, 또 그가 어떤 사람인지 모르면서 더욱 믿고 다투어 그를 섬겼다. 이소군은 천성적으로 방술을 좋아했고 교묘한 말을 잘했는데, 신기하게도 적중했다. 일찍이 무안후전분를 따라 잔치에 갔는데 자리에 앉아 있는 사람 가운데 아흔 살가량의 노인이 있었다. 이때 이소군이 그 노인의 할아버지와 함께 사냥하러 놀러 갔던 곳을 말했다. 노인이 아이였을 때 할아버지를 따라갔던 곳을 기억하니 자리에 있던 사람들이 모두 깜짝 놀랐다. 이소군이 황제를 알현했을 때, 천자가 오래된 동기銅器를 가지고 있다가 이에 대해 이소군에게 물어보았다. 이소군이 대답했다.

"이 그릇은 제나라 환공 10년에 백침대柏寢臺에 진열했던 것입니다."

잠시 뒤 새겨진 글자를 검사하니 과연 제나라 환공의 그릇이었다. 궁안 사람들이 모두 놀라면서 이소군은 신 같은 사람으로 몇백 살이 되었다고 생각했다.

이소군이 천자에게 아뢰었다.

"부엌의 신에게 제사 지내면 신령한 물건을 얻을 수 있고, 신령한 물건

등과 같은 황당한 말을 만들어 내 적지 않은 폐단을 야기했다.

을 얻으면 단사丹沙[31]가 변해 황금이 될 수 있으며, 황금을 제련한 후 음식을 담는 그릇을 만들어 사용하면 오래 살 수 있습니다. 오래 살면 바닷속 봉래산蓬萊山[32]의 신선을 만날 수 있는데, 신선을 만나 봉선을 거행하면 죽지 않으니 황제黃帝께서 이러하셨습니다. 저는 일찍이 바다를 거닐다 안기생安期生[33]을 만난 적이 있습니다. 안기생은 제게 대추를 먹으라고 주었는데, 크기가 참외만 했습니다. 안기생은 신선이므로 봉래의 선경을 왕래할 수 있는데, 마음이 맞으면 모습을 나타내지만 마음이 맞지 않으면 숨어 버립니다."

이에 천자는 몸소 부엌의 신에게 제사 지내기 시작했고, 방사를 파견해 바다로 들어가서는 봉래에 있다는 안기생 같은 신선을 찾게 했으며, 단사 등 각종 약물을 제련해 황금을 만들게 했다.

오랜 세월이 지나고 나서 이소군이 병으로 세상을 떠났다. 천자는 그가 신선으로 변했지 죽지 않았다고 생각해 황현과 추현의 제사 지내는 관리인 관서寬舒에게 그 방술을 이어받게 했다. 그러고는 봉래의 신선 안기생을 찾게 했으나 아무도 찾을 수 없었다. 이후 연나라와 제나라 등 바닷가에 사는 수많은 괴이하고 우매한 방사들이 대부분 서로 이소군을 모방했고, 계속해서 귀신과 관련된 일을 이야기했다.

―――――――――

31 빨간 빛깔의 육각형 광물로 유황과 수은의 합성으로 만들어진다. 고대의 방사들은 이 광물로써 황금을 만들 수 있다고 생각했으며, 불로장생의 신약으로 여겼다.
32 봉래蓬萊는 동해 바다에 있다는 세 군데 섬 중 하나로 방장方丈, 영주瀛洲와 더불어 겉은 주전자처럼 생겼고 산 정상에는 궁전과 불사약이 있으며 신선만이 사는 신비의 섬으로 알려져 있다.
33 전설적인 신선이다. 낭야 사람으로 동해의 물가에서 선약을 팔고 다녔는데, 모두들 그의 나이가 1000살이나 된다고 생각했다.

박현亳縣 사람 박유기薄謬忌[34]가 태일신泰一神전설상 가장 존귀한 천신에게 제사 지내는 방술을 천자에게 상주했다.

"천신 가운데 가장 귀한 자가 태일신이며, 태일신을 보좌하는 것이 오제입니다. 옛날에 천자는 봄과 가을에 장안의 동남쪽 교외에서 태일신에게 제사 지냈습니다. 태뢰를 [제물로] 써서 이레 동안 제사했는데, 제단에 팔방으로 통하는 귀도鬼道를 만들어 귀신이 오가게 했습니다."

이에 천자는 태축에게 명해 장안 동남쪽 교외에 태일신의 사당을 세우게 하고, 박유기가 말한 방식과 같이 받들어 제사 지내게 했다.

뒤에 어떤 사람이 글을 올려 말했다.

"옛날에 천자는 3년에 한 번씩 태뢰로써 세 신에게 제사 지냈으니 천일신天一神, 지일신地一神, 태일신입니다."

천자는 이를 허락한 후 태축을 시켜 박유기의 건의로 세운 태일신의 제단에서 그가 상소한 대로 제사 지내라고 명했다.

그 뒤 어떤 사람이 다시 글을 올려 말했다.

"옛날 천자는 항상 봄가을에 재액을 물리치는 제사를 지냈는데, 황제에게 제사 지낼 때에는 효조梟鳥[35]와 장수獐獸[36] 한 마리씩을, 명양신冥羊神에게 제사 지낼 때에는 양을, 마행신馬行神에게 제사 지낼 때에는 푸른빛 수말 한 필을, 태일신과 고산산군皐山山君과 지장신地長神에게 제사 지낼 때에는 소를, 무이군武夷君에게 제사 지낼 때에는 건어물을, 음양사

---

34 「효무 본기」에는 '박유기薄誘忌'라고 되어 있다.
35 어미를 잡아먹는다는 전설상의 새 이름이다.
36 아비를 잡아먹는다는 전설상의 짐승이다.

자陰陽使者에게 제사 지낼 때에는 소 한 마리를 썼습니다."

그러자 천자는 제사 지내는 관리에게 명해 그가 말한 방식대로 하되 박유기의 건의로 세운 태일단 옆에서 제사하라고 했다.

그 뒤 천자의 동산에 흰 사슴이 나타나자 사슴 가죽을 화폐로 만들었고 상서로움에 부응하려고 백금白金을 주조했다.[37]

그 이듬해 옹현에서 교사를 지내다 뿔 하나 달린 짐승을 잡았는데 모양이 고라니 같았다. 담당 관원이 말했다.

"폐하께서 엄숙하고 공경스럽게 교사를 지내니 하늘이 보답으로 뿔 하나 달린 짐승을 내려 주었는데, 아마도 기린麒麟[38]이 아닐까 합니다."

그것을 오치에 바치고 각 제터마다 소 한 마리씩을 불태웠다. 제후들에게도 백금을 내려 이 상서로운 조짐이 하늘의 뜻에 부합한 것임을 나타냈다. 이에 제북왕濟北王 유호劉胡를 가리킴은 천자가 장차 봉선을 행할 것이라 생각해 태산과 그 주변 성읍을 바치겠다는 글을 올렸다. 천자는 이를 받아들인 후 다시 다른 현을 그에게 상으로 주었다. 상산왕이 죄를 짓자 추방하고, 천자는 상산왕의 동생을 진정眞定에 봉해 선왕의 제사를 계속 받들게 했으며, 상산을 군으로 삼았다. 이후 오악五嶽은 전부 천자의 군에 들게 되었다.

그 이듬해 제나라 사람 소옹少翁이 귀신을 불러들이는 방술로 황제를

<hr />

37 은과 주석을 합금해 화폐를 만든다는 뜻이다.

38 전설상의 동물로 성군이 나타나 왕도가 행해지면 나타나는데, 살아 있는 풀을 밟지 않고 산 것을 먹지 않으며 모양은 사슴 같고 이마는 이리, 꼬리는 소, 굽은 말과 같고 머리 위에 뿔 한 개가 있다고 한다.

알현했다. 황제에게는 총애하는 왕 부인王夫人이 있었는데, 부인이 죽자 소옹이 방술을 써서 한밤중에 왕 부인과 부엌 신의 형상을 불러오니 천자가 장막을 통해 그녀를 만나 보았다. 이에 〔소옹을〕 문성장군文成將軍으로 제수하고 많은 재물을 상으로 내린 후 빈객의 예의로 그를 대우했다. 소옹이 진언했다.

"황제께서 신선과 교류하고 싶다 해도, 궁실과 의복이 신선이 사용하는 것과 다르면 신선은 오지 않을 것입니다."

그러자 구름무늬를 그린 수레를 만들고 아울러 각기 그날에 맞는 신령한 수레를 골라 타서 악귀를 쫓았다. 또 감천궁을 지어 안에 대실臺室을 만들고, 천신, 지신, 태일신의 형상을 그려 넣은 후 제사 도구를 두어 천신을 불러들였다. 한 해가 지나자 소옹의 방술은 갈수록 영험이 떨어졌고 신선은 오지 않았다. 이에 그는 비단에 글을 써서 소에게 먹인 후, 모르는 체하며 소의 배 속에 기이한 물건이 있다고 했다. 소를 죽여 살펴보니 비단에 쓰인 글을 얻었는데, 그 글의 내용이 너무 기괴해 천자는 이 일을 의심하게 되었다. 그런데 사람들 중에 소옹의 필적을 아는 이가 있었다. 그 사람에게 이를 물었더니 과연 위조된 글이었다. 결국 소옹을 죽이고 이 일을 은폐했다.

그 뒤에 또 백량대柏梁臺누각 이름, 동주銅柱,[39] 승로선인장承露仙人掌[40]

---

39 무제가 건장궁建章宮 신명대神明臺에 세운 것으로 높이가 30장이며 둘레가 일곱 아름이나 된다고 하는 구리 기둥이다.

40 신선이 손바닥으로 떨어지는 이슬을 받는 모양의 승로반으로 무제는 이슬과 옥가루를 섞어 만든 옥로를 마시면 장생불사할 수 있다는 믿음을 품고 있었다.

따위를 만들었다.

소옹이 죽은 이듬해, 천자는 정호鼎湖에서 심한 병을 얻었다. 무의巫醫가 써 보지 않은 방법이 없었지만 병이 낫지 않았다. 유수游水의 발근發根이 진언했다.

"상군에 무당이 있는데, 그는 병을 앓아서 귀신을 자기 몸에 내리게 할 수 있습니다."

황제는 그를 불러다가 감천궁에서 제사 지내도록 모셨다. 이윽고 무당이 병이 나자 사람을 보내 [그를 통해] 신군에게 물어보게 했다. 그러자 신군이 말했다.

"천자께서는 병을 걱정하지 마십시오. 병이 조금 낫거든 힘써서라도 감천궁으로 와서 저를 만나면 됩니다."

병이 나아져 감천궁으로 행차하자 병이 말끔히 나았다. 황제는 천하에 대사면령을 내리고 수궁壽宮신묘神廟으로 신군을 옮겼다. 신군 가운데 가장 높은 신이 태일신이며 그 보좌로 대금大禁과 사명司命이 있었는데, 이들은 모두 태일신을 따라왔다. 신령의 모습은 볼 수 없었지만, 그 음성은 들을 수 있었는데 마치 사람이 말하는 것과 같았다. 때론 떠나갔다가 때론 돌아왔는데, 올 때는 휘익 하는 바람 소리가 났다. 궁실 휘장 속에 머물렀다. 어떤 때는 낮에 이야기했지만 평상시에는 밤에 이야기했다. 천자는 불제祓祭3월 상사일上巳日에 묵은 때를 씻고 복을 비는 제사 의식를 지낸 뒤에야 수궁으로 들어왔다. 그곳에서는 무당을 주인으로 여기며 음식을 얻었다. 신군이 하고 싶은 말은 무사를 통해 전달되었다. 또 수궁과 북궁北宮을 짓고 깃털로 장식한 깃발을 세웠으며, 제사 기구를 두어 신군에게 예의를 나타냈다. 황제는 사람을 시켜 신군이 한 말을 받아 적게 했는데, 이를 일러 화법畫法부호와 그림으로 나타낸 법어이라 했다. 그 말들은 보통 사람도 알 수 있는 것이고 특별한 게 전혀 없었는데도, 천자는 유독 즐거워했다. 이 일은 모두 비밀에 부쳤으므로 세상 사람들은 알지 못했다.

그 뒤 세 해가 흐른 후 담당 관리가 기원紀元은 마땅히 하늘이 내린 상서로운 징서로 이름 지어야지 1과 2 같은 숫자를 사용해서는 안 된다는 의견을 냈다. 이에 첫 번째 기원은 '건원建元'이라고 하고, 두 번째 기원은 혜성이 나타났으므로 '원광元光'이라 하고, 세 번째 기원은 제사 지낼 때 뿔 하나 달린 짐승을 얻었으므로 '원수元狩'라고 부르자고 했다.

그다음 해 겨울, 천자가 옹현에서 교사를 지내면서 [대신들과] 의논해 말했다.

"오늘 상제에게는 짐이 직접 제사 지냈지만, 후토에게는 제사 지내지 않았으니, 예의가 잘 갖춰진 것이 아니다."

담당 관원은 태사공사마천의 아버지 사마담과 제사 지내는 관리인 관서 등과 의논한 후 아뢰었다.

"천지의 신께 제사 지낼 때 쓰는 가축은 뿔이 누에고치나 밤처럼 작아야 합니다.[41] 지금 폐하께서 몸소 후토에게 제사 지내려 하시니, 폐하께서 제사 지내려면 연못 가운데 있는 둥근 구릉에 제단 다섯 채를 만들고, 각 제단마다 누런 새끼 송아지 한 마리씩을 희생으로 갖추고, 제사가 끝나면 전부 땅에 묻어야 하며, 제사를 진행하는 사람들은 모두 황색

---

41 희생으로 쓰이는 것은 큰 것보다는 작은 것을 귀하게 여기는 풍습이 있었다.

옷을 입어야 합니다."

이에 천자는 동쪽으로 가서 후토의 제단을 분음수汾陰脽 위에 세우기 시작했는데, 그 건축 양식은 관서 등의 의견을 따랐다. 천자가 직접 지신에게 멀리 바라보며 절을 올렸는데 하늘에 제사 지냈을 때의 예의와 똑같이 했다. 제례가 끝나자 천자는 비로소 형양을 거쳐 [장안으로] 돌아왔다. 낙양을 지나면서 조서를 내려 말했다.

"삼대가 너무 멀어지고 끊어진 지 오래되어 그 후대를 보존하기 어렵게 되었다. 사방 30리의 땅에 주나라의 후예를 봉해 주자남군으로 삼고 그 선왕들을 받들어 제사 지내게 하라."

이해에 천자는 각 군현을 순행하기 시작해 점점 태산에 가까워졌다.

그해 봄, 낙성후樂成侯가 글을 올려서 난대欒大에 대해 진언했다. 난대는 교동왕膠東王[42]의 궁 안에 있던 사람궁인宮人[43]으로, 옛날에 소옹과 같은 스승 밑에서 공부하다 얼마 뒤 교동왕의 약제사가 되었다. 낙성후의 누나는 교동 강왕康王의 왕후가 되었지만 아들이 없었다. 강왕이 세상을 떠나자 다른 첩의 아들이 스스로 자리에 올라 왕이 되었다. 그런데 강왕의 왕후는 음란했으므로 새 왕과 서로 뜻이 맞지 않아 법술로 서로를 위태롭게 했다. 교동 강후康后는 소옹이 죽었다는 소식을 듣고서 자신이 천자에게 호감을 사고 싶어 난대를 보내 낙성후를 통해 천자를 만나 뵙고 방술을 이야기하려 했다. 천자는 이미 소옹을 죽이고 나서 그를 너무 일찍 죽였음을 후회했고, 그의 방술을 다 써 보지 못했음을 애석해했는

─────────

42 경제의 아들 유기劉寄를 가리킨다.
43 제후 왕의 일상 업무를 주관하던 관직이다.

데 난대를 만나자 매우 기뻤다. 난대는 사람이 키가 크고 잘생긴 데다 많은 방술과 책략을 이야기했으며, 과감하게 큰소리를 치면서 주저하지 않았다. 난대가 말했다.

"신은 일찍이 바닷속을 왔다 갔다 하다가 안기생과 선문고羨門高의 무리를 만났습니다. 그러나 저들은 신의 신분이 미천한 것만을 생각해 신을 믿지 않았습니다. 또 강왕은 제후에 불과할 뿐이니 제 방술을 전해 주기에는 부족하다는 생각이 들었습니다. 신이 여러 번 강왕에게 이야기했지만 강왕 또한 신을 등용하지 않았습니다. 신의 스승은 말하기를 '황금은 만들 수 있고, 하수의 터진 둑은 막을 수 있으며, 불사약도 구할 수 있고, 신선도 불러올 수 있다.'라고 했습니다. 그러나 신은 문성장군처럼 될까 걱정이며 그러면 방사들은 모두 입을 틀어막을 것이니 어찌 과감하게 방술을 이야기하겠습니까!"

황제가 말했다.

"문성장군은 말의 간을 먹고 죽었을 뿐이오. 그대가 만약 문성장군의 방술을 수련할 수 있다면, 내가 무엇을 아끼겠는가!"

난대가 아뢰어 말했다.

"신의 스승은 다른 사람을 찾아가는 게 아니라 다른 사람들이 그를 찾아오게 합니다. 폐하께서 기필코 신선을 불러오고 싶다면 신선의 사자를 귀히 대우해야 하며, 그 친척들도 빈객의 예로 대우하면서 깔보지 말고, 그들 각자에게 인장을 차게 해야만 비로소 신선과 소통하며 이야기하게 할 수 있습니다. 신선이 만나려 할까요, 만나지 않으려 할까요? 어쨌든 신선의 사자를 존중한 뒤에야 신선을 불러올 수 있을 것입니다."

천자는 그에게 하찮은 방술로라도 먼저 영험을 보여 달라 했는데, 바

둑돌을 바둑판 위에 놓자 바둑돌이 서로 부딪치며 공격했다.[44]

이때 천자는 한창 하수가 터질까 걱정했는데, 황금도 제조하지 못하고 있어 곧 난대를 오리장군五利將軍으로 제수했다. 한 달 남짓 지나자 난대는 황금 인장 넷을 얻어 천사장군天士將軍, 지사장군地士將軍, 대통장군大通將軍, 천도장군天道將軍의 인장을 차게 되었다. 천자는 어사에게 조서를 내렸다.

옛날 우임금은 아홉 강을 소통하고 사독四瀆을 개통했다. 근래 하수가 넘쳐 높은 언덕이 물에 잠긴 탓에 제방을 쌓느라 쉬지 못했다. 짐이 천하를 다스린 지 스물여덟 해가 되자 하늘이 짐에게 방사를 보내 준 것 같으니 난대는 〔하늘의 뜻에〕 통할 수 있을 것이다. 『주역周易』「건괘乾卦」에 '비룡蜚龍'이라고 칭한 것은 "큰 기러기가 높은 둑으로 점차 날아간다."라는 것으로, 그 뜻은 아마도 난대를 얻은 것과 비슷할 것이다. 지사장군 난대에게 2000호를 봉해 낙통후樂通侯로 삼으라.

또 열후에게 주나라는 저택과 노복 1000명을 내렸다. 황상이 사용하지 않는 거마와 궁중의 남는 기물로 난대의 집을 가득 채워 주었다. 또 위 장공주衛長公主무제의 위 황후衛皇后의 장녀를 그에게 아내로 주고 황금 1만 근을 보냈으며, 그 이름을 당리공주當利公主라고 바꿨다. 천자가 직접 난대의 저택에 갔다. 사자들이 안부를 묻고 물건을 공급하느라 길에 행렬

---

44 같은 극끼리 서로 밀어 내는 자석의 성질을 이용해 사람들의 눈을 속인 것이다.

이 길게 줄줄이 이어졌다. 대장공주大長公主문제의 딸로 무제의 고모를 비롯해 장상 이하에서부터 모두가 그의 집에서 주연을 베풀고 돈과 재물을 그에게 바쳤다. 천자는 또 '천도장군天道將軍'이라는 옥도장을 새겨 사자에게 우의羽衣깃털로 만든 도사의 옷를 입혀 보내 밤에 백모白茅 위에 서서 주게 했고, 난대도 우의를 입고 백모 위에 서서 인장을 받음으로써 난대가 황제의 신하가 아님을 나타냈다. '천도'라는 옥도장을 달고 다니는 자는 장차 천자를 위해 천신을 인도할 사람임을 나타낸다. 이에 난대는 항상 밤이면 자기 집에서 제사를 지내 신이 내려오도록 하고자 했다. 그런데 신은 오지 않고 온갖 귀신만 모였는데도 그들을 매우 잘 부릴 수 있었다. 그 뒤로 난대는 정리하고 길 떠날 채비를 하여, 동쪽으로 바다에 들어가 그의 스승을 만나겠다고 말했다. 난대가 천자를 만난 지 몇 달만에 여섯 개의 도장을 차고 부귀를 천하에 떨치자, 바닷가 근처인 연나라와 제나라 지역의 방사들은 자신들도 신선의 방술이 있어 신선을 불러올 수 있다고 말하며 격분해서 손짓 발짓 하지 않음이 없었다.

이해 여름 6월 중순, 분음의 무사巫師 금錦이 위수魏雕의 후토 사당 옆에서 제사 지낼 때 땅에서 고리 모양처럼 생긴 것을 발견하고는 흙을 파내서 정鼎을 얻었다. 정이 보통 정보다 기이할 정도로 큰 데다 무늬만 조각되어 있고 문자는 새겨 있지 않았다. 금이 이를 이상히 여겨 관리에게 말했다. 관리는 하동 태수太守[45] 승勝에게 알렸고, 승은 이를 위에 보

---

45 태수라는 직책은 전국 시대에 생긴 것으로, 본래는 군수郡守로 불리던 것이 한대에 들어서면서 태수로 바뀌었다. 태수는 애당초 무관으로서 한 군郡의 방위를 담당했으나 시간이 흐르면서 지방관으로 바뀌었다.

고했다. 천자는 사자를 보내 무사 금을 조사해 심문하고 정을 얻은 것이 간사하게 속인 일이 아님을 확인한 후, 예의를 다해 천지에 제사 지내고 정을 맞이해 감천궁으로 가져와서는 백관을 수행하고 천자가 직접 하늘에 제사 지내어 바쳤다. 중산에 도착하자 날씨가 맑게 개고 온화했으며 누런 구름이 덮였다. 고라니가 지나가니 천자가 직접 활을 쏘아 잡은 후 그것으로 제사 지냈다. 장안에 도착해 공경대부들이 모두 의논해 보정을 받들 것을 요청했다. 천자가 말했다.

"최근 하수가 넘치고 흉년이 여러 해 계속되었으므로 천하를 순행하면서 후토에 제사 지내고 백성들이 곡식을 기를 수 있게 해 달라고 빌었소. 올해에는 풍작에 대해 아직 신께 보답하지 않았는데, 정은 어째서 나온 것이오?"

담당 관리들이 모두 말했다.

"옛날 대제복희씨는 신정神鼎 하나를 만들었는데, 이때 하나란 통일을 뜻하며 천지 만물의 마지막 귀결이라고 들었습니다. 황제黃帝는 보정 셋을 만들어 천지인天地人을 상징했습니다. 우임금은 아홉 주의 쇠붙이를 모아 정 아홉 개를 만든 후, 모두 제물을 삶아 하늘의 귀신에게 제사 지내는 데 썼습니다. 성세를 만나 정이 출현했는데, 이것이 하나라와 상나라에 전해졌습니다. 주나라의 덕이 쇠하고 송나라의 사직이 없어지자 정은 〔하수에〕 잠겨 버리고 묻혀서 다시 나타나지 않았습니다. 『시경』「주송周頌」편에 '안채에서 문 밖 택지까지 가서 제기를 살펴보고 양부터 소까지 모든 제물을 살펴보니, 큰 정과 작은 정 모두 청결하구나. …… 시끄럽게 떠들거나 오만하지 않으며 장수와 복을 엄숙히 구하네.'라고 했습니다. 지금 보정이 감천궁에 도착했는데, 광채가 나고 윤이 나 용이 변화하는 듯하니, 복과 은혜를 이어받는 것이 끝이 없다고 할 수 있습니다. 이것은 중산과 부합하여, 황백색 구름이 있어 내려와 덮고, 짐승과 같이 상서로움을 이루며 폐하께서 큰 활로 화살 네 발을 쏘아 신단 아래에서 고라니를 잡으셨으니, 이 모두가 천지 귀신께 보답하는 성대한 제사가 된 것입니다. 오직 천명을 받은 제왕만이 마음으로 하늘의 뜻을 알아서 하늘의 덕행과 부합할 수 있는 것입니다. 그러니 정은 마땅히 조상의 묘당에 바쳐야 하며, 황제의 궁정에 소중히 감춰 신명의 상서로운 부응에 합치해야 합니다."

천자가 조서를 내려 말했다.

"허락하노라."

바다로 들어가 봉래를 찾던 자들이 봉래가 멀지 않은데도 도달할 수 없는 것은 그 기운을 보지 못해서일 것이라고 했다. 이에 황제는 기운을 잘 보는 술사를 보내 그 기운을 관찰하게 했다.

그해 가을에 천자가 옹현에 행차해 교사를 지내려고 했다. 어떤 사람이 말했다.

"오제란 태일신의 보좌이므로 태일신의 제단을 세워 천자께서 몸소 제사 지내야 합니다."

그러나 천자는 머뭇거리며 결정하지 못했다.

제나라 출신의 공손경公孫卿방사의 이름이 말했다.

"올해 보정을 얻었는데, 올해 동짓달 초하루 신사일은 동지에 해당하니, 이는 황제黃帝가 보정을 얻은 때와 같습니다."

그런데 공손경이 가진 찰서札書글씨가 쓰인 조그마한 나뭇조각에 다음과 같이 적혀 있었다.

황제黃帝가 완구宛朐에서 보정을 얻은 후 귀유구鬼臾區전설에 나오는 황제의 신하에게 이 일에 대해 물었다. 귀유구는 대답하기를 "황제께서 보정과 신책을 얻은 것은, 이해가 기유일음력 11월 초하루 동지이니, 이는 하늘의 벼리를 얻은 것이며, 끝났다가 다시 시작하는 것입니다."라고 했다. 이에 황제가 맞이할 날을 책력으로 계산해 보니, 그 뒤로 스무 해마다 음력 11월 초하루 동지에 해당되었다. 무려 20여 번이나 거듭해 380해 만에 황제는 신선이 되어 하늘로 올라갔다.

공손경이 소충所忠무제의 신하을 통해 이 일을 아뢰려고 했다. 그러나 소충은 그 글이 정도에 어긋난 망령된 글이라고 의심해 사양하면서 말했다.

"보정의 일은 이미 결정된 것인데 오히려 무슨 소용이 있는가!"

공손경은 폐인嬖人천자가 총애하는 사람을 통해 이 일을 아뢰었다. 천자는 매우 기뻐하며 공손경을 불러 물었다. 공손경이 대답했다.

"이 글은 방사 신공申功방사의 이름에게서 받았는데, 신공은 이미 죽었습니다."

천자가 물었다.

"신공은 어떤 사람인가?"

공손경이 대답했다.

"신공은 제나라 사람입니다. 그는 안기생과 통했고, 황제黃帝의 말을 전수받았습니다. 글은 남기지 않았고 오직 이 정에 새긴 글만 있을 뿐이니, 이 글에는 '한나라가 다시 일어난 시기는 황제가 정을 얻은 때에 해당한다. 한나라의 성인은 고조의 손자나 증손자 가운데 있다. 보정이 나타나면 신과 통한 것이므로 봉선을 지내야 한다. 왕 일흔두 명이 봉선했는데 유일하게 황제만이 태산에 올라가 하늘에 제사 지냈다.'라고 쓰여 있습니다. 신공은 말하기를 '한나라의 군주 또한 봉선해야 하며, 봉선하면 신선이 되어 하늘에 오를 수 있을 것이다. 황제 때에는 제후국이 1만 개나 되었는데, 그중 봉선을 거행한 나라가 7000여 개였다. 천하에 명산이 여덟 군데 있는데, 셋은 오랑캐 땅에 있고, 다섯은 중원에 있다. 중원의 화산, 수산首山, 태실산太室山, 태산, 동래산東萊山 등 다섯 산은 황제가 유람하며 신선과 만나던 곳이다. 황제는 한편으로 전쟁을 하면서 한편으로는 신선술을 배웠다. 백성들이 그가 신선술을 배우는 것을 걱정하자 귀신을 비난하는 자들을 참살했다. 이렇게 100여 년이 지난 다음에야 비로소 신선과 소통할 수 있었다. 황제는 옹에서 하늘에 교사를 지내느라 석 달간 머물렀다. 귀유구는 '거대한 기러기'라고 불리다 죽어 옹 땅에 장사 지냈는데, 홍총鴻冢이 곧 그 무덤이다. 그 뒤 황제는 명정明廷에서 수많은 신선들을 만났다. 명정은 (지금의) 감천궁이다. 이른바 한문寒門은 (지금의) 곡구谷口를 말한다. 황제는 수산에서 구리를 캐 형산荊山 아래에서 정을 주조했다. 정이 완성되자 긴 수염 달린 용이 내려와 황제를 맞이했다. 황제가 용 위에 올라타고 나서 신하들과 후궁들 중 따라서 용 위에 오른 자가 일흔 명가량 되자 용이 하늘로 떠나갔다. 지위가 낮은 신하들이 오르지 못하고 남아 있게 되자 모두 용의 수염을 잡아당겼는데 용의 수염이 뽑혀 떨어졌으며 황제의 활도 떨어졌다. 백성들은 황제가 이미 하늘로 올라간 것을 우러러 바라보고는 그 활과 용의 수염을 끌어안고 부르짖었는데, 후세에 이곳을 이름 붙여 정호라 하고, 그 활을 오호烏號라고 불렀다.'라고 합니다."

이에 천자가 말했다.

"아! 내가 진실로 황제 같을 수만 있다면, 해진 짚신을 벗어 던지듯 아내와 자식을 떠나리라!"

그리고는 공손경에게 관직을 주어 낭관으로 삼고 동쪽으로 가서 태실산에서 신선을 기다리게 했다.

천자가 드디어 옹현에서 교사를 지내고 나서 농서에 도착해 서쪽으로 공동산空桐山에 오른 다음 감천궁으로 행차했다. 제사 지내는 관리인 관서 등에게 태일신의 제단을 지으라 명했는데, 제단은 박유기가 말한 태일단의 방식에 따르고, 단의 계단은 3층으로 나누게 했다. 오제의 제단은 태일단 아래에 빙 둘러 각기 오제가 주관하는 방위에 두고, 황제의 제단은 서남쪽에 두었으며, 귀신이 다니는 길을 여덟 방향으로 통하게 했다. 태일단에 사용하는 제물은 옹현의 제터에 올리는 제물과 같게 하고, 더하여 단술, 대추, 말린 고기 따위를 늘어놓았으며 검은 소 한 마리를 죽여 음식 담는 제기에 제물을 담아 놓았다. 그러나 오제의 제사에는 단지 희생과 단술만 바쳤다. 제단 아래 사방의 땅에는 오제를 보좌하는 뭇 신들과 북두칠성의 신위를 늘어놓고 제사를 지냈다. 제사가 끝나면 남은 제물을 모두 태워 버렸다. 제사에 쓰는 소는 흰색으로 하고, 사슴을 소의 배 속에 넣고 사슴 배 속에는 돼지를 넣고 나서 물이 스며들게 했다. 해에 제사 지낼 때는 소를, 달에 제사 지낼 때는 양이나 돼지를 한 마리만 썼다. 태일신에게 제사 지내는 관원은 수가 놓인 자주색 옷을 입었다. 오제에 제사 지낼 때에는 각각 오제에 해당하는 색과 같은 색 옷을 입었고, 해에 제사 지낼 때는 붉은 옷을 입었으며, 달에 제사 지낼 때는 흰옷을 입었다.

11월 신사일 초하루 아침 동짓날에 날이 새려고 먼동이 틀 때 천자가 교외에서 태일신에게 제사 지냈다. 아침에는 해를 향해서, 저녁에는 달을 향해서 손 모으고 절했으며, 태일신에게 제사 지내는 것은 옹현에서 교제를 지내는 법과 같게 했다. 제사 지내며 축원하는 글은 이러했다.

"하늘이 처음으로 보정과 신책을 황제黃帝한테 주고, 초하루 아침이 바뀌면 다시 초하루 아침이 되게 하며, 끝나면 다시 시작하게 하니 황제가 경건히 제사하옵니다."

그리고 의복은 황색을 입었다. 제단에는 횃불을 늘어놓아 신단을 가득 밝히고 제단 옆에는 삶고 불 때는 기구들을 놓았다. 담당 관리가 말했다.

"제단 위에 광채가 있습니다."

그러자 공경 대신이 말했다.

"처음에 황제가 운양궁雲陽宮황제 이래로 하늘에 제사 지내던 곳에서 태일신에게 교사를 지내기 시작할 때, 담당 관리들은 커다란 옥과 다섯 살 난 수소를 제물로 받들어 제사 지내며 바쳤습니다. 그날 밤 아름다운 광채가 나타나 낮까지 계속되었으며, 황색 구름이 하늘까지 이어져 올라갔습니다."

그러자 태사공사마천의 아버지과 제사 관리인 관서 등이 말했다.

"신령이 나타난 아름다운 모습은 복이 내리는 상서로운 조짐이니, 마땅히 이곳 땅의 광채가 난 구역에 태일신의 제단을 세워 하늘의 감응을 증험해야 합니다. 천자께서는 태축에게 가을과 겨울 사이에 제사 지내라고 명령하시고, 세 해마다 한 번씩 몸소 교사를 지내십시오."

이해 가을, 남월을 정벌하기 위해 태일신에게 제사 지내 알렸는데, 그 제사에서는 모형牡荊마편초과에 속하는 낙엽 관목으로 깃대 위에 해, 달, 북두, 비룡을 그려 천일삼성天一三星[46]을 상징하고 태일신에게 제사 지낼 때 제일 앞에 두는 깃발로 삼아 '영기靈旗신령한 깃발'라고 이름 붙였다. 전쟁 때문에 기도드릴 때면 태사가 깃발을 받들어 정벌하려는 나라를 가리켰다.

한편 난대의 사자는 감히 바다로 들어가지 못하고 태산에 가서 제사 지냈다. 천자가 사람을 보내 몰래 따라가서 조사하게 했는데 실제로는 어떤 신선도 보이지 않았다. 그런데도 난대는 자신이 스승을 만났다고 거짓말했고, 그의 방술을 모두 썼는데도 대부분 효험이 없었다. 이에 천자는 마침내 난대를 죽였다.

이해 겨울, 공손경은 하남에서 신선을 찾다가 구지성緱氏城 위에서 신선의 자취를 발견했다. 꿩같이 생긴 신물로, 성 위를 왔다 갔다 하는 것 같았다. 천자가 몸소 구지성으로 행차해 그 자취를 관찰했다. 공손경에게 물었다.

"문성장군과 오리장군을 본받는 것은 아니겠지?"

공손경이 말했다.

"신선은 인간 세상의 군주를 찾아오지 않으므로 인간 세상의 군주가 신선을 찾아야 합니다. 이때 시간을 넉넉히 두지 않는다면 신선은 오지 않을 것입니다. 신선에 대한 일을 말씀드리자면, 이 일은 오활하고 황당한 것 같지만 여러 해가 지나야만 신선을 불러올 수 있습니다."

---

46 전쟁을 주관하여 길흉을 예측한다는 별의 이름이다.

이에 각 군과 제후국은 각자 도로를 정비하고 궁전의 누대와 명산의 신묘를 손보아 고치고 신선이 오기를 바랐다.

그해 남월을 멸망시킨 후, 천자가 총애하는 신하 이연년李延年이 아름다운 음악을 지어 천자를 찾아뵈었다. 황제는 그 음악을 칭찬하고 공경들에게 의논해 말했다.

"민간 제사에도 북을 치고 춤추는 음악이 있는데, 지금 교사를 지내는데 음악이 없으니, 이 어찌 말이 되는가?"

공경들이 말했다.

"옛날 천지에 지내는 제사에도 모두 음악이 있었기에, 신령들이 제사의 예를 받들 수 있었습니다."

어떤 사람이 말했다.

"태제泰帝고대 전설 속의 태호太昊, 즉 복희씨가 소녀素女신녀의 이름로 하여금 쉰 줄짜리 거문고를 타게 했는데, 너무 슬퍼서 태제가 그만두게 할 수밖에 없었기에 그 거문고를 부수고 스물다섯 줄로 만들었던 것입니다."

이에 남월을 평정한 후 태일신과 후토신에게 제사 지낼 때 처음으로 음악과 춤을 사용했고 가수까지 부르니, 스물다섯 줄짜리 거문고와 공후가 이때부터 만들어지기 시작했다.

집권 후기에 들어 황당한 봉선과 구선 의식을 거행한 한 무제

이듬해 겨울, 천자가 의견을 내어 말했다.

"옛날에는 먼저 무기를 거두어들이고 군대를 해산한 후에 봉선을 거행했소."

그리고는 북쪽으로 가서 삭방朔方을 순행하며, 병사 10여만 명을 거느리고 돌아오다가 교산에서 황제의 무덤에 제사 지낸 후 수여須如에서 군대를 해산했다. 천자가 말했다.

"내가 듣건대 황제는 죽지 않았다고 하는데 지금 무덤이 있으니 어찌된 일이오?"

어떤 사람이 대답했다.

"황제께서 이미 신선이 되어 하늘로 올라간 후 신하들이 그 의관을 묻은 것입니다."

천자는 감천궁에 돌아와 장차 태산에서 봉선을 거행하기 위해 먼저 태일신에게 유사類祠를 지냈다.

보정을 얻고 난 뒤 천자는 공경대부 및 유생들과 함께 봉선을 거행하는 일을 상의했다. 봉선은 거행되는 일이 드물어 예법이 끊어진 지 오래되었으므로 그 의례를 아무도 알지 못했다. 이에 유생들은 『상서』, 『주관周官주례周禮』, 「왕제王制」에 있는 '망사望祀'[47]와 '사우射牛'[48]의 일을 봉선에 받아들여 쓰자고 했다. 제나라 사람 정공丁公은 나이가 아흔 살이 넘었는데, 이렇게 말했다.

"봉선은 죽지 않는다는 이름과 들어맞습니다. 진나라 황제는 [태산

---

47 산천을 거닐며 제사 지내는 것을 말한다.
48 고대 제왕이 천지 종묘에 제사 지낼 때, 몸소 화살로 소를 쏘아 잡아서 제물을 준비함으로써 제전의 성대함을 나타내는 의식이다.

에) 오르고도 봉선을 지내지 못했습니다. 폐하께서 반드시 오르시겠다면 조금 더 위쪽으로 올라가셔야 비바람이 없으므로 산 위에서 마침내 봉선을 지낼 수 있을 것입니다."

천자는 이에 유생들에게 사우를 연습하도록 명하고 봉선 의식의 초안을 작성하게 했다. 몇 년이 지나자 장차 봉선을 거행할 때가 다가왔다. 천자는 황제黃帝가 봉선을 거행할 때 신물과 신선을 모두 불러와 교류했다는 말을 공손경과 방사들에게 듣고는 그를 본받아 신선과 봉래의 방사들에게 가까이 다가가고, 세속을 초탈해 구황九皇전설상의 고대 제왕, 천지인 중 인황人皇의 다른 명칭과 덕을 나란히 하고, 또 유가의 도를 널리 택해 화려하게 장식하려 했다. 그러나 유생들은 봉선과 관련된 일을 밝혀낼 수 없었고, 『시경』과 『상서』 같은 옛 글에 얽매여 과감히 의견을 표하지 못했다. 천자가 봉선에 사용하는 그릇들을 유생들에게 보여 주자, 유생 중 어떤 사람은 "옛것과 같지 않습니다."라고 했고, 서언徐偃은 "태상太常⁴⁹의 제자가 거행하는 예식은 노나라 것만큼 좋지 않습니다."라고 했으며, 주패周霸는 집회를 열어 봉선에 대한 일을 논의하려 하니, 이에 천자는 서언과 주패를 쫓아내고 유생들을 모조리 파면한 후 등용하지 않았다.

3월, 동쪽으로 가서 구지현으로 행차했고, 중악中嶽과 태실산에 올라 제례를 올렸다. 수행 관원들이 산 아래에서 "만세!"라고 하는 듯한 소리를 듣고 산에 올라가 물으니 산 위에서는 그런 말을 하지 않았다고 했

---

49 구경 중 하나로 종묘의 제사 의식과 박사를 선발하는 시험을 관장하던 관직이다.

다. 산 아래 내려가 물었더니 산 아래에서도 그런 말을 하지 않았다고 했다. 이에 천자는 300호를 태실산에 봉해 제사를 받들어 모시게 하고, '숭고읍崇高邑'이라 이름 붙였다. 동쪽으로 태산에 올랐는데, 풀과 나뭇잎이 자라나지 않았으므로, 사람에게 명해 비석을 태산 꼭대기에 세우라고 했다.

천자는 동쪽으로 가서 바닷가를 순행하며 팔신八神[50]에게 제사를 거행했다. 제나라 사람이 괴이함이나 기이한 방술에 대해 이야기하는 사람이 만 명이나 되지만 영험한 자는 전혀 없다고 상소했다. 그러자 배를 더욱 늘려 띄워 보낸 후 바다 가운데 신선이 사는 산이 있다고 말하는 자 수천 명에게 봉래의 선인을 찾으라고 명했다. 공손경은 부절을 가지고 먼저 가서 명산에서 신선을 기다리다가 동래東萊에 도착해 밤에 어떤 사람을 보았는데, 키가 수십 척이나 되고 가까이 다가가면 보이지 않아 그 발자국만 매우 크다는 것을 발견했는데 짐승 발자국과 같았다고 했다. 그러자 신하들 중에 어떤 이가, 한 노인이 개를 끌면서 "나는 천자를 만나려 합니다."라고 말하고는 조금 있다가 갑자기 사라졌다고 말했다. 천자는 원래 커다란 발자국을 보고도 믿지 않았으나, 신하들 중 어떤 이가 노인 이야기를 하자 신선이라고 생각하게 되었다. 이에 바닷가에서 머물러 묵으며 방사에게 역참의 수레를 내주고, 틈만 있으면 사자를 보내 신선을 찾으라고 한 것이 수천 명이었다.

4월, 봉고현奉高縣으로 돌아왔다. 천자는 유생들과 방사들이 저마다

---

50 팔방신이라고도 하며, 천天, 지地, 병兵, 음陰, 양陽, 월月, 일日, 사시四時의 신을 말한다.

봉선 의식을 말하지만 사람마다 〔말이〕 다르고, 도에 합당하지도 않아 시행하기 어렵다고 생각했다. 천자는 양보산에 도착해 땅의 신에게 제사를 지냈다. 을묘일, 시중과 유생에게 사슴 가죽으로 만든 갓피변을 쓰고 홀을 꽂은 관복을 입으라고 명하고, 사우 의식을 거행했다. 태산 아래의 동쪽에 봉토를 쌓고 태일신에게 제사 지내는 예의대로 교사를 지냈다. 그 제단은 넓이가 1장 2척이고, 높이는 9척이었으며, 제단 아래 옥첩서玉牒書천자가 하늘에 고하는 제문이 쓰인 문서를 두었는데, 글의 내용은 아무도 알지 못하게 했다. 제사가 끝나자 천자는 홀로 시중侍中 봉거奉車제왕의 거마를 관장하는 관직 곽자후郭子侯와 함께 태산에 올라 봉선을 지냈다. 이 일은 누설을 금했다. 다음 날 천자는 산 북쪽 길로 내려왔다. 병진일, 태산 기슭 동북쪽의 숙연산肅然山에서 제사 지냈는데, 후토에게 제사하는 의식과 똑같이 했다. 천자는 몸소 제사 지내며 지켜보았는데, 옷은 황색을 입고 제사에 전부 음악을 사용했다. 강수와 회수 지역에서 생산되는 잎 하나에 세 가닥으로 된 피로 신의 자리를 만들고, 다섯 색깔 흙을 섞어 제단을 메웠다. 먼 곳에서 보내온 기이한 짐승과 날짐승과 흰 꿩 등 여러 제물을 사용해 특별히 제사 분위기를 더했다. 외뿔소, 모우旄牛물소와 비슷하며 꼬리가 긺, 무소, 코끼리와 같은 동물들은 사용하지 않았다. 모두 태산에 돌아온 뒤 헤어졌다. 봉선 제사를 지내는 그 밤에 불빛 같은 것이 나타났고, 낮에는 흰 구름이 제단 가운데에서 솟아올랐다.

천자가 봉선을 지내고 돌아와 명당明堂에 앉자 신하들이 번갈아 천자께 장수를 기원했다. 이에 천자가 어사에게 명을 내렸다.

"짐은 미천한 몸으로 지극히 존귀한 자리를 이어받아 삼가고 두려워하며 임무를 수행하지 못할까 걱정했다. 짐은 덕이 적고 변변치 않아서 예악에 밝지 못하다. 태일신에게 제사 지낼 때 경사스러운 빛의 형상이 있는 것 같아 짐은 그것을 바라보고 그 기이한 광경에 몹시 놀라서〔제사를〕그만두려 했다. 그러나 감히 그만두지 못하고 결국 태산에 올라 봉선을 지냈으며, 양보산에 도착한 다음에는 숙연에서 땅의 신에게 제사 지냈다. 짐 스스로 새로워져 기꺼이 사대부들과 다시 시작하려 하며, 백성들에게는 100가구당 소 한 마리와 술 열 말을 내리고, 나이 여든 살 된 노인, 고아, 과부들에게는 무명과 명주 두 필씩을 내릴 것이다. 박博, 봉고, 사구蛇丘, 역성歷城에는 요역을 면제하고 올해 조세를 거두지 말도록 하라. 천하에 사면을 내려 을묘년에 내린 사령과 똑같이 하라. 짐이 순행하며 지나간 지역은 더 이상 형벌을 집행하지 않도록 하라. 두 해 이전에 저지른 죄는 재판하지 말라."

또 조서를 내려 말했다.

옛날 천자는 다섯 해에 한 차례씩 순행하면서 감찰할 때 태산에서 제사 지냈는데, 제후들이 조회하러 오면 잠잘 집이 있었다. 제후들은 각자 태산 아래에 관사를 짓도록 명하노라.

천자가 태산에서 봉선을 마친 후에도 비바람의 재앙이 없자, 방사들이 봉래산과 같은 신선들이 사는 산을 찾을 수 있을 것이라고 다시 진언했다. 이에 천자는 기뻐하면서 이번에는 거의 신선을 만날 수 있을 것을 기대하고, 다시 동쪽으로 가서 바닷가에 도착해 멀리 내다보면서 봉래의 신선을 만나기를 바랐다. 그런데 봉거 곽자후가 갑자기 병에 걸려 하루 만에 세상을 떠났다. 이에 천자는 비로소 길을 떠나 바닷가를 따라 북쪽으로 갈석에 도착하고, 요서遼西에서부터 순행해 북쪽 변경을 거쳐 구원에 이르렀다. 5월에 돌아가 감천궁에 도착했다. 관원들이 보정이 출현한 해의 연호는 원정元鼎이라고 하고, 올해는 원봉元封 원년으로 해야 한다고 아뢰었다.

그해 가을, 어떤 별이 동정東井에서 어지럽게 빛났다. 열흘이 지난 뒤 또 어떤 별이 다시 삼능三能에서 어지럽게 빛났다. 망기술사望氣術士인 왕삭王朔이 말했다.

"혼자 관찰했을 때 그 별이 호리병박 모양으로 나타난 것을 발견했는데, 밥 먹는 사이에 다시 들어가 버렸습니다."

담당 관원이 말했다.

"폐하께서 한나라 왕조의 봉선 의식을 창시하시니, 하늘이 덕성德星목성을 나타내 〔폐하의 공적에〕 보답하신 것입니다."

이듬해 겨울, 옹현에서 오제에게 교사를 지내고 돌아와 태일신에게 제사 지내고 축원을 올렸다. 제사를 지내며 고했다.

"덕성이 두루 빛나는데, 그것은 바로 상서로움입니다. 수성壽星남극노인성도 연이어 나타나 매우 밝게 빛났습니다. 신성信星토성도 밝게 나타났으니, 황제는 태축이 제사 지내는 신령들에게 공경을 다해 절하옵니다."

그해 봄, 공손경이 동래산에서 신선을 만났는데 "천자를 만나려 한다."라고 말하는 것 같았다고 고했다. 천자는 이에 구지성으로 행차해 공손경에게 중대부 벼슬을 내렸다. 마침내 동래에 도착해 묵은 지 며칠이 지났는데도 보이는 것은 없고 거인 발자국만 보였다. 이에 다시 방사를 파견해 신기한 물건을 찾고 영지를 캐 오도록 했는데, 그 수가 1000명에 이르렀다. 이해 가뭄이 들었다. 천자가 경도를 떠날 명분이 없자 만리사 萬里沙에서 기도를 올렸고, 도중에 태산에서 제사를 지냈다. 되돌아오다 호자瓠子에 도착해 몸소 가서 터진 하수를 막았다. 이틀을 머물렀는데 제사 용품들을 모두 물속으로 빠뜨리고 떠났다.[51] 구경九卿[52] 중 두 사람 을 보내 병사들을 거느리고 터진 하수를 막고, 하수를 두 수로로 흐르 게 해 우임금이 물을 다스리던 때의 옛 흔적을 되찾았다.

무제가 노년에 더욱 봉선과 신선의 환상에 빠져들다

이때 이미 남월을 멸망시켰는데, 월나라 사람 용지勇之가 말했다.

"월나라 사람은 귀신을 믿는데, 그들이 제사 지낼 때는 모두 귀신을 볼 수 있고 종종 효험이 있습니다. 옛날 동구왕東甌王동해왕東海王을 말함은 귀신을 공경해 수명이 백예순 살이나 되었습니다. 후손들이 귀신을 비방 하고 태만히 했기 때문에 쇠락해 줄어든 것입니다."

이에 남월의 무당으로 하여금 월나라 방식의 사당을 세워 묘대는 설 치하되 제단은 없게 한 후 천신과 상제와 온갖 귀신에게 제사 지내도록 하고 닭 뼈로 점을 치라고 했다. 천자가 이 말을 믿고 월나라 방식의 제

---

51 강의 신에게 제사 지냈다는 뜻이다.
52 한나라의 구경은 봉상奉常, 낭중령郎中令, 위위衛尉, 태복太僕, 정위廷尉, 전객典客, 종정宗正, 치 속내사治粟內史, 소부少府를 가리킨다.

사와 닭 뼈로 치는 점을 쓰기 시작했다.

공손경이 말했다.

"신선을 만날 수 있는데도 천자께서 항상 허둥대며 재촉하므로 만나지 못한 것입니다. 지금 폐하께서 별관을 짓고 구지성에 하신 것같이 건어물과 대추를 차려 놓으면 분명 신선을 오게 할 수 있습니다. 또한 신선들은 누대에 거주하기를 좋아합니다."

이에 황제는 장안에 명해 비렴계관蜚廉桂觀을 짓고 감천에는 익연수관益延壽觀을 지으라 하고는 공손경을 시켜 부절을 갖고 제사 도구를 진열한 후 신선을 기다리게 했다. 통천대通天臺[53]를 짓고 그 아래에 제사 도구를 차려 놓고 신선 같은 이들을 불러오려 했다. 이에 감천궁에 다시 전전을 짓고 궁실들을 확장하기 시작했다. 여름에 영지가 궁전의 방 안에서 자라났다. 천자가 하수를 막고 통천대를 세우니 빛이 나타나는 것 같아 곧 조서를 내려 말했다.

감천궁의 방에서 영지 아홉 포기가 자라났으니, 천하에 사면을 내리고 백성들에게 더는 노역을 시키지 말라.

그 이듬해에 조선을 정벌했다. 여름에 가뭄이 들었다. 공손경이 말했다.

"황제 때 봉선을 지냈는데 천하에 가뭄이 들어 봉토가 세 해 동안 메말라 있었습니다."

---

53 공손경의 말을 들은 무제는 감천궁에 50장 높이로 통천대를 세웠다.

천자는 곧 조서를 내려 말했다.

천하에 가뭄이 들었다는 것은 봉지가 메마르다는 의미인가? 그렇다면 천하에 명하노니 영성靈星[54]을 받들어 제사 지내도록 하라.

그 이듬해, 천자는 옹현에서 교사를 지낸 후, 회중의 길을 거쳐 순행했다. 봄에 명택鳴澤에 도착해 서하로부터 돌아왔다.

그 이듬해 겨울, 천자는 남군을 순행하고 강릉에 도착해 동쪽으로 갔다. 잠현潛縣의 천주산天柱山에 올라 제사 지내고, 이를 '남악南嶽'이라 불렀다. 강에 배를 띄워 심양尋陽에서 종양樅陽으로 가다가 팽려를 지나면서 유명한 산과 하천에 제사 지냈다. 북쪽으로 가서 낭야에 도착한 후에는 바닷가를 따라 순행했다.

〔그 이듬해〕 4월 중순, 봉고현에 도착해 봉선을 거행했다. 옛날 천자가 태산에서 봉선을 거행할 때 태산 동북쪽 산기슭에 옛날에 명당을 지었던 곳이 있었는데, 험준한 데다 앞이 탁 트이지가 않았다. 천자는 봉고현 근처에 명당을 짓고 싶었지만 그 제도規模와 형식를 알지 못했다. 그런데 제남 사람 공옥대公玉帶가 황제 때 지었던 명당의 설계도를 바쳤다. 명당의 설계도에 따르면, 전당이 한 채 있는데 사방에는 벽이 없고 띠로 지붕을 덮었으며 물을 통하게 했고, 궁궐 담을 둘러 복도複道[55]

---

54 별 이름으로 천전성이라고도 부른다. 옛사람들은 이 별이 농사를 주관한다고 여겼다.
55 상하 이중으로 된 길로 윗길은 천자가 다니고, 아랫길은 백성들이 다녔다. 이중의 낭하를 가리키기도 한다.

를 만들었으며 위에는 누각이 있었고, 〔전당은〕 서남쪽으로 들어갔으며, 이듬해 〔이 길을〕 '곤륜도昆侖道'라 불렀다. 〔옛〕 천자는 이 길을 따라 전당에 들어가서 상제에게 제사를 올렸다. 이에 천자는 봉고현 문수汶水 가에 명당을 짓되 공옥대의 설계도대로 하라고 명했다. 다섯 해 뒤에 봉선을 거행할 때 명당 윗자리에서 태일신과 오제에게 제사 지내고, 고황제의 위패는 반대편에 자리하게 했다. 아랫방에서는 태뢰 스무 마리로 후토께 제사 지냈다. 천자는 곤륜도를 따라 들어가서 교사 지내는 예의와 같이 명당에서 제사 지내기 시작했다. 제사가 끝나고 다시 당 아래에서 땔나무를 태워 제사를 지냈다. 그런 후 천자는 다시 태산에 올라가서 그 정상에서 비밀스러운 방법으로 제사를 지냈다. 태산 아래에서 오제에게 제사 지낼 때 각자 그들과 같은 색에 해당하는 방위에서 제사 지내되, 황제黃帝와 적제赤帝는 같은 방위에서 하고, 담당 관원들이 받들어 제사 지냈다. 제사 지낼 때 태산 위에서 횃불을 들면, 산 아래에서도 모두 그에 호응했다.

두 해 뒤 11월 초하루 갑자일 아침 동지에 역법을 추산하는 사람이 이날을 본통本統역법 주기의 바른 기점으로 여겼다. 천자는 몸소 행차해 태산에 도착해 11월 갑자 초하루 아침 동짓날에 명당에서 하늘에 제사 지냈다. 그런데 봉선은 거행하지 않았다. 제사 음식을 올리며 축원하면서 말했다.

"하늘이 황제에게 태원泰元의 호칭과 신령한 풀을 내려 〔한〕 주기를 돌고 나면 다시 시작하겠습니다. 황제는 태일신에게 공경스럽게 절을 올립니다."

동쪽으로 가서 바다에 도착한 후, 바다에 들어가 방사들과 신선을 찾는 사람들을 조사하니 증험을 얻은 사람이 없었는데도, 인원을 늘려 파견하면서 신선을 만나기를 바랐다.

11월 을유일, 백량대柏梁臺에 큰불이 났다.

12월 초하루 갑오일, 천자는 몸소 고리산高里山에서 봉선을 지내고, 후토에게 제사 지냈다. 발해에 가서 봉래와 같은 신선들 산에 섶을 태우며 멀리 산천의 신에게 제사 지내고, 신선이 사는 곳에 도착할 수 있기를 바랐다. 백량대에 큰불이 난 까닭에 천자는 돌아와 감천궁에서 조회하며 회계 보고를 받았다. 공손경이 말했다.

"황제黃帝가 청령대靑靈臺를 지은 지 열이틀 만에 불타니, 이에 황제는 명정明庭을 지었습니다. 명정이 바로 감천궁입니다."

방사들도 대부분 옛 제왕들 가운데 감천에 도읍한 사람이 있었다고 진언했다. 그 뒤 천자는 다시 감천궁에서 제후들의 조회를 받고 감천에 제후의 저택을 지었다. 그러자 용지가 말했다.

"월나라 땅의 습속에 따르면, 큰불이 나서 다시 집을 지을 때는 이전보다 크게 지어 집 크기로 재앙을 누릅니다."

이에 건장궁建章宮을 지었는데, 규모는 대단히 많은 문호門戶였다. 전전의 크기가 미앙궁보다 높았다. 그 동쪽에는 봉궐鳳闕이 있었는데 높이가 20장을 넘었다. 그 서쪽에는 당중지唐中池가 있었는데, 거기에 둘레가 몇십 리나 되는 호권虎圈호랑이를 기르는 곳이 있었다. 그 북쪽에는 커다란 못을 만들고 못 가운데 점대漸臺를 세웠는데 높이가 20여 장이었다. 못이름은 태액지泰液池라 불렀다. 못 가운데 봉래, 방장方丈, 영주瀛洲, 호량壺梁을 만들었는데, 바닷속에 있는 신선, 거북, 물고기 따위를 상징했다. 그 남쪽에는 옥당궁玉堂宮, 벽문璧門궁문의 이름, 신조神鳥 따위의 조각상이 있었다. 또 신명대神明臺와 정간루井幹樓를 세웠는데, 높이가 50장이 넘고, 천자의 수레가 다니는 구름다리[56]가 연결되어 있었다.

여름, 한나라 왕조는 역법을 바꾸어 음력 정월을 한 해의 첫 달로 삼고, 색은 황색을 숭상하며, 관원의 도장을 다섯 글자로 바꾼 후 이해를 태초 원년으로 했다. 이해 서쪽으로 가서 대완大宛을 정벌했다. 명충 떼가 크게 일어났다. 정 부인丁夫人과 낙양 사람 우초虞初 등이 방술을 이용해 흉노와 대완을 저주하는 제사를 지냈다.

그 이듬해, 담당 관원들은 옹현의 오치에 익힌 태뢰도 갖추지 않고 향기 나는 제물도 준비하지 않았다고 아뢰었다. 그러자 제사 담당 관원에게 삶은 새끼 송아지를 갖추어 제터에 바치고, 〔털 색깔을〕 오색의 원칙에 따라 신령이 먹을 수 있게 하며, 망아지를 나무 말로 바꾸도록 명했다. 오제의 제사에는 망아지를 썼으며 천자가 행차하는 교사에도 망아지를 썼다. 유명한 산과 하천에 망아지를 쓰는 제사는 모두 나무 말로 바꿨다. 천자가 순행하면서 직접 제사 지낼 때에야 비로소 망아지를 썼다. 다른 예식은 원래와 똑같게 했다.

그다음 해, 천자는 동쪽으로 순행하러 가서 신선 같은 이를 불러오는 모든 일을 탐구해 보았으나 어떠한 조짐도 없었다. 어떤 방사가 아뢰었다.

"황제 때에는 다섯 성과 열두 누각을 짓고 집기執期에서 신선을 기다렸는데, 그 누대에 이름을 붙여 영년迎年이라 했습니다."

천자는 그가 건의한 방식대로 지으라고 한 후 '명년明年'이라는 이름

을 붙였다. 천자가 직접 이로써 하늘에 제사 지냈고, 의복은 황색을 숭상했다.

〔그러자〕 공옥대가 말했다.

"황제 때에는 태산에서 봉선을 지냈으나 풍후, 봉거封鉅, 기백岐伯은 황제로 하여금 동태산에서 봉선을 지내고 범산凡山산 이름으로 환산礼山의 오기임. 동쪽 태산과 근접함에서 지신에게 제사 지내게 해 신령이 내려 주신 부절과 맞아야 죽지 않게 되었습니다."

이에 천자는 제사를 준비하라고 명을 내리고 동태산에 도착했다. 그러나 동태산이 낮고 작아 산의 명성에 걸맞지 않았으므로 제사 지내는 관원에게 제사는 지내되 봉선은 거행하지 말라고 명했다. 그 후 공옥대에게 제사를 받들어 지내며 신선을 기다리라고 했다.

여름, 천자가 드디어 태산으로 돌아와 다섯 해에 한 번씩 거행하는 봉선을 이전처럼 행한 후, 더 나아가 석려산石閭山에서 땅의 신에게 제사 지냈다. 석려산은 태산 기슭 남쪽에 있는데, 방사들 대부분이 이곳이 신선의 마을이라고 말했기 때문에 천자가 몸소 땅의 신에게 제사 지낸 것이다.

5년 뒤에 천자는 다시 태산에 도착해서 봉선을 거행하고 돌아가는 길에 상산에서 제사 지냈다.

지금 천자가 창시한 제사는 태일사泰一祠와 후토사后土祠로 세 해마다 황제가 직접 교사를 지냈고, 한나라 왕조가 창시한 봉선은 다섯 해에 한 번씩 제사를 거행했다. 박유기의 건의로 세운 태일泰一, 삼일三一, 명양冥羊, 마행馬行, 적성赤星 등 다섯 신사는 제사를 담당하는 관리가 해마다 때맞춰 제사를 잘 지냈다. 이상 여섯 군데 제사는 모두 태축이 주관했다. 여덟 신과 같은 여러 신들, 명년, 범산과 같은 기타 유명한 산의 제사에 관해서는 천자가 순행하다가 들를 때 제사 지내고, 떠나면 제사를 그쳤다. 방사들이 창시한 제사는 각자 주관했고, 창시한 사람이 죽으면 끝나는 것일 뿐, 제사 지내는 관리가 주재하지 않았다. 그 밖의 제사는 이전과 같았다. 천자가 지내기 시작한 봉선은 그 뒤 열두 해를 되돌아보면, 오악과 사독에서도 두루 제사 지내게 되었다. 방사들은 신선에게 제사 지내며 바다로 들어가서 봉래를 찾아보았지만 결국 효험이 없었다. 또한 공손경은 신선을 기다리며 거인 발자국을 신선이라고 해명했지만 아무 효험도 없었다. 천자는 나날이 방사들의 기괴하고 빙빙 돌리는 말에 싫증과 권태를 느꼈으나, 끝내 얽매고 속박되어 끊지 못했으니, 이는 천자가 진심으로 신선을 만나길 기대해서였다. 이후부터 방사들 중 신선을 말하는 자가 더욱 많아졌지만, 그 효험이 또한 어땠을지는 눈에 보이는 듯하다.

태사공은 말한다.

나는 천자를 쫓아 순행하며 천지의 여러 신과 이름난 산과 하천에 제사를 지냈고 봉선도 거행했다. 수궁에 들어와서는 제사에 올리는 축사를 듣고 방사와 제사 담당 관리들의 말을 자세히 탐구한 후 물러 나와 옛날 이래 귀신에게 제사 지내는 일에 대해 순서대로 서술함으로써, 제사의 겉과 속을 모두 다 밝혀 놓았다. 뒷날의 군자는 이 글을 통해 고찰할 수 있을 것이다. 조두組豆제사 음식을 담는 그릇와 규폐珪幣제사용 옥 및 명주의 세세함이나 헌수獻酬제사 지낼 때 술잔을 주고받음의 예법에 관해서는 유사有司담당 관리가 보존하고 있다.

7

하거서
河渠書

이 편은 중국 고대의 역대 수리 사업에 대해 서술하면서 치수의 상황 및 한 무제 때의 수리와 수해의 상황을 다루고 있다. 사마천은 "하천을 소통시켜 구주를 안정시킨"「태사공자서」 우임금의 치수에서 시작하여 우임금으로 끝맺는다. 이는 물을 잘 다스린 최초의 위대한 황제인 우임금의 공적에 대한 찬사인데, 사마천은 조운漕運과 관개灌漑라는 국가사업이 바로 민생과 직결된 중대한 사업임을 밝히는 데 이 편의 주안점을 두었다.

운하를 개척하고 물길을 내는 것은 이미 춘추 말기에 오나라 왕 부차가 시도하였고 그이후에 서문표西門豹, 이빙李氷, 정국鄭國 등과 같은 사람들이 적극적으로 이 사업을 전개하였으며 무제에 이르러 대대적인 수로와 운하 건설 작업이 이루어졌다. 한 무제는 수로 사업에도 적극적이었는데, 그는 정당시鄭當時[1]가 양곡 운반 시간 단축 명분을 내세워 장안으로부터 운하를 파 위수의 물을 남산南山을 따라 동쪽으로 흐르게 하자고 주장하자, 이를 받아들여 수만 명의 인부를 징발하여 3년의 공사 기간을 거쳐 완성하였다. 아울러 하동 태수河東太守 파계播係의 건의로 분수汾水의 물을 피지皮氏와 분음汾陰 일대로 흘러가게 하고, 황하下水의 물을 포관蒲坂 일대로 흘러가게 했으며, 500여 리에 이르는 포야도褒斜道를 만들었다. 이 수리 사업에도 수만 명의 백성들이 동원

---

1 항적의 장군이었던 정군鄭君의 후손으로 협객을 자처하다가 효경제 때 황태자의 사인이 되었다. 그는 대인 관계가 좋았으며 늘 연회를 베풀어 주변 사람을 초대했고 황로 학설을 좋아했다. 효무제 때에는 제후국의 재상이 되었다가 한나라의 구경의 반열에 올라 우내사가 되었다.

되었고 막대한 재정 지출을 초래하였다. 그런 와중에서 재원 마련을 위해 죄인으로부터 돈을 받고 죄를 면제해 주기도 했으나 큰 도움은 되지 않았다.

그럼에도 사마천은, 무제의 오랑캐 정벌 정책, 평준과 균수에 관한 문제, 봉선과 구선求仙 의식 등에 대하여서 비판적이거나 상당히 부정적인 태도를 취한 것과는 대조적으로, 수리 사업에 대해서는 비교적 좋은 평가를 하고 있다.

이 편의 제목을 「하거서」라고 한 것은 주로 그 내용이 황하를 다스리는 문제로 집약되기 때문이다. 그러나 2000여 년이 지난 오늘의 황하는 점점 고갈되면서 그 자리를 장강에게 서서히 물려주고 있다.

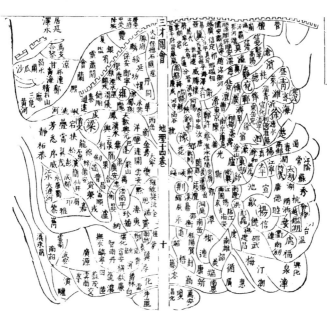

우임금의 행적을 그린 「우적도禹迹圖」

진 대 이전의 수해와 치수의 역사 그리고 정국거의 유래

하서夏書[2]에서 말한다.

"우禹는 홍수를 13년간 다스리느라 〔자기〕 집 앞을 지나면서도 문〔안〕으로 들어가지 않았다. 육로를 다닐 때에는 수레를 타고, 수로를 다닐 때에는 배를 탔으며, 진흙 길을 다닐 때에는 취橇[3]를 탔고, 산길을 다닐 때에는 교자橋子를 탔다. 〔그는 천하를〕 구주九州[4]로 나누었고, 산의 형세에 따라 하천에 물길을 내고 토질에 따라 공물을 정했다. 구주로 통하는 도로를 소통시키고, 구주의 연못에 제방을 쌓았으며, 구주의 산을 측량했다.

그러나 하수가 자주 넘쳐 재해가 중국中國[5]에 대단히 심각한 피해를 끼쳤으므로 오직 이 문제에만 힘썼다. 따라서 하수에 물길을 내었는데

---

2 하 왕조에 관한 서적, 즉 『상서尚書』 가운데 「우공禹貢」, 「감서甘誓」 등의 편을 말한다. 여기에는 하 왕조의 역사에 관한 내용이 실려 있으며, 특히 우임금이 치수한 사적에 관하여 자세히 나타나 있다. 그러나 이하에 인용된 내용은 하서夏書의 내용과 완전히 일치하지는 않는다.

3 진흙 위를 걸어갈 때 쓰는 도구. '교'라고도 읽는다. 바닥이 눈썰매처럼 생겼다.

4 『상서』「우공」 편에 의하면 구체적으로 기주冀州, 윤주沇州, 청주青州, 서주徐州, 양주揚州, 형주荊州, 여주予州, 양주梁州, 옹주를 말한다. 요·순·우 때는 기冀·연兗·청青·서徐·형荊·양揚·예豫·양梁·옹雍으로, 은나라 때는 기冀·연兗·옹雍·양揚·형荊·연兗·서徐·유幽·영營으로, 주나라 때는 양揚·형荊·예豫·청青·연兗·옹雍·유幽·기冀·병并으로 구분되었다. 덧붙이면 '주州'는 '주洲'와 통하며 본래 의미는 물속의 육지, 즉 삼각주를 가리킨다.

5 '중원中原', '중하中夏', '중주中州', '중토中土', '제하諸夏' 등의 용어와 같은 의미인데, 화하족이 거주하는 황하의 중하류 지역으로 '중원'으로 번역하면 무난하다.

적석산積石山[6]으로부터 용문산龍門山[7]을 거쳐 남쪽으로 화음華陰화산華山의 북쪽까지 이르렀으며, 동쪽으로는 지주산砥柱山삼문산三門山이라고도 함으로 내려와 맹진孟津황하의 나루터 중 하나과 낙예雒汭[8]에 이르렀다가 대비산大邳山에 이르렀다. 이에 우임금은 하수가 높은 지대로부터 흘러내려 물살이 급하고 세기 때문에 평지로 흘러가기 어려워 자주 다스리는 것이 실패하게 되었다고 생각하여 하수의 물줄기를 둘로 나누어 물살을 끌어당기려 했다. 그래서 〔하수의 물줄기를〕 북쪽 높은 지역으로 흐르게 하여 강수降水[9]를 지나 대륙택大陸澤옛 늪지대의 이름에 이르게 하고, 아홉 개의 강줄기로 나누고, 다시 합류시켜 역하逆河[10]를 만들어 발해로 들어가게 했다. 구주의 하천들이 모두 소통되고 구주 못의 제방이 모두 쌓이자, 중원이 편안해지고 공적은 삼대까지 미쳤다."

이때 이후 형양滎陽에서는 〔사람들이〕 하수의 물을 동남쪽으로 끌어들여 홍구鴻溝옛 운하 이름를 만들고는 송宋나라, 정鄭나라, 진陳나라, 채蔡나라, 조曹나라 및 위衛나라와 통하게 하고, 제수, 여수, 회수 및 사수와 합류하게 했다. 초나라에서는 서쪽으로 한수와 운몽雲夢[11]의 교외를 통하게 하는 큰 수로를 연결시키고, 동쪽으로 강수江水장강長江와 회수淮水[12]

---

6 지금의 청해성靑海省 남쪽에 있는 산으로 황하가 이곳을 거쳐 흐른다.

7 전설에 의하면 우가 황하의 물을 여기에서부터 다스렸다고 한다.

8 낙구洛口라고도 하는데 낙수가 옛 황하로 흘러 들어가는 곳이다.

9 강수와 장수를 합쳐 일컫는 말이다.

10 황하가 아홉 지류로 나뉘었다가 다시 하나로 합쳐진 곳을 가리키는 말이다.

11 여기서는 한수와 운몽택 사이에 있는 교야郊野를 두루 일컫는 말이다.

12 초나라를 흐르는 강으로, 그 북쪽 지역은 제나라와 맞닿아 있는 정치적 요충지였다.

사이를 관통하는 운하를 만들었다. 오吳나라에서는 삼강三江[13]과 오호五湖[14]를 연결하는 큰 수로를 건설했고, 제나라에서는 치수淄水와 제수濟水 사이를 연결했으며, 촉에서는 촉군의 태수 이빙李氷전국 시대의 수리 전문가이 이대離碓[15]를 뚫어 말수沫水의 수해를 없앴으며, 두 강을 뚫어 성도의 사이로 흐르게 했다. 이 수로들은 모두 배를 다니게 할 수 있었으며, 남아도는 물은 관개에도 이용되었으므로 백성들이 그 이익을 누릴 수가 있었다. 〔이 수로들이〕 지나가는 곳에서는 수로의 물을 끌어 관개용의 작은 농수로를 만드는 일이 종종 많아져 그 수는 억만을 헤아렸으니 아무도 그 숫자를 정확히 셀 수 없을 정도였다. 서문표西門豹전국 시대 위나라 문후 때 업鄴의 현령가 장수漳水의 물을 끌어와 업 땅에 관개함으로써 위나라의 하내 지역을 풍요롭게 했다.[16]

한韓나라는 진秦나라가 사업 일으키기를 좋아한다는 걸 듣고 진나라가 일에 지치게 하여 동쪽의 자신들을 정벌하지 못하게 하려고, 곧 수공水工전국 시대 말기의 수리 전문가 정국鄭國을 간첩으로 보내 진나라에 유세하여,[17] 〔진나라로〕 하여금 경수를 뚫어 중산中山[18] 서쪽으로부터 호구瓠口에 이르는 수로를 만들고, 북산北山을 따라 동쪽을 향해 낙하로 흘러드는 300여 리를 흐르게 하고 농지에 관개하고자 했다. 〔그러나〕 공사 중간에 일을 꾸민 것이 발각되어 진나라는 정국을 죽이려고 했다. 정국

---

13 이에 대한 설이 분분하나, 장강 하류의 여러 수로를 두루 가리키는 의미로 보면 된다.

14 태호 유역 일대 뭇 호수들의 총칭이다.

15 이퇴離堆라고도 한다. 말수로 인해 수해가 자주 발생하던 곳이다.

16 사마천은 「골계 열전滑稽列傳」에서 서문표가 이 공으로 업현의 현령이 되어 천하에 명성을 알리고 은택을 후세에 전하게 되었다고 기록했다.

이 이렇게 말했다.

"처음에 신이 첩자가 되었으나 수로가 이루어지면 진나라에도 이롭습니다."

진나라 왕은 그 말이 옳다고 여겨 마침내 그에게 수로를 완공케 했다. 수로가 완성된 후 진흙을 머금은 물이 흘러와 염분 많은 관중關中의 토지 4만여 경頃에 물을 대 1무畝당 1종鍾[19]의 수확을 거두었다. 그래서 관중은 기름진 들녘이 되어 흉년이 없어졌으며 진나라는 부강해지고 마침내 각 제후국을 병합하였으니 [이 수로를] '정국거鄭國渠'라고 이름 붙였다.

운하를 파다가 용의 뼈를 발견한 이야기

한漢 왕조가 건국된 지 39년이 되던 효문제孝文帝 때 하수가 [범람하

─────────

17 정국은 한韓나라 사람으로서 진秦나라의 침략을 미리 막기 위해 진나라로 들어와 운하 건설을 강력히 건의했다. 운하 건설로 대규모의 인력과 비용을 소모시켜 동쪽 정벌을 포기하게 하려는 목적이었다. 사마천은 「이사 열전」에서 이 상황을 이렇게 말했다. "때마침 한나라의 정국鄭國이라는 사람이 와서 진나라를 교란시키기 위해 논밭에 물을 대는 운하를 만들려고 했다. 이 음모가 발각되자 진나라 왕족과 대신이 모두 진왕에게 이렇게 말했다. '제후의 나라에서 와서 진나라를 섬기는 자들은 대체로 자기 나라의 군주를 위하여 유세하여 진나라 군주와 신하 사이를 이간시킬 뿐입니다. 청컨대 빈객을 모두 내쫓으십시오.'"

18 전국 시대 나라 이름. 후에 조趙나라 무령왕武靈王에게 멸망했으며, 한漢나라 경제景帝가 다시 중산국中山國을 설치했다.

19 1무畝는 약 200평이고 1경은 100무로 약 2만 평이다. 종鍾은 부피의 단위이며 1종은 6석石 4두斗이다.

여〕 산조酸棗에서 둑이 터지고 동쪽의 금제金提가 무너지니, 이에 동군에서는 대대적으로 사졸士卒들을 징발하여 제방을 막았다.

그 후 40여 년이 지나 지금의 천자 원광元光 연간에 하수가 호자瓠子에서 둑이 터져 동남쪽 거야택鉅野澤으로 흘러 회수와 사수로 통해 버렸다. 그래서 천자는 급암汲黯[20]과 정당시鄭當時[21]를 파견하여 인부들을 동원하여 그곳을 막게 했지만, 얼마 후에 다시 무너져 내렸다. 이때 무안후武安侯 전분田蚡[22]이 승상으로 있었는데, 그의 식읍이 유현에 있었다. 유현은 하수 북쪽에 있었는데, 하수가 터져 남쪽으로 밀려오자 유현은 수해가 없어지고, 그의 식읍은 수확이 많아졌다. 전분이 황상에게 아뢰었다.

"하천의 둑이 무너지는 것은 모두 하늘의 뜻입니다. 따라서 인력을 동원하여 이를 억지로 막기란 쉬운 일이 아니며, 그것을 막더라도 반드시 하늘의 뜻에 합치되는 것은 아닙니다."

구름을 바라보고 숫자를 사용하는 점술가도 또한 이렇게 생각했다. 이에 천자는 오랫동안 생각하다가 더는 막는 일을 하지 않았다.

이때무제 원광 6년, 기원전 129년 정당시는 대농大農[23]의 자리에 있었는데, 그가 〔황상에게〕 아뢰었다.

---

20 전한 복양 출신으로, 무제 때 동해군의 태수를 역임했고, 도위에 올랐다.
21 전한 때 진현의 출신으로, 무제 때 구경을 역임했는데, 자세한 것은 「급·정 열전汲鄭列傳」에 나와 있다.
22 전한의 장릉 출신으로, 경제의 황후의 같은 배에서 태어난 아우로서 무제 때 무안후에 책봉되었고, 일찍이 태위와 승상에 임명되어 교만하게 행세했다.
23 구경의 하나로 조세와 염철 등을 관장한다. 무제 태초 원년기원전 104년에 대사농으로 이름을 바꿨다.

"이전에 관동關東에서 곡식을 운송할 때에는 위하를 따라 상류로 운송되었기 때문에 여섯 달이나 걸려서야 운반되었으며 수로가 900여 리나 되었으니, 때때로 어려운 점도 있었습니다. 만일 위하의 물을 끌어 장안으로부터 시작하여 남산을 따라 내려가 하수에 이르는 300여 리가 되게 한다면 지름길이라 운반하기가 쉬워 운반하는 데 석 달이면 될 것이라고 생각합니다. 또 운하 주변의 민전 1만여 경에도 물을 댈 수가 있을 것입니다. 이렇게 되면 운송하는 데 소요되는 시간을 절약하고 인력을 줄일 수 있으며, 관중의 땅을 더욱 비옥하게 하여 곡식을 얻을 수 있습니다."

천자는 이 말이 옳다고 생각하여 즉시 제나라 출신 수공 서백徐伯[24]에게 측량하게 하고 사졸 수만 명을 징집하여 운하를 파게 하여 3년 만에 개통시켰다. 개통되고 나서 운반하니 대단히 편리했다. 그 후 운반하는 양이 점점 더 많아지고, 수로 주변의 백성들도 이를 이용하여 농지에 물을 댈 수 있게 되었다.

그 후 하동 태수 파계番係하동 태수를 지냈던 사람으로 '번계'라고도 읽음가 건의했다.

"수로는 산동으로부터 서쪽에 이르며 [곡식이] 매년 100여만 석[25]인데, 지주산砥柱山의 험준한 곳을 거치므로 손실이 매우 클 뿐만 아니라 비용도 많이 듭니다. 만일 수로를 파서 분수의 물을 끌어 피지皮氏현 이름와 분음 아래의 땅에 물을 대고 하수의 물을 끌어 분음과 포판蒲坂

24 전한 제군齊郡 사람으로, 당시의 수리 전문가이다.

25 1석石은 10두斗이다.

아래의 땅 일대에 물을 댄다면 5000경의 농경지를 얻을 수 있을 것으로 사료됩니다. 5000경의 땅은 지난날 하수 가에 버려진 땅으로 백성들은 그곳에서 방목만 했을 뿐인데, 이제 그곳에 물을 대면 곡식을 200만 석 이상 얻을 수 있을 것으로 사료됩니다. 그 곡식이 위하로부터 운반된다면, [그 길이] 관중에서 운반되는 것과 다를 바 없으며 지주산 동쪽의 곡식도 더는 운반해 올 필요가 없게 됩니다."

천자는 옳다고 생각하고는 사졸 수만 명을 징발하여 수로와 농경지를 만들었다. 몇 년 뒤 하수의 물길이 바뀌어 수로는 더 이상 이점이 없어졌고, 경작하는 사람들은 뿌린 씨앗도 거두지 못하게 되었다. 오랜 시간이 흘러 하동의 운하와 경작지가 황폐화되자 월인越人들에게 주어 소부少府구경의 하나. 각지 산해지택의 세금 및 황실의 경비를 관장로 하여금 약간의 조세를 거두어들이도록 했다.

그 후 어떤 사람이 상소를 올려 포야도襃斜道옛 도로 이름[26]를 개통시키고 운하를 파는 일을 진행해야 한다고 하여 [천자는] 어사대부御史大夫진·한 때 승상 다음가는 중앙 정부의 최고 장관 장탕張湯[27]에게 넘겨 처리하도록 했다. [장탕이] 이 사안에 대하여 아뢰었다.

"촉군에 가려면 고도故道[28]로부터 가야 되는데, 고도는 산비탈이 많고 멀리 돌아가야 합니다. 지금 포야도를 뚫으면 산비탈도 적어지고 400리

---

26 한나라 이후, 장기간 진령秦嶺의 남북을 왕래하는 중요한 길 가운데 하나였다.
27 일찍이 은폐와 오주전의 주조를 건의했고 염철의 관영을 지지하여 고민령을 제정함으로써 대상들에게 타격을 주었다.
28 진창도陳倉道라고도 불리며 진령의 남북을 이어 주는 안전한 길이었다.

나 가까워지게 됩니다. 그리고 포수는 면수와 통하게 하고 야수는 위수와 통하게 하면 모두 배를 띄워 운하로 삼을 수 있습니다. 운반할 때 남양에서 출발하여 면수沔水²⁹를 거슬러 올라가 포수로 들어가서는, 포수의 끝에서 야수까지 그사이 100여 리는 수레로 바꾸어 운반하고, 야수로부터 위수로 내려가야 합니다. 만일 이렇게 한다면, 한중의 곡식을 [수도까지] 운반할 수 있으며, 산동에서도 면수를 통하여 막힘없이 소통되어 지주산의 운하보다 편리합니다. 또한 포수와 야수 유역에서 목재와 죽전竹箭도 풍부하여 파촉에 비해 많습니다."

천자는 그의 말이 옳다고 생각하여 장탕의 아들 장앙張卬을 한중의 태수에 임명하고 수만 명을 징발하여 포야도 500리를 개통하게 했다. 이 도로는 과연 편리하고도 가까웠으나 물살도 세고 돌도 많아 운반할 수 없었다.

그 후 장웅비莊熊羆가 아뢰었다.

"임진臨晉의 백성들은 낙수洛水³⁰를 뚫어 예전부터 염분이 많았던 중천 동쪽의 1만여 경의 땅에 물을 대기를 원하고 있습니다. 진실로 그 물만 얻을 수 있다면 1무당 10석을 거둘 수 있습니다."

이에 [천자는] 인부 1만여 명을 징발하여 수로를 뚫었으니 정현征縣으로부터 낙수를 끌어 상안산商顔山 아래에 이르는 것이었다. 그러나 강언덕이 잘 무너져 내려 우물을 팠는데 깊이가 40여 장이나 되었다. 이렇게 우물을 파니 우물이 땅 밑으로 통하여 하나의 물 흐름을 만들어 내

---

29 본래는 한수의 상류를 가리켰는데 이후에는 한수를 면수沔水라고 말했다.

30 진령에서 발원하여 동남쪽으로 흘러 황하로 흘러가는 강의 이름이다.

었다. 물은 땅속을 흘러 상안을 지나 동쪽으로 산 고개로부터 10여 리쯤 되는 곳까지 이르렀다. 우물 개천은 이때부터 생겨난 것이다. 이 우물을 파다가 용의 뼈를 얻었으므로 '용수거龍水渠'라고 이름 붙였다. 그것을 만든 지 10여 년 만에 수로는 꽤 개통되었으나 여전히 풍성한 수확은 얻지 못했다.

하수가 호자瓠子로부터 터진 뒤 20여 년이 되었는데, 이 때문에 풍년이 들지 못했으며 양梁과 초楚 지방의 땅은 더욱더 심했다. 천자가 봉선의식을 거행하고 산과 하천을 순행하였으나 그 이듬해 가뭄이 들어[31] 흙으로 만든 제단에도 비가 조금밖에 내리지 않았다. 천자는 즉시 급인汲仁[32]과 곽창郭昌[33]을 보내어 인부 수만 명을 징발하여 호자의 터진 둑을 막게 했다. 이때 천자는 만리사萬里沙에 제사를 올린 후 [수도로] 돌아오는 길에 몸소 하수의 터진 곳에 가서 백마白馬와 옥벽玉璧을 하수의 신에게 바쳤다.[34] 그리고는 수행 관원과 장군 이하 사람들 모두 나무를 지고 하수의 터진 둑을 메우도록 했다. 당시 동류군東流郡은 풀이 다 탔으므로 땔나무가 부족하여 기원淇園[35]의 대나무를 운반해 와서 터진 곳에 말뚝으로 삼았다.

천자는 하수의 터진 곳에 들렀다가 공사가 성과를 내지 못하는 것을

---

31 당시 믿음에 의하면, 봉선을 거행할 때 흙으로 쌓아 놓은 제단이 마르는 것은 한발이 든다는 징조였다.
32 급암의 아우이다. 급암이 죽은 뒤 무제는 그를 등용하여 벼슬이 구경에까지 이르게 했다.
33 발호장군拔胡將軍이 되어 흉노의 변방 침입에 대비한 사람이다.
34 백마와 옥벽을 던져 넣는 것은 수신에게 제사를 지내는 의식이었다.
35 옛날에 대나무 산지로 유명했던 지역이다.

비통하게 여겨 다음과 같은 시가「호자가瓠子歌」를 지었다.[36]

호자瓠子가 터졌으니 장차 어찌해야 하나?

물살이 너무나 세서 마을이 하수河水로 변했구나!

온통 하수가 되었으니 땅도 편안하지 못하고

공사는 끝나지 않았는데 오산吾山[37]이 평지가 되었구나

오산이 평지가 되었어도 거야택[38]은 넘치니

곳곳에는 물고기 떼인데 겨울이 다가오는구나

〔하수의〕 물길이 무너져 통상의 흐름을 벗어났고

교룡蛟龍은 날뛰며 멀리까지 노니는구나

물길이 옛 상태로 되돌아오기를 수신水神께 비나니

봉선을 행하지 않았던들 내 어찌 바깥세상의 일을 알았던가!

나를 위하여 하백河伯에게 어찌 어질지 못하냐고 말해 주시오

범람하는 것이 그치지 않으니 우리들을 근심에 싸이게 하는구나

설상정齧桑亭은 이미 물 위에 뜨고 회수와 사수도 넘쳤는데

오래도록 되돌아오지 않으니 물길은 느슨해질 대로 느슨해졌구나

---

36 원문은 다음과 같다. 晧晧旰旰兮閭殫爲河! 殫爲河兮地不得寧, 功無已時兮吾山平. 吾山平兮鉅野溢一, 魚沸鬱兮柏冬日. 延道弛兮離常流, 交龍騁兮方速遊, 歸舊川兮神哉沛, 不封禪兮安知外! 爲我謂河伯兮何不仁, 乏濫不止兮愁吾人? 齧桑浮兮淮泗滿, 久不反兮水維緩.

37 어산魚山을 말하는데 황하의 둑을 이곳의 흙으로 막았다.

38 거야는 호자의 동남쪽에 있었다. 이곳은 본래 큰 택지였으나 황하의 범람으로 묻혀 없어졌다.

또 다음과 같은 노래도 지었다.[39]

하수의 물이 세차게 흐르니 급하기도 하네

북쪽으로 가는 물길이 멀어 모래를 파 흐름을 바꾸기도 어렵네

긴 풀을 가져다가 둑을 막고 아름다운 옥으로 하신에게 바치네

하백이 도와주기로 허락했는데 섶나무마저 부족하네

섶나무가 부족한 것은 위인衛人[40]들의 죄이다

쑥의 잔가지까지 불태워 버렸으니, 아아! 어떻게 물길을 막을 수 있겠는가!

대나무를 가져다가 숲을 만들고 돌로 석주石柱를 세우고 방죽의 말뚝을 만들었다

선방宣房의 물길이 막히면 모든 복이 찾아오리라

마침내 호자의 터진 둑을 막았으며, 그 위에 궁실을 짓고 '선방궁宣房宮'이라 이름 지었다. 또 하수의 북쪽으로 물길을 흘러가게 이끌고 우가 다스렸던 하수의 옛 수로를 되찾았으며, 양과 초 지역의 땅도 다시 편안해지고 수해가 없어졌다.

이로부터 권력을 잡은 자들은 다투어 수리水利에 대해서 진언했다. 삭방朔方, 서하西河, 하서河西[41] 주천酒泉에서는 모두 하수 및 계곡 물을 끌

---

39 원문은 다음과 같다. 河湯湯兮激潺湲, 蹇長茭兮沈美玉, 河伯許兮薪不屬, 北渡汚兮浚流難. 薪不屬兮衛人罪, 燒蕭條兮噫乎何以禦水! 頹林竹兮楗石菑, 宣房塞兮萬福來.

40 동류군東流君에 사는 사람들을 가리킨다.

41 지금의 감숙성과 청해성으로, 황하의 서쪽 유역을 말한다.

어 농토에 물을 대었고, 관중에서는 보거輔渠,[42] 영지거靈軹渠[43]를 만들어 몇 개의 하천을 끌어왔으며 또 여남汝南과 구강九江[44]에서는 회수를 끌어왔으며, 동해에서는 거정鉅定거정택鉅定澤을 끌어왔으며, 태산 아래에서는 문수汶水의 물을 끌어왔는데, 모두가 수로를 파서 농토에 물을 대기 위한 것으로 각기 1만여 경이나 되었다. 이 외에 작은 물길이나 산세에 따라 물길을 통하게 한 것은 이루 헤아릴 수 없다. 그러나 그중에서도 가장 유명한 것은 선방이었다.

태사공은 말한다.

나는 남쪽으로는 여산廬山에 올라가 우禹가 소통시킨 구강을 보았고, 또 회계산의 태황太湟[45]에 이르러 고소산姑蘇山에 올라 오호를 바라보았다. 동쪽으로는 낙예洛汭와 대비산大邳山을 살펴보았고 하수를 거슬러 올라갔으며 회수, 야수, 제수, 탑수漯水와 낙수의 수로를 순시했고, 서쪽으로는 촉의 민산岷山과 이대離碓를 보았으며, 북쪽으로는 용문龍門으로부터 삭방까지 가 보았다. 그러고는 말했다. "심하구나. 물이 이롭기도 하고 피해를 끼칠 수도 있음을!" 나는 〔황제를〕 따라 풀과 나무를 지고 선방의 터진 둑을 막기도 했지만, 「호자시瓠子詩」에 비애를 느껴 「하거서」를 지은 것이다.

────────

42 정국거 상류의 남악에 정국거의 물이 닿지 않는 높은 지대의 농지에 물을 대기 위해 만든 여섯 개의 작은 하천을 말한다.

43 한 무제 때 만든 하천의 이름이다.

44 장강 수계에 속하는 아홉 가닥의 강을 구강九江이라고 했다.

45 태를 대로 한 곳도 있고 황을 습濕으로 적은 곳도 있으나 정확히 무엇을 가리키는지 알 수 없다.

8

평준서

平準書

 사마천의 경제관이 집약되어 있는 이 편은 전한前漢 시대의 조세 제도, 재정의 변동 상황, 화폐 제도와 그 유통 문제, 염철鹽鐵 전매와 균수와 평준 등 유통 경제 등을 비판적인 시각에서 심도 있게 서술한 것이다.

평준平準이란 물가 조절 정책을 말하는데, 상홍양이 원봉 원년기원전 110년에 세운 것으로 그 목적은 물가를 억제하여 고르게 하기 위한 것이었다. 그런데 국가가 장악하면서 대량의 물품을 낮은 가격에 사서 높은 가격에 되파는 일종의 매점매석 행위로 발전되는 등 폐단도 적지 않았다.

전통적인 관념에서 볼 때 상업은 농업에 대비되어 말업末業으로 인식되었으나, 제국을 유지하기 위해서는 재정적으로 상인의 힘을 입어야 했으므로 상인과 권력은 언제나 가까웠다. 무제 시대에 관료 조직의 핵심 그룹 중의 하나도 직업적 상인 출신의 관료들이었다. 특히 이들은 한 무제의 정벌 정책으로 인한 국가 재정의 파탄으로 말미암아 조정의 추천을 받아 권력층으로 들어왔다. 상인들은 제국의 경제 질서를 유지하기 위한 근거였지만 자신들의 이익을 위해 국가 질서를 파괴하여 적지 않은 문제를 야기하기도 했다. 그리하여 상공업자에게 부과하는 민전세緡錢稅, 수레나 배에 부과하는 거선세車船稅 등이 만들어졌고, 화폐 제도를 개혁하고, 공전公田이나 둔전屯田 등을 설치하여 재정 수입을 늘려 갔다.

『사기』「화식 열전」과 자매편의 성격을 이루는 이 편은 한 무제의 지나친 영토 확장 정책에서 야기된 백성들의 경제난 등을 거론하면서 한 무제의 경제 정책을 비판한다. 한 무제 초기의 경제적 풍요로움, 즉 수도의 금고에 보관되어 있는 돈은 쌓여서 억만금이

나 되었으니, 돈을 묶은 줄이 낡아서 셀 수조차 없었고, 조정의 곡식 저장 창고에는 묵은 곡식이 나날이 늘어 층층으로 쌓아도 넘쳐 결국에는 노천에 모아 두었다가 그만 썩어서 먹지 못할 지경이었던 풍족함이 어떻게 한순간에 바뀌었는가 하는 것이다.

사마천은 농업, 공업, 상업 등의 분업은 사회·경제 생활에서 중요한 작용을 하는 필연적인 것으로 생각했으며, 상업 또한 농업, 공업과 함께 중시하는 진보적 면모를 보였다. 반고班固가 『한서漢書』 「식화지食貨志」에서 농업 생산과 상업 유통을 주로 다룬 것과는 다른 시각이다. 그러나 「식화지」는 「평준서」에 비해 더 포괄적이고 전체적으로 서술 대상을 정한 것이어서 훗날 역사가들은 주로 「식화지」를 모범으로 삼는다. 따라서 한서 이후의 정사에는 모두 「식화지」라는 명칭이 따라다니게 되었다.

「주전도鑄錢圖」

재물이 넘쳐 나도 걱정이다

한漢나라가 흥기하면서 진秦 왕조의 피폐함을 이어받았으므로 장년 남성들은 군대에 입대하여 전쟁을 치르고 늙은이와 어린아이는 군량을 운반했다. 작업전쟁을 비유은 힘겨웠고 물자는 대단히 부족했다. 천자한 고조 유방마저도 네 마리의 말이 끄는 수레를 갖출 수 없었고, 장군이나 재상도 소가 끄는 수레를 타고 다닐 수밖에 없었으며, 일반 백성들은 저축할 것이 아무것도 없었다. 당시에 진나라의 돈은 무거워 쓰기가 불편하여 백성들에게 명을 내려 동전을 다시 주조하도록 했으며[1] 황금 한 근을 한 단위로 삼아 법령을 간략히 하고 금례禁例도 줄였다. 그 결과 법도를 따르지 않고 이익만을 좇는 사람들이 남은 재산을 축적하여 시장의 물건을 사재기했으니 물가가 뛰어올라 쌀 한 섬이 만 전이고, 말 한 필은 100금이나 되었다.

천하가 막 평정되고 나서는[2] 고조는 장사치들에게 비단옷을 입거나 수레를 타지 못하게 했으며, 조세를 무겁게 하여 그들을 곤혹스럽게 했다. 효혜제孝惠帝와 고후高后여후呂后 때에는 천하가 막 평정되었기 때문에 다시 장사치에 관한 법률을 느슨하게 했으나, 시정市井저잣거리인데, 물건을

주로 매매하는 시장의 통칭의 자손들은 역시 벼슬길에 나아가 관리가 될 수 없었다. 관리의 녹봉을 헤아려 관아의 비용을 재어 백성에게 세금을 매겼다. 그리고 산과 내, 동산, 연못 및 시정의 조세 수입은 천자로부터 봉군封君천자로부터 봉읍을 하사받은 열후 등을 일컫는 말의 탕목읍湯沐邑[3]에 이르기까지 모두 각기 사봉양私奉養개인의 사적인 생활비으로 삼고, 국가의 경비에서 떼어 내지는 않았다. 수로를 통하여 산동의 곡식을 운반하여 수도의 관청에 공급했지만 1년에 수십만 석에 불과했다.

효문제孝文帝 때에 이르러 협전莢錢[4]이 더욱 많아지고 무게가 가벼워지자 사수전四銖錢으로 바꾸어 주조했는데 동전 〔표면의〕 무늬는 '반량半兩'[5]이었으며, 백성들로 하여금 마음대로 동전을 주조할 수 있도록 했다. 따라서 오왕吳王유비劉濞[6]은 제후에 지나지 않았으나 구리 산을 채굴하여 동전을 주조함으로써 부유함이 천자에 버금갔으며, 마침내 반역을 도모했다. 등통鄧通전한의 촉군 남안 출신으로, 문제 때 상대부의 지위에 오름은 대부大夫였는데, 동전을 주조함으로써 그 부유함이 왕을 능가했다. 따라서 오

---

3 공주와 열후의 봉읍을 말하는데, 천자를 배알하기 위한 목욕재계 비용으로 쓰였기 때문에 붙여진 이름이다.
4 고조 때 민간인이 사사로이 가벼운 화폐를 주조할 수 있도록 영을 내렸는데, 그 화폐는 느릅나무 열매의 꼬투리처럼 얇고 작았기에 '협전'이라고 불렸다.
5 진秦, 한漢 초기의 전국의 통일된 화폐로서 지름 2.5센티미터 정도 되는 동전인데 한나라 초기에는 동전의 재료도 부족하고 진나라의 돈이 너무 무겁다는 이유로 백성들이 휴대하기 좋게 만든 반량전이 유행했다.
6 유방의 조카인데, 경제 3년기원전 154년 제후 왕의 봉지를 삭탈하는 중앙 정부의 정책에 반발하여 초나라, 조나라 등 육국과 연합하여 반란을 일으켰다. 역사에서는 이를 일컬어 '오초칠국의 난'이라고 한다.

왕과 등통이 주조한 동전이 천하에 널리 퍼지자, 동전 주조를 금지하는 법령마저 생겨났다. 흉노가 자주 북쪽 변경을 침입하고 노략질하여 변방에 주둔하는 자들도 많아지자, 변방의 양식이 사병들을 먹이기에 부족했다. 그래서 곡식을 〔국가에〕 헌납할 수 있고 곡식을 변방까지 운송할 수 있는 자를 모집하여 작위爵位를 주었는데, 작위는 대서장大庶長한나라 때 작위 스무 등급 가운데 제18등급에 속함까지 이를 수 있었다.

효경제孝景帝 때에는 상군上郡 서쪽 지역에 가뭄이 들자, 매작령賣爵令관직을 매매하는 명령을 다시 수정하여 작위의 가격을 낮추어 백성들을 불러 모았고, 도복작徒復作[7]에 처해진 자가 곡식을 현관에게 바치면 죄를 사면받을 수 있었다. 목원牧苑을 증설하고 군마를 널리 길렀으며 궁실宮室여기서는 포괄적 의미의 일반 가옥과 열관列觀,[8] 수레와 말이 많아지고 잘 갖추어졌다.

지금의 황상한 무제 유철이 자리에 오른 지 몇 년이 지나고 한나라가 일어난 지 70여 년이 되도록 국가에는 큰일이 없었으며 수해나 가뭄의 재해도 생기지 않았고 백성들은 사람들마다 자급자족이 가능했다. 도시나 촌락의 미곡 창고[9]는 모두 가득 찼으며, 조정 창고에도 재물과 보화가 남아돌았다. 경사京師수도의 금고에는 억만금이 쌓여 있었는데 돈을 묶은 돈꿰미가 썩어 셀 수도 없었다. 태창太倉한대 수도에서 곡식을 저장하던 큰

---

7 형을 선고받은 죄인의 죄를 사면해 주는 대신에 관부에서 형기를 마칠 때까지 노역에 종사시키는 것을 말한다. 도徒는 노역하는 죄인을 뜻한다.
8 '관'이란 궁문 좌우에 있는 높은 누대로 백성에게 알리는 법령을 게시하던 쌍궐이다.
9 늠유廩庾라고 한다. '늠'은 양식 창고인데, 늠미는 관청에서 공급한 미곡을 의미하고 늠식은 관청에서 공급한 식량을 뜻한다.

창고의 양식은 묵은 곡식이 계속 쌓여 가득 넘쳐 나 태창 밖 길가에 쌓아 놓았으나 썩어서 먹을 수 없을 지경에 이르렀다. 서민이 사는 거리에서도 사람들이 말을 탔고, 경작지 사이의 길에서는 〔말이〕 무리를 짓고 있었는데, 암말을 탄 사람은 빈축을 사 사람들의 모임에 어울릴 수 없었다. 골목을 지키는 자도 좋은 음식[10]을 먹었으며, 하급직 관리들도 이동하지 않고 자손을 키웠고, 관직에 오래 있다 보니 자신의 관직명을 성씨로 삼았다. 그러므로 사람들마다 서로를 아끼고 법을 어기는 일을 중하게 여겼으며 의義를 행하는 것을 우선시하고 치욕스러운 행동을 꺼리고 물리쳤다. 이때에 법망은 느슨하고 백성들은 부유했으니 그중에 어떤 자는 재물을 사용해서 교만하고 분수에 넘치는 일을 하기도 했으며, 어떤 경우에는 〔토지를〕 겸병한 토호의 무리가 향촌에서 멋대로 날뛰었다. 종실, 왕후, 공경대부 이하 모두가 사치를 다투었으며, 가옥과 수레와 의복이 자신의 분수를 넘쳐 한도가 없었다. 만물이란 흥성하면 쇠퇴하게 되니 정녕 그것은 변화의 원칙인 것이다.

---

10 원문은 양육粱肉으로 좁쌀 밥과 고기라는 뜻이나 여기서는 부귀한 사람이 먹는 음식을 포괄적으로 가리킨다.

전쟁은 국가에 크나큰 피폐를 가져온다

이로부터 엄조嚴助[11]와 주매신朱買臣[12] 등은 동구를 불러들여 양월兩越 남월과 민월을 평정했는데, 강수와 회수 사이가 소란스러워 많은 비용을 소모하게 되었다.[13] 당몽唐蒙과 사마상여司馬相如[14]는 서남이西南夷로 통하는 길을 열었는데,[15] 산을 깎아 1000리가 넘는 길을 통하게 하여 파와 촉의 지역까지 넓히니 파와 촉의 백성들이 피폐해졌다. 팽오彭吳가 조선을 멸망시키기 위하여 창해군滄海君을 설치하자, 연나라와 제나라 사이의 백성들에게 [초목이] 쓰러지듯 난이 일어났다. 왕회王灰[16]가 마읍馬邑

---

11 한 무제의 신임과 총애를 받으면서 궁중을 자유로이 드나들던 총신으로 한나라의 발톱과 어금니라고 할 만했는데 제후들과 내통하다가 투옥되었다.

12 집이 가난하여 나무를 팔아 생계를 이었는데 책을 좋아하여 나무를 해 오는 과정에서도 글을 읽었다. 이를 부끄럽게 여긴 그의 처는 주매신과 이혼했다.

13 전한 초, 한나라 남쪽에는 월족이 세운 동구·민월·남월이 있었다. 동구는 월족의 한 갈래로, 진나라와 한나라 때에 절강성 남부의 구강과 영강 유역에 거주하고 있었다. 동구의 수령 요는 혜제 때 봉읍을 받아 동해왕이 되었으며, 동구에 도읍을 두었으므로 동구왕東甌王이라 부른 것이다. 무제 건원 3년, 민월이 군사를 일으켜 동구를 포위하자, 동구는 한나라에 위급함을 알렸고 무제는 엄조로 하여금 회계군의 군사를 동원하여 돕게 했는데, 민월은 한나라 군대가 도착하기 전에 물러났다. 동구가 한나라의 본토로 이주하기를 청하자, 한나라에서는 이들을 장강과 회수 사이에 옮겨 살게 했다.

14 사마상여는 촉군蜀郡 성도成都 사람으로 자는 장경長卿이다. 어려서부터 책 읽기를 좋아하고 격검擊劍을 배웠으므로 그 부모는 그를 견자犬子라고 불렀다. 사마상여는 공부를 마치자, 인상여藺相如의 사람됨을 흠모하여 이름을 상여相如로 바꾸었다. 나중에 그는 양나라 효왕의 눈에 들어 유세객과 학자들과 교유하면서 유명한 「자허부子虛賦」를 짓기도 했다.

15 건원 6년의 일이다.

16 왕회는 변경의 관리를 지냈으므로 오랑캐의 일에 밝았다.

에서 계략을 꾸미자,[17] 흉노는 화친을 끊고 북쪽 변경을 침략하여 소란스럽게 했으므로 전쟁이 끊이지 않아 (갑옷을) 풀지도 못하니 천하는 그 노역에 힘겨워하고 전쟁은 나날이 많아졌다. 출정하는 자는 옷과 먹을거리를 가져가고 남아 있는 사람들은 그것들을 보내니 중앙과 지방이 소요로 인해 서로 불안하고 백성들은 궁핍해져서 법망을 교묘하게 빠져나가고 재물이 소모되어 부족하게 되었다. 재물을 뇌물로 바치는 사람은 관리로 임명되고 돈을 주면 죄도 벗어나게 되었다. 이 때문에 관리를 선발하는 선거 제도가 무너져 버렸고 염치도 없이 힘 있는 자에게 빌붙거나 등용되었기에 법령은 더욱 엄격하게 갖추어져야만 했다. 이익을 꾀하는 신하[18]들은 이때부터 나타나기 시작한 것이다.

그 후 한漢나라의 장군들은 해마다 수만 명의 기병을 이끌고 흉노를 공격하러 나갔는데,[19] 거기장군車騎將軍 위청衛靑은 흉노의 하남河南황하

---

17 흉노와 한나라의 충돌은 기원전 201년 마읍 사건을 계기로 표면화되었다. 이는 마읍에서 흉노군에 포위당한 한왕韓王 신이 흉노와 사신 교류가 있었다는 의심을 받자 묵돌에게 투항하고, 한나라 고조가 직접 흉노를 공격했다가 백등산白登山에서 포위된 사건이다. 이때 한나라 고조는 그로부터 뇌물을 받은 연지閼氏선우의 처의 도움으로 풀려났고, 유경劉敬의 제의로 두 나라는 화친을 맺었다. 이 화친 조약의 내용은 다음과 같다. 첫째, 두 나라의 국경을 만리장성으로 한다. 둘째, 형제의 맹약을 맺는다. 셋째, 한나라 공주를 흉노에 출가시킨다. 넷째, 흉노에 해마다 솜, 비단, 술, 곡식 등을 공급한다. 다섯째, 관시關市를 개설한다. 이 조약은 내용상 불평등 조약이었다.
18 한 무제 시기의 재정 관료인 상홍양桑弘羊과 공근孔僅 등을 말한다.
19 무제는 집권의 안정을 더하면서 영토적으로도 중국을 발전시킨 황제이면서, 그 어떤 중국의 제왕보다도 주변의 사이四夷사방의 오랑캐란 의미인데 주변의 소수 민족을 말함들이 중국의 관할하에 있는 것을 이상적으로 생각했다. 그래서 그는 흉노 이외의 다른 지역에도 군대를 파견하여 영토와 세력을 넓혔다. 그중 대표적인 경우가 원정元鼎 6년기원전 111년에 남월을 토벌하여 구군九郡을 두고, 서남이를 평정한 일이다. 원봉元封 2년기원전 109년부터 3년까지 위씨조선衛氏朝鮮을 멸하고 조선에 낙랑樂浪·임둔臨屯·현도玄菟·진번眞番 등 사군四郡을 설치하게 한 배후도 무제다.

가 북류하다가 동류하는 지역의 하阿 남쪽 지역 지방을 **빼앗고는** 삭방군朔方郡을 수축했다. 당시 한나라는 서남이로 통하는 길을 만들었으니 길을 닦는 인부만 수만 명이었다. 1000리 길을 지거나 이면서 양식을 운반했는데 대체로 10여 가지를 보내면 겨우 1석이 도착할 뿐이어서 〔이것들을〕공인邛人과 북인僰人에게 나누어 주어 그들을 안심하게 했다. 몇 년이 지나도록 길은 개통되지 않았다. 만이는 이를 틈타 여러 차례 공격했는데, 한나라의 관리는 군대를 소집하여 이들을 물리쳤다. 모든 파와 촉의 조세로도 이들 비용을 계속 조달하는 데에는 모자라서 호민을 모집하여 남이의 땅에서 경작하게 한 후 곡식을 지방 관청에 납입시키고 그 대금은 수도의 도내都內[20]에서 받도록 했다. 동쪽으로는 창해군에 이르렀는데 인부들의 비용이 남이에 쓰이는 것과 비슷했다. 또한 10만여 명을 동원하여 삭방군의 성을 구축하여 지켰는데, 육로와 수로 운송이 너무나 멀어 산동 지방은 그 노역에 고통스러워했으며, 비용도 수십억 내지 수백억 전이 들어 조정 창고가 날이 갈수록 비게 되었다. 그래서 백성들을 소집하여 노비를 바칠 수 있는 자에게 죽을 때까지 요역을 면제해 주고, 낭관郎官낭郎이라면 품계를 올려 주었다. 양羊을 헌납하면 낭관이 되었는데, 이것은 이때부터 시작되었다.

그 4년 후원삭 5년, 기원전 124년, 한漢나라는 대장군大將軍위청으로 하여금 여섯 명의 장군과 군사 10여만을 거느리게 하여 〔흉노의〕 우현왕右賢王[21]을 공격하게 하여 목을 베고 포로로 잡은 자가 만 5000명이었다. 이

---

20 대사농 밑에 있는 관직으로 국고를 주관했다.
21 흉노족의 관직명으로 선우의 아래에는 좌현왕과 우현왕이 있는데 우현왕의 위상이 좌현왕보

듬해 대장군이 여섯 명의 장군을 거느리고 다시 흉노로 출격하였는데 머리를 베고 포로로 잡은 자가 만 9000명이었다. 적을 포로를 잡았거나 목을 벤 병사들에게는 황금 20여만 근을 상으로 주었으며, 포로로 잡힌 흉노인 수만 명에게도 모두 후한 상을 내렸다. (이들은) 입을 것과 먹을 것도 조정으로부터 공급받았다. 한나라 군대의 (죽은) 군사와 죽은 말들이 10여 만이 되었고, 무기와 갑옷 비용 및 군수 물자 운송비는 계산에 넣지 않았다. 이에 대농大農²²이 오랫동안 저장해 온 돈을 다 써 버렸고, 거둔 세금도 이미 다 써 버려 군사들에게 공급하기에는 역부족이었다. 담당관이 아뢰었다.

"천자께서 말씀하시기를 '짐은 오제의 교화가 서로 똑같이 반복되지 아니했어도 잘 다스렸고, 우왕과 탕왕의 법도는 같지 않았어도 왕 노릇했으니, 그들의 방법은 달랐지만 덕치를 세운 점에 있어서는 일치했다. 북쪽 변경이 안정되지 않아 짐은 그 점을 매우 걱정하는도다. 이전에 대장군이 흉노를 공격하여 머리를 베고 포로로 잡은 자가 만 9000명이나 되었는데도 아직 지체되어 병사들이 아무것도 받은 것이 없다. 백성들로 하여금 작위를 사게 하거나 금고형을 받은 자를 면해 주고 감형을 받을 수 있도록 그 방법을 의논하라.'라고 하셨습니다. 상관을 두도록 청하여 무공작武功爵이라고 이름 지었습니다. 한 등급은 17만 전이고 모두 30여만 금의 가치가 있습니다. 무공작 가운데, 관수 한 등급을 매입한 자에

다 높았다.
22 재정을 주관하는 중앙 관료로서 주로 곡물과 화폐에 관한 사무를 담당한 한대의 대농령大農令, 대사농大司農의 약칭이다.

게 시험 삼아 관리 자리를 주고, 우선 임용했습니다. 천부千夫는 오대부처럼 예우했고, 죄를 지은 사람은 다시 두 등급을 감했으며 작위 매작은 악경까지만 이를 수 있게 했습니다. 이러한 방법으로 돈을 거두어 군대의 사기를 높였습니다."

군공을 세운 사람들은 대부분 등급을 초월하여 작위를 수여받았으니, 공이 큰 자는 후侯, 경卿, 대부大夫에 봉해졌고, 작은 자는 낭郎황제 시종관의 총칭, 이吏직위가 낮은 관원가 되었다. 관리가 되는 길은 복잡하고 많아져서 관직이 문란하고 황폐해졌다.

공손홍公孫弘이 『춘추春秋』의 대의로 신하를 바로잡아 한나라의 승상 자리를 얻고, 장탕張湯이 준엄한 법조문에 의거하여 안건을 판결하여 정위廷尉가 되었으며 이에 견지지법見知之法[23]이 생겨나고 폐격廢格황제의 소령을 집행하지 않고 미루어 두는 행위이나 저비沮誹황제의 소령에 대항하고 훼방하는 행위를 끝까지 추적하여 처리해야 할 안건들이 많아졌다. 이듬해 회남왕淮南王유안劉安, 형산왕衡山王유사劉賜, 강도왕江都王유건劉建의 모반 음모가 드러나자 공경들은 단서를 찾아내어 그것들을 다루어 마침내 붕당을 만든 자들을 체포하니 이 일에 연루되어 죽은 자가 수만 명이었다. 장리長吏들은 나날이 엄격하고 가혹해졌으며 법령은 명확하고 까다로워졌다.

당시 방정方正,[24] 현량賢良, 문학文學으로 존경받는 선비들을 초빙했는데 어떤 이는 공경대부에 이르기도 했다. 공손홍은 한나라의 재상으로

---

23 관리가 백성의 범법 행위를 보아 알고 있으면서도 적발하여 처리하지 않으면 그 관리에게도 죄인을 풀어 준 죄를 적용했는데 이것을 '견지지법'이라고 한다.
24 방정은 찰거察擧 과목의 하나로 기원전 178년 한 무제 때 설치되었다.

서 베옷을 입고, 끼니마다 두 가지의 반찬을 올리지 않았으며 천하를 위해 솔선수범했다. 그러나 당시 풍속에는 도움이 되지 않았으며, 세상 사람은 점차 공적과 이익에만 힘을 쏟았다. 이듬해 표기장군驃騎將軍곽거병霍去病이 연달아 흉노에 두 번이나 출격하여 수급 4만을 취했다. 그해 가을 혼야왕渾邪王이 수만의 무리를 이끌고 투항해 오자,[25] 이에 한나라에서는 수레 2만 대를 동원하여 그들을 환영했다. 그들은 장안에 도착한 후 상을 받았으며 [무제는] 공이 있는 병사에게도 상을 내렸다. 이해의 경비는 모두 100여만 전이었다.

부유한 자들이 돈 버는 방식은 다르다

당초 10여 년이 지날 즈음, 하수의 둑이 터져 양梁과 초楚 땅이 이미 몇 차례 [물로] 곤경을 겪게 되자, 하수에 인접한 군郡들은 제방을 쌓고 하수를 막았으나, 자주 터지고 무너져 그 비용은 헤아릴 수조차 없었다. 그 후 파계番係가 지주底柱의 운반비를 줄이려고 분수와 하수의 수로를 파서 농토에 물을 대니 인부가 수만 명이나 되었다. 정당시鄭當時는 위수의 운반 수로가 멀리 돌아간다고 여겨 장안에서 화음華陰에 이르는 곳까지 직접 가는 수로를 팠는데, 인부 수만 명이 동원되었다. 삭방에서도

25 무제 원수 원년, 기원전 121년의 일로 흉노 휴도왕休屠王을 살해하고 한나라로 투항해 온 것이다.

수로를 뚫었는데 인부 수만 명이 동원되었다.[26] 일마다 2~3년이 걸렸지만 공사는 끝나지 않았고,[27] 비용도 각 사업마다 십수억이 들었다.

천자는 흉노를 정벌하기 위하여 많은 전마戰馬를 길렀기 때문에 장안에서 사육되는 말이 수만 필이나 되었다. 관중에서는 말을 관리하는 사람의 일손이 부족하여 근처의 가까운 군에서 마부를 대었다. 투항한 흉노들에게는 조정이 입을 것과 먹을 것을 주었으나, 조정에서 공급하지 못하게 되자, 천자는 요리 비용을 줄이고 승여乘輿천자의 수레의 네 필 말을 풀어 어부御府제왕의 창고와 금장禁藏제왕의 궁중 창고의 물자를 내보내 부족한 것을 보충했다.

그 이듬해원수 3년, 기원전 120년, 산동 지역이 수재를 입어 백성들 가운데 굶주리는 자가 많아지자, 이에 천자는 사자를 파견하여 각 군국의 식량 창고의 물자를 텅 비게 하여[28] 가난한 사람들을 구제했다. (그러나) 여전히 충분하지 않자 다시 거부들을 불러 모아 가난한 사람들에게 재물을 빌려주게 했다. 그런데도 구제할 수 없자, 가난한 사람들을 함곡관函谷關 서쪽으로 옮기고 삭방의 남쪽 지역인 신진중新秦中[29] 일대까지 채

<hr>

26 당시의 상황에 대해 사마천은 「흉노 열전匈奴列傳」에서 "한나라는 하수를 건너 삭방군 서쪽으로부터 영거令居에 이르기까지 곳곳에 관개용 물길을 내고 밭 관리관을 두니, 그곳에 머무는 관리와 병졸은 5~6만 명이나 되었으며, 점차 흉노의 땅을 갉아먹고 들어가 흉노의 북쪽 땅과 접하게 되었다."라고 말했다.

27 이 부분에 대한 내용이 앞의 「하거서」의 내용과 차이가 있다. 즉 정당시의 건의를 천자가 받아들여 운하를 3년 만에 개통했다는 기록이 「하거서」에 있기 때문이다.

28 물자를 모두 꺼낸다는 의미다.

29 진시황은 몽염을 파견하여 흉노를 물리치고 하남 조양의 북쪽 1000리를 얻었는데 땅이 매우 좋아 이에 성곽을 쌓고 백성을 이주시켜 신진중新秦中이라 명했다고 한다. 「흉노 열전」에 "함

웠는데 그들이 70여만 명이나 되었으며 이들이 입고 먹는 것을 모두 현관 정부에서 주었다. 여러 해 동안 산업產業집과 토지 및 농기구 등을 빌려주고 사자들이 부서로 분산 파견되어 이들을 보호했으니, 이러한 사자의 수레가 꼬리를 물었으며 그 비용은 억을 헤아릴 정도여서 이루다 셀 수 없었다. 이에 현관의 창고가 텅 비었다.

그런데 부유한 상인들 가운데 어떤 이는 재물을 모으고, 가난한 자들을 부려 먹고, 화물을 실은 수레가 수백 대나 될 정도로 이익을 얻었으며, 싸게 사서 비싸게 팔아 읍에서 사재기를 해 댔다. 그러자 봉군封君들도 모두 머리를 숙이고 재물을 공급받았다. 또한 그들은 철기를 주조하고 소금을 구워 어떤 이는 재물을 몇만 금을 쌓아 두기도 했으나 국가가 위태로워도 돕지 않았고 백성들의 생활도 대단히 곤궁했다. 이에 천자한 무제는 공경들과 의논하여 전을 다시 주조하고 화폐를 만들어 〔국가의〕 비용에 충당했으며, 이러한 부음浮淫상공업을 지칭들과 토지를 겸병하는 자들을 억압하고자 했다. 이때에 금원禁苑황실의 정원에는 흰 사슴이 있었고, 소부에는 은과 주석이 많았다. 효문제가 사수전四銖錢으로 바꾸어 주조한 이래 이미 40여 년이나 되었던 것이다.[30] 〔무제의〕 건원建元 이래로 재정이 부족하여 현관들이 자주 동銅이 많은 산에 가서 주조했고, 민간인들도 아무도 모르게 동전을 만들었는데 그 수를 헤아릴 수조차 없

곡관 동쪽의 가난한 백성을 옮겨 흉노로부터 빼앗은 하남과 신진중新秦中으로 옮겨 살게 하여 이 지역을 채우고, 북지군 서쪽의 수비병은 절반으로 줄였다.″라는 기록이 있다.

30 효문제 5년기원전 175년에서 이해원수 3년, 기원전 120년까지는 55년간이므로, '40여 년'은 '50여 년'으로 고쳐야 옳다.

었다. 동전이 많아질수록 그 가치는 떨어졌고 물품은 갈수록 적어져 물가가 올랐다. 담당 관리는 다음과 같이 말했다.

"옛날의 가죽 화폐피폐皮幣는 제후들이 빙향聘享제후들이 다른 나라에 사절로 가거나, 어떤 물품을 바치는 것의 의식에 사용했습니다. 금에는 세 등급이 있었는데 황금은 상등급이고 백금은 중등급이며 적금은 하등급입니다. 오늘의 반량전은 법에서 사수四銖무게 단위로서 반량전의 표준 중량임로 정했으나 간악한 사람들이 남몰래 동전의 뒷면을 갈아 동전이 더욱 가볍고 얇아져서 물가가 뛰고 있습니다. 그래서 먼 지방에서는 화폐를 사용하는 것이 번잡하고 비용도 절약되지 않습니다."

이에 〔원수 4년〕 평방 1척의 흰 사슴 가죽 가장자리를 오색의 실로 수놓아 가죽 화폐를 만들었는데 가치가 40만 전이었다.[31] 왕후와 종실들이 천자를 뵙거나 빙향에 반드시 가죽 화폐로 벽璧옥을 받쳐 예를 행하도록 했다.

또한 〔원수 4년〕 은과 주석을 섞어서 백금白金을 만들었다. 그러고는 하늘에서는 〔나는 것으로〕 용보다 더한 것이 없고, 땅에서는 〔달리는 것으로〕 말보다 더한 것이 없으며, 사람에게는 〔귀한 것으로〕 거북보다 더한 것이 없다고 생각했다. 그래서 백금을 세 등급으로 나누어, 1등급은 무게 여덟 량으로 둥근 형태로 만들고 용무늬를 새겨 '백선白選'이라고 하니, 그 가치가 3000전이었다. 2등급은 무게가 〔백선보다〕 조금 적고 사각형으로 만들고 말 무늬를 새겼으니 그 가치가 500전이었다. 3등

---

31 흰 사슴 가죽으로 만든 피폐皮幣의 가치가 40만 전이라고 했는데, 이는 황금 한 근에 해당되었다고 짐작된다.

급은 무게가 〔백선보다〕 더욱 적고 타원형으로 무늬는 거북이고 가치가 300전이었다. 현관에게 반량전을 녹여 다시 삼수전을 주조시켰으며 동전에 실제 무게를 표시하도록 했다. 백금과 동전을 몰래 만드는 자의 죄는 모두 사형에 처했으나, 관리와 일반 백성들 가운데에서 몰래 만드는 이들이 헤아릴 수 없었다.

이때원수 4년에 동곽함양東郭咸陽[32]과 공근孔僅[33]은 대농승大農丞[34]이 되어 소금과 쇠鐵의 일을 관장했고, 상홍양桑弘羊[35]은 계산에 밝아 권력을 잡고 시중이 되었다. 동곽함양은 제齊 땅의 큰 소금상이고 공근은 남양의 큰 쇠 상인인데 모두 사업에 뛰어나 수천 금의 자산을 모았으므로 정당시가 이들을 추천한 것이다. 상홍양은 낙양 상인으로서 암산에 뛰어나 열세 살에 시중이 되었다. 이들 세 사람이 이윤의 문제를 논할 때에는 짐승의 〔가느다란〕 가을 터럭추호秋豪까지도 헤아릴 정도였다.

법령이 엄격해질수록 관리들 가운데에는 파면되는 이가 많아졌다. 전쟁이 자주 일어나자 백성들은 돈을 주어 요역을 면제받거나 작위를 사 오대부五大夫[36]에 이르렀으므로 천부千夫징집할 수 있는 대상자는 더욱 드물

---

32 동곽이 성姓이고 함양이 이름이며, 염상이다.

33 남양 사람이며 제철업으로 수천 금의 자산을 모았다. 정당시의 추천으로 동곽함양과 함께 기원전 120년에 대농승大農丞에 임용되어 각기 염鹽과 철鐵의 일을 관장했다.

34 대농령의 속관으로 국가의 조세와 전곡·염철 및 재정의 수입과 지출 등의 일을 담당했다.

35 상홍양은 상인 출신으로 흉노와의 전쟁에서 국가에 재정이 비게 되자 재원 마련에 큰 공을 세운 자다. 그는 한 무제 때 치속도위에 임명되었으며 국가의 평준과 균수 등의 경제적인 문제에도 깊이 관여하였다. 소제 시원 원년에 염철 회의에 참여하여 염철의 관영 정책을 지지하기도 했는데, 그 이듬해 모반에 연루되어 해를 입었다.

36 오대부는 한나라 스무 등작 가운데 아홉 번째이다.

어졌다. 이에 천부나 오대부를 하급 관리로 임용했고, 한사코 관리가 되지 않으려는 자는 말을 바치게 했으며, 앞서 파면된 관리들을 모두 상림원에 보내 가시나무를 베거나 곤명지昆明池를 파게 했다.

그 이듬해원수 4년, 기원전 119년에 한나라는 대장군위청과 표기장군곽거병이 대대적으로 흉노를 공격하여 수급과 포로를 8~9만 명이나 얻었다. 상금 50만 전을 내려 주었지만 한나라의 군마 가운데 죽은 것이 10여만 필이나 되었는데, 수륙 운송과 갑옷에 든 비용은 여기에 넣지 않았다. 당시 재정이 부족하여 병사들은 봉록을 타지 못하는 일이 빈번했다. 담당 관리들은 삼수전이 너무 가벼워서 간사한 짓을 쉽게 하게 된다고 말하였고, 〔원수 5년〕 여러 군국에 오수전五銖錢으로 개량해야 한다고 다시 청원했다.

대농령은 염철승 공근과 함양의 건의를 〔이렇게〕 올렸다.

"산과 바다는 천지간의 물자 저장 창고로서 모두 소부에 속하는 것입니다만, 폐하께서는 사사로이 보유하지 마시고 대농에 귀속시켜서 나라의 부세를 보충해야 합니다. 바라건대 민民을 모아 스스로 비용을 대고 관가의 기구로서 소금을 굽는 자에게는 관이 뇌분牢盆관가에서 발급하는 쇠 대야을 주어야 합니다. 그런데 장사치들과 사악한 자들은 산과 바다의 재물을 독점하고 부를 축적하고 가난한 백성들을 부려 먹으며 이익을 취하려고 합니다. 소금과 철을 국가가 경영하려는 일을 저지하려는 〔저들의〕 논의는 이루 헤아릴 수 없이 들었습니다. 감히 사사로이 철기를 주조하고 소금을 굽는 자들은 왼발 발목에 차꼬를 채우고 그들의 기물들도 몰수해야 합니다. 철이 나지 않는 군에는 소철관小鐵官을 두어 쇠 기계를 관리하도록 해야 합니다."

공근과 함양을 파견하여 역참에서 수레를 바꿔 타게 하면서 천하에 소금과 쇠의 관영을 시행하고 관부를 설치하고 옛날 소금과 쇠로 부유하게 된 자들을 관리로 임용했다. 그러나 관리가 되는 길이 더욱 난잡해지고 선거를 통하지 않아 관리들 중에는 장사꾼 출신이 많아졌다.

장사꾼들은 화폐를 자주 주조하는 틈을 이용하여, 재물을 쌓아 두었다가 이익을 추구하는 일이 많아졌다. 이렇게 되자 공경들이 건의했다.

"군국들이 수재를 크게 입어 빈민들은 산업이 없게 되었으므로, [국가에서는] 이들을 모아 넓고 기름진 땅으로 옮겼습니다. 폐하께서도 고기 음식을 줄이고 비용도 아껴 금전禁錢내정內廷에 모아 둔 돈을 내어 백성들을 구제하시고 부세도 가볍게 해 주셨습니다. 그러나 많은 백성들은 여전히 밭에 나가지 않고 장사꾼들만 더 늘어났습니다. 빈민들은 쌓아 둔 것이 없어 모두들 조정만을 쳐다볼 뿐입니다. 과거에는 초거軺車작고 빠른 마차와 고인의 민전緡錢돈 꾸러미에 세금을 매겼는데 모두 일정한 등급이 있었으니 옛날처럼 세금을 매겨야 합니다. 그리고 각종 장사꾼과 상공업자가 빌려주거나 사고팔거나 읍邑에 살면서 재물을 쌓아 두거나, 행상을 하면서 이익을 얻는 자는 모두 비록 시적市籍일종의 영업 허가증에 등록되어 있지 않더라도 각기 재물을 관청에 스스로 신고하면 모두가 민전 2000당 120전을 내도록 해야 합니다. 수공업자들과 주조업자들에게는 모두 민전 4000당 120전을 내도록 해야 합니다. 관리는 아닐지라도 이에 버금가는 사람과 삼로三老와 북쪽 변경 말 타는 자들을 제외하고는 모든 초거에 120전을 거둬들이고, 장사꾼의 초거는 240전을 매기고 5장丈다섯 길 이상의 선박은 120전을 거둬들여야 합니다. 만일 [재산을] 숨기고 스스로 신고하지 않거나 신고한 것이 맞지 않으면, 1년 동안 변방 수자리에 쫓아 버리고 민전을 모두 빼앗아야 합니다. 〔이런 사실을〕 고발하는 사람이 있으면 모두 빼앗은 민전의 절반을 주어야 합니다. 장사꾼으로 시적에 있는 자와 그 가솔들은 농지를 점유하지 못하게 하여 농민에게 유리하게 해야 합니다. 감히 명령을 어기면 전답과 동복僮僕사내아이 종을 모두 빼앗아야 합니다."

천자는 곧 복식卜式의 말이 생각나 그를 중랑中郞황제의 시종관에 제수하였고 좌서장左庶長의 작위를 내리고 전답 10경을 내렸으며 천하에 널리 알려 〔그의 사적을〕 잘 알도록 했다.

본래 복식은 하남군 사람으로 농경과 목축을 업으로 삼았다. 부모가 돌아가셨을 때, 복식에게는 나이 어린 동생이 있었다. 동생이 장년이 되자 복식은 집에서 나와 재산을 나누었는데, 기르던 양 100여 마리만을 가졌고 전택과 재물은 남김없이 동생에게 주었다. 복식은 산에 들어가서 10여 년간 목축업을 하여 양이 1000여 마리에 이르렀고 전택도 샀다. 그러나 그의 동생은 그의 사업이 모조리 파산하여, 복식은 그런 일이 생길 때마다 동생에게 나누어 주었다. 이때 한나라는 바야흐로 여러 차례 장수들을 보내 흉노를 공격했는데 복식은 재산의 절반을 조정에 바쳐 변방의 비용에 보태겠다는 상소를 올렸다. 천자는 사자를 시켜 복식에게 물었다.

"관리가 되려고 하는가?"

복식이 대답했다.

"신은 어려서 목축을 했으므로 관리가 되는 것에 익숙하지 않으니, 원하지 않습니다."

사자가 물었다.

"집안에 억울한 일이 있어서 호소하려는 것인가?"

복식이 대답했다

"신은 태어나면서부터 남과 갈라서서 다툰 적이 없습니다. 마을 사람 중에 가난한 사람들에게는 재물을 빌려주고 착하지 않은 사람들은 가르쳐서 착한 것을 따르게 했습니다. 읍에 사는 사람들이 모두들 저를 따르는데 제가 무슨 이유로 남에게 억울한 일을 당하겠습니까! 제소하고 싶은 일도 없습니다."

사자가 물었다.

"그렇다면 그대는 어찌하여 이렇게 하려는 것인가?"

복식이 대답했다.

"천자께서 흉노를 주살하시려는데 제 생각으로는 어진 자는 절개와 의리를 지켜 변방에서 죽어야 하고, 재물을 가진 자들은 모아 둔 재물을 내놓아야 합니다. 그렇게 해야만 흉노를 주살할 수 있습니다."

사자는 복식이 대답한 말을 모두 기록하여 천자에게 아뢰었다. 천자는 이것을 승상 공손홍에게 말했다. 공손홍이 말했다.

"이것은 보통 사람의 마음가짐이 아닙니다. 일상의 규범을 벗어난 백성을 교화의 모범으로 삼아 오히려 법을 어지럽힐 수는 없는 것이니, 폐하께서는 그의 청을 들어주지 마시기를 원합니다."

이에 황상은 오래도록 복식에게 〔결정 사안을〕 알려 주지 않고 몇 년 뒤에야 복식에게 상소를 허락하지 않겠다는 것을 알리도록 했다. 한편 복식은 〔집으로〕 돌아가 다시 농사를 짓고 가축을 길렀다.

해를 넘기고서 마침내 군대를 자주 출정시켰으며, 〔원수 2년〕 흉노의 혼야왕 등이 투항해 오니 비용이 많아져 조정의 창고가 비게 되었다.

그 이듬해원수 3년, 빈민들을 대대적으로 옮기고는 그 입고 먹는 것을 모두 정부가 주었는데 이들 모두에게 다 줄 수가 없었다. 복식은 20만 전을 가지고 가서 하남군 태수에게 주어 이주자들에게 나눠 주었다. 하남군 태수가 빈민을 도운 부자들의 명단을 올리니 천자는 복식의 이름을 보고 기억하여 말했다.

"이 사람은 앞서 가산의 반을 내어 변방 비용을 돕겠다고 했던 자가 틀림없다."

그러고는 복식에게 400명의 과경전過更錢[37]을 내려 주었다. 그러나 그는 다시 정부에 모두 돌려주었다. 이때 부호들은 모두 재물을 다투어 숨겼으나 복식만은 오히려 재산을 바쳐 조정의 재정을 보태려고 하였다. 이에 천자는 복식을 참된 장자長者덕행을 갖춘 자라고 여겨 그의 귀함을 세상에 알려 백성들을 교화시키려고 했다.

당초에 복식은 낭관이 되는 것을 원하지 않았다. [그런데] 황상이 말했다.

"내가 상림원에서 양들을 기르려는데 그대로 하여금 그것들을 기르게 하고자 한다."

복식은 그제야 제수받아 낭관이 되었으며 베옷과 풀 신 차림으로 양을 길렀다. 1년 남짓 되자, 양들은 통통하고 새끼도 낳았다. 천자가 지나가다가 양들을 보고는 복식이 잘 길렀다고 생각했다. 그러자 복식이 말했다.

---

37 성년 남자들의 군 복무는 한나라 법규상 의무였는데 만일 변방을 지키기를 원하지 않는 자는 1인당 300전의 비용을 내면 일종의 대리 군 복무자를 이용하여 군 복무를 대체할 수 있게 해 주었다. 이 돈을 과경전이라고 했다.

"양뿐 아니라 백성을 다스리는 것도 이와 같습니다. 시간에 맞추어 일어나게 하고 쉬게도 하며, 병든 양은 곧바로 내버려 무리들을 해치지 못하도록 해야 합니다."

황상은 복식을 비범하게 여기고는 구지緱氏의 현령으로 제수하여 그를 시험하니, 복식의 방식에 대해 구지현 사람들도 좋다고 했으므로 다시 성고成皐의 현령으로 옮겨 조운漕運을 관장하도록 했는데 가장 높은 성적을 올렸다. 천자는 복식이야말로 충실하고 충성스러운 사람으로 여겨 제왕齊王무제의 아들 유굉劉宏의 태부로 삼았다.

또한 공근은 천하를 순행하면서 철관을 두고 기물을 주조하다가 3년되어 대농령으로 승진하여 구경의 반열에 올랐다. 상홍양은 대농승이 되어 각종 회계會計조정에서 재물을 관장하고 세금을 매김를 맡았다. 그러고는 점점 균수均輸官이 화물을 유통시켰다.[38] 처음으로 벼슬아치들이 조정에 곡물을 헌납하여 관리로 보임될 수 있었고, 낭관은 600석까지 오를 수 있었다.[39]

백금과 오수전을 주조한 지 5년째가 되던 해,[40] 이민吏民들이 몰래 금

---

38 균수와 평준은 국가가 직접 상업을 경영하는 것이다. 이 둘은 서로 떼려야 뗄 수 없는 관계인데, 균수는 원정元鼎 2년기원전 115년에 실시되기 시작한 것이고 기원전 110년에는 전국적으로 시행되었다. 한나라는 진나라 제도를 이어받았으므로 각 제후국은 정해진 세금 이외에 특산물을 조정에 바쳐야만 했다. 무제 이전에 이러한 공물 제도는 적지 않은 문제가 발생했다. 장기간의 운송으로 말미암아 운송비와 인력이 많이 들었고 물건도 변패되는 일이 잦았기 때문이다. 그러다 보니 경성에 들어오면 물건 값은 원가의 몇 배나 될 정도였다. 그래서 탄생한 것이 균수 제도이다.

39 당시 200석에서 600석 사이가 가능했다고 한다.

40 이 부분에 착오가 있다는 의견이 있다. 즉 원수 4년에 백금을 주조하고 5년에 오수전을 발행하고 원정 1년에 천하에 사면령을 내렸으니 그 시기가 4년에 불과하므로 이 부분은 5년이 아닌

전을 사사로이 주조한 일에 연루되어 사형 판결을 받은 자 수십만 명을 사면했다. 죄가 발각되지도 않았는데 죽임을 당한 자가 이루 헤아릴 수 없었다. 자수한 자 100여만 명도 사면했다. 그러나 발각된 자는 자수한 자의 절반도 못 되었으니 천하의 이민들이 걱정 없이 화폐를 주조했기 때문이다. 죄를 범한 자가 많았으나 관리들도 이들을 다 붙잡아 주살할 수 없었으므로, 이에 박사博士 저대褚大와 서언徐偃으로 하여금 업무를 나누어 주고, 각 군국을 순행토록 하여 [토지를] 겸병하고 있는 무리들과 부정을 일삼는 군수와 승상, 그리고 관리로서 이익을 꾀한 자들을 붙잡아 가두도록 했다. 때마침 어사대부御史大夫[41] 장탕은 천자의 총애를 받아 권력을 잡고 휘두르고 있었으며 함선減宣, 두주杜周 등은 중승中丞 어사대부에 예속된 관직이 되었고 의종義縱, 윤제尹齊, 왕온서王溫舒 등은 포악하고 가혹하게 법을 집행하여 구경의 지위에 올랐다. 직지直指[42] 하란夏蘭과 같은 자들도 이때부터 등장했다.

이때에 대농 안이顏異가 처형되었다. 본래 안이는 제남의 정장亭長이었는데 청렴하고 강직함을 인정받아 관직이 점점 구경까지 올라갔다. 천자가 장탕과 함께 흰 사슴 가죽 화폐를 만들고 나서 안이에게 물으니 안이는 다음과 같이 답변했다.

"지금 제후 왕과 열후들이 푸른 옥을 가지고 알현하여 축하하는데 그

3년이 맞는다는 것이다.

41 어사대부는 당시 승상 다음가는 최고 장관으로서 주요 직무는 감찰과 법을 집행하는 것이며 문서, 지도, 호적 등을 관리하는 것을 겸하기도 했다.

42 한나라 조정에서 특별히 파견한 관리로서, 군대를 파병할 권한도 있고 일을 처리하지 못한 관원을 죽일 수 있는 권한도 가졌다.

가치가 수천 전이고 가죽 화폐는 오히려 40만 전이니 이것은 본말이 서로 맞지 않습니다."

이에 황상은 기뻐하지 않았다. 장탕은 또 안이와 감정이 좋지 않았는데 어떤 사람이 다른 일을 가지고 거론하여 안이를 고발해 오자, 〔천자는〕 이 일을 장탕에게 내려보내 안이의 죄를 묻도록 했다. 안이가 객客과 말을 하다가, 객이 새로운 법령이 반포되면 불편한 점이 있다고 말하자 안이는 호응하는 대답은 하지 않고 입술만 내미는 시늉을 했다. 장탕은 상주하여 안이가 구경의 신분으로서 법령이 부당함을 알고도 언급하지 않고 마음속으로 비방했다고 하면서 사형을 논의했던 것이다. 이로부터 복비腹誹라는 법이 생겨났고 공경과 대부들은 대부분 〔천자에게〕 아첨하여 자신을 보호했다.

천자가 민전령緡錢令을 반포하고 나서, 복식을 존중하려 했으나 백성들은 끝까지 자신의 재산을 나누어 조정을 돕지 않았으므로 이에 고민령告緡令[43]을 내려 고발을 장려했다. 군국에서는 간사한 방법으로 화폐를 주조하는 일이 많아졌지만 동전은 〔그 무게가〕 대부분 가벼워지게 되었다. 그래서 공경들은 경사의 종관鍾官으로 하여금 적측전赤側錢을 주조하게 하여 적측전 한 개를 〔오수전〕 다섯 개에 상당하게 하고 관청에 내는 세금에는 적측전을 사용하지 않으면 안 되게 했다. 백금도 〔그 값어치가〕 점점 낮아져 백성들이 쓸모가 없다고 생각하고는 사용하지 않자, 조정에서 법으로써 그렇게 못하도록 금했지만 소용이 없었다. 1년 남짓

---

43 민전을 부실하게 신고한 상인들을 일반 백성들이 고발하게 하는 제도이다.

지나자 백금은 결국 폐기되어 통용되지 않았다. 이해원정元鼎 2년, 기원전 115년에 장탕이 죽었으나 백성들은 그를 생각하지 않게 되었다.

그 후 2년이 되던 해원정 4년, 적측전의 가치가 떨어지자, 백성들은 법을 교묘하게 하여 사용하니 [조정에서는] 불편하다고 여겨 또 폐지했다. 이에 군국에서 동전을 주조하는 것을 모두 금지시키고 상림의 삼관三官[44]에서만 주조하게 했다. 화폐가 많아지자 천하에 영을 내려 삼관에서 주조한 화폐가 아니면 사용할 수 없게 하고, 모든 군국에서 이전에 주조한 화폐는 모두 녹여 폐기하고 그 동銅은 삼관으로 보내도록 했다. 그리하여 백성들은 화폐를 주도하는 일이 더욱 적어지고 주조 비용을 계산해도 동전의 가치에 충당할 수 없었으니 오직 장인들과 교묘한 부호들만이 몰래 주조할 수 있었다.

복식이 제나라에서 승상이 되고 양가楊可가 고민령을 주관하게 되어 천하에 두루 시행되면서 중산층 이상의 상인들은 대부분 고발당했다. 두주杜周가 이 사건을 다스렸는데 판결이 뒤집히는 일은 적었다. 그래서 어사御使, 정위정廷尉正, 감監으로 구성된 무리를 나누어 보냈고, 즉각 군국의 민전을 다스려 백성들로부터 거둬들인 재물은 억 단위로 셈해야 했으며, 노비는 천만千萬으로 헤아리고, 밭은 큰 현인 경우에는 수백 경頃, 소현小縣인 경우는 100여 경이었고 택宅 역시 이와 같았다. 이에 상인과 중산층 이상의 재력을 가진 자들은 대부분 파산했으며 백성들도 맛있는 음식과 좋은 의복만을 탐하여 목축이나 농업과 같은 산업에 종사

44 무제 때 설치한 것으로 수형도위의 속관으로 균수均輸, 종관鐘官, 반동령辨銅令이 있다. 수형도위란 한나라 때 관직 이름으로 상림원上林苑의 일을 관리하는 동시에 화폐 주조를 관리했다.

하지 않았다. 그렇지만 조정은 소금과 쇠의 전매와 고민령의 실시로 인해 재산이 더욱 풍요로웠다.

관내를 더욱 확장하고[45] 좌우보左右輔[46]를 설치했다.

통치자가 교만하고 사치스러우면 통제를 강화한다

당초 대농이 염철관을 관장하여 일을 널리 분산하면서, 수형水衡을 두어 그들에게 염철의 일을 주관하게 하고자 했다. 그러나 양가의 고민령이 시행되어 상림원의 재물이 가득 차자 곧 수형으로 하여금 상림원을 관장하게 했다. 상림원이 이미 가득 찼으므로 더욱 확장되었다. 이때에 남월이 한나라와 배를 이용하여 전쟁을 하려 하자 곤명지昆明池를 대대적으로 수리하여 건물을 지어 곤명지를 둘렀다. 누선樓船을 만들었으니 그 높이는 10여 장이나 되었고, 그 위에 깃발을 꽂으니 매우 웅장했다. 이에 천자는 감동하여 즉시 백량대柏梁臺를 만들었는데 높이가 수십 장이었다. 궁실의 건축은 이로부터 나날이 화려해졌다.

그러고는 민전을 각 관청에 분배했으며 수형, 소부, 대농, 태복太仆에 각각 농관農官을 설치했고 가끔 군현의 각지에서 최근 몰수한 토지로 자

─────────

45 이 말은 함곡관을 동쪽으로 이동했다는 의미인데 본래 함곡관이 동북쪽 깊은 골짜기의 험준한 곳에 있어서 그렇게 한 것이다. 이때가 원정 3년으로 옛 관과는 300리 정도 차이가 난다.
46 좌보는 좌풍익左馮翊이고 우보는 우부풍右扶風으로 모두 태초 원년기원전 104년에 설치되었다.

주 가서 경작하게 했다. 몰수한 노비를 각 원苑상림원 외에 변두리 군에 있는 여섯 개의 원을 말함에 나누어 주어 개, 말, 금수 등을 기르게 했고, 각 관청에 나누어 주기까지 했다. 각 관청이 나날이 잡다하게 많이 설치되고 관원의 숫자도 늘고 노비들도 많아지자 하수 하류에서 배로 운반한 400만 석 이외에, 관청에서 스스로 양식을 사들여야만 겨우 충당할 수 있게 되었다. 소충所忠무제의 측근 신하이 천자에게 아뢰었다.

"권세 있는 가문의 자제나 돈 있는 사람 중에서 닭싸움을 하거나 개나 말을 달리게 하고, 어떤 이들은 수렵과 도박을 하면서 백성들을 어지럽히고 있습니다."

그러고는 법을 어긴 자들을 모두 조사했는데 서로 연루된 자가 수천 명이나 되었으니, 〔이를〕 '주송도株送徒'라고 명명했다. 〔이런 자들도〕 재물을 〔조정에〕 들여보내면 낭관에 임용될 수 있었기 때문에 낭관 선발 제도는 쇠퇴하게 되었다.

이때에 산동 지역은 하수의 재난을 당한 데다가 수확도 여러 해 동안 좋지 못하여 사람들 가운데 어떤 경우에는 서로 잡아먹는 일이 사방 1000~2000리까지 미쳤다. 천자가 이를 불쌍히 여겨 조서를 내려 말했다.

강남 지역은 화경火耕밭에 불을 놓아 태우고 그것을 비료로 삼아 모를 심는 것과 수누水耨다시 잡초가 생기면 뽑아 없애고 다시 물을 대고 농사를 짓는 법를 하는 곳이므로 굶주린 자들로 하여금 강수와 회수 지역으로 옮겨 식량을 얻게 하고 머물기를 원하는 자는 그곳에 머물게 하라.

천자는 사자를 파견했는데 수레 덮개가 이어질 정도였으며, 〔사자는〕

굶주린 자들을 보호했으며, 파巴·촉蜀 지역의 곡식을 내려보내어 이들을 구제했다.

그 이듬해원정 4년, 기원전 113년 천자는 처음으로 군국을 순행했다. 동쪽으로는 하수를 건너 하동군에 이르렀는데, [하동 태수는] 판단을 제대로 하지 못하여 자살했다.[47] 서쪽의 농산隴山을 넘자 농서 태수는 [천자의] 행렬이 갑자기 왔으므로 천자의 수행 관원들을 먹이지 못하여 자살했다. 이에 황상은 북쪽으로 소관蕭關을 넘었는데 따르는 자들이 수만 기騎가 되었고 신진중에서 사냥을 하고, 변방 군대를 사열하고 돌아왔다. 신진중에는 간혹 1000리를 가도 정亭·요徼가 없는 곳도 있어, 이에 북지 태수北地太守와 아래 관원들을 주살했다. 또 백성들로 하여금 변경의 현에서 목축하도록 허락했으며, [백성들이] 관청에서 어미 말을 빌리면 3년 뒤에 돌려주도록 하고 그 이자[48]는 10분의 1을 내도록 했다. 아울러 고민령을 풀어 주고 신진중을 건실하게 했다.

보정寶鼎을 얻고 나서는 후토사后土祠와 태일사太一祠를 세웠다. 공경들이 봉선의 일을 논의하자, 천하의 각 군국에서는 모두 미리 길을 닦고 교량을 정비하고 옛 궁궐을 고치고 치도馳道[49]와 인접한 현에서는 물자를 추스르고 연회석을 마련하고서 천자의 행차를 바랐다.

그 이듬해원봉 5년, 기원전 112년 남월이 모반하고 서강西羌이 변방을 쳐

---

47 천자가 예고 없이 순시하였으므로 행렬이 오는 것을 미처 제대로 파악하지 못했다는 의미다.
48 어미 말이 새끼를 낳으면 망아지 한 마리를 바치는 방식이다.
49 진시황 때 건설한 일종의 군사 전용 도로로서 넓디넓은 도로라는 뜻이며, 지면보다 높게 닦은 도로인데 전국의 각 요충지에 도달할 수 있었으며 오늘날에도 풀 한 포기 자라지 않은 형태로 남아 있다.

들어와 만행을 저질렀다. 이에 천자는 산동 지구의 수확이 풍족하지 않다고 여겨 천하의 죄수들을 사면하고, 남쪽의 누선졸樓船卒일종의 수군 20여만 명을 거느리고 남월을 쳤고, 삼하三河하동河東, 하내河內, 하남河南 세 군을 말함 서쪽의 기병 수만 명을 징발하여 서강을 쳤다. 또한 수만 명을 파견하여 하수를 건너게 하고 영거성令居城을 쌓게 했다. 당초에 장액군張掖郡, 주천군酒泉郡을 설치하고 상군上郡, 삭방朔方, 서하西河, 하서河西에서는 개전관開田官둔전을 주관하는 전관과 척새졸斥塞卒변방의 요새를 개척하는 병사 60만 명이 변방을 지키면서 농사를 짓게 했다. 국가에서는 도로를 고치고 식량을 공급했는데 멀리는 3000리, 가까이는 1000여 리로 모두 대농이 공급해 주기를 기대하였다. 변방의 병기가 부족하면 무고武庫병기 담당 관리나 공관工官무기 제조 담당 관리들이 병기를 꺼내 보급했다. 전쟁용 수레와 기마용 말이 부족했으나 조정 재정이 부족하여 말을 사기 어렵게 되니, 이에 명을 내려 봉군 이하 300석급 이상의 관리들에게서 그 지위에 따라 어미 말을 갹출하여 천하의 정亭에서 키우게 하고는, 정에서는 어미 말을 키워 내면 해마다 이자를 매겼다.

제왕의 재상 복식은 글을 올려 말했다.

"신이 듣건대 '군주에게 근심이 있으면 신하는 욕을 당한다.'라고 합니다. 남월이 모반했으니 신은 원하건대 저희 부자가 배에 익숙한 자들을 데리고 가서 죽기를 각오하고 싸우고자 합니다."

천자가 조서를 내려 말했다.

복식은 비록 몸소 농사짓고 가축을 길렀으나 이익만을 위하지 않았고, 남는 것이 생기면 종종 조정의 비용에 보탬을 주었다. 지금 천하에 불행하게도 다급한 일이 생기자, 복식은 분연히 부자가 함께 죽음을 무릅쓰고 싸우려고 한다. 비록 전쟁에 나가지는 않았어도 그 의로움이 겉으로 드러났다고 할 수 있다. 〔복식에게〕 관내후의 작위와 황금 60근과 밭 10경을 내려 주도록 하라.

천하에 포고령을 내렸으나 천하 사람들은 아무도 호응하지 않았다. 열후는 100명을 헤아렸으나 모두들 아무도 종군하여 서강과 남월을 공격하려 하지 않았다. 〔종묘에〕 주금을 바치게 되어 소부에서 〔제후가 낸 주금을〕 조사했는데 열후 중에는 주금의 문제에 연루되어 지위를 잃은 자가 100여 명이나 되었다. 이에 복식을 제수하여 어사대부로 삼았다.

복식은 자리에 오르고 나서 군국 가운데에서 대부분 정부가 염철을 독점적으로 제조하는 것을 불편하게 여기는 경우가 많다는 것을 알았다. 〔관에서 만든〕 철기는 조악하고, 값도 비쌌으며 어떤 경우에는 억지로 백성들에게 사게 한다는 점을 알게 되었기 때문이다. 그리고 배에 산세算稅를 매기자 상인도 적어졌고, 물가도 오르게 되었다. 이에 공근을 통하여 배에 산세를 매기는 문제를 말했다. 이 때문에 황제는 복식을 탐탁지 않게 생각하게 되었다.

한나라는 3년 동안 군대를 연달아 동원하여 강족을 주살하고 남월을 멸망시킨 후 번우番禺 지역 서쪽에서 촉蜀의 남부에 이르는 곳에 처음으로 군郡 열일곱 개를 두었다. 또 그 지역 본래의 습속에 따라 다스렸으며 세금을 부과하지도 않았다. 남양南陽과 한중漢中 이남의 군들은 저마다 지역에 새로운 군의 관리 및 병사 들에게 녹봉과 식량, 화폐와 물자를 공급하고, 수레와 말과 거마용 부속 기구도 주었다. 그러나 새로운 군들이 때때로 자그마한 반란을 일으켜 관리들을 죽이기도 하자, 한나라에서는 남쪽의 관병을 동원하여 그들은 토벌했는데 동원된 관병의 수가 해를 걸러 1만여 명이나 되었으며, 그 경비는 모두 대농의 공급에 의지했다. 대농은 통일된 균수법으로 소금과 철의 공급을 조절하여 조세의 수입을 보조하고 군대의 경비를 충족했다. 그러나 군대가 통과하는 현에서는 물자 공급이 부족하지 않도록 해야지, 천부법擅賦法정부 규정에 따른 정상적인 조세 징수을 내세우는 것은 감히 의논할 수 없었다.

그 이듬해 복식은 좌천되어 태자태부太子太傅가 되었다. 그런데 상홍양은 치속도위治粟都尉가 되어 대농까지 겸직하면서 공근을 모두 대신하여 천하의 염철 일을 완전히 관장했다. 상홍양은, 모든 관청에서 나름대로 스스로 사고팔면서 서로 경쟁을 했으므로 물가가 이 때문에 뛰어오르고 천하에서 조세를 운송하는데 어떤 경우는 그 운송비에도 충당할 수 없었으니, 이에 대농부승大農部丞 수십 명을 배치하여 부서를 나누어 업무를 주관하게 하고 각자 곳곳의 현에 균수관均輸官과 염철관鹽鐵官을 두도록 했다. 또한 먼 곳의 지방관으로 하여금 각자 물가가 비쌀 때 상인들이 전매하는 값에 맞추어 세금을 매기고 균수관이 일괄적으로 매매함으로써 서로 교류시켜야 한다고 했다. 경사에는 평준관平準官을 두어 천하 각지에서 위탁해 오는 물품들을 받아들이고 공관工官을 불러 수레와 모든 기물을 제조하게 하는데 모든 비용은 대농에 의존하여 공급하라고 했다. 대농의 여러 관원은 천하의 화물을 모두 장악하여 비쌀 때에는 그것들을 팔고 쌀 때에는 그것을 사들이도록 하며, 이와 같이 하면 돈 많은 상인과 큰 장사치들은 큰 이익을 취할 수 있는 방법이 없어져서 근본농업으로 돌아가게 되어 모든 물건은 〔그 가격이〕 뛰어오르지 않을 것이라고 했다. 그러므로 이런 방법으로 천하의 물가를 억제하는 것을 이름을 하여 '평준平準'이라 할 수 있다고 했다. 천자는 그 제안이 옳다고 여겨 그렇게 하도록 했다. 이에 천자는 북쪽으로는 삭방에 이르고, 동쪽으로 태산에 이르렀으며, 바닷가를 순행하고, 아울러 북쪽 변경을 따라 돌아왔다. 〔천자는〕 지나가는 곳마다 상을 내려 비단 100여만 필을 사용하고, 금전은 억만을 헤아렸지만 모두 대농에서 그 공급을 충당한 것이다.

상홍양은 또한 관리들로 하여금 양식을 바치면 벼슬을 주고, 죄인이 재물로 속죄할 수 있게 했다. 백성들 중에 감천甘泉에 곡식을 헌납한 자는 각기 그 차등을 두어 종신토록 요역을 면제하고 고민령을 적용하지 않았다. 다른 군도 긴급한 곳에는 제각각 양식을 보내 주었고, 여러 농관은 각기 곡식을 조정으로 올려 보내니 산동에서 운반해 오는 곡식이 1년에 600만 석에 이르렀다. 1년 안에 태창과 감천창이 가득 찼다. 변방에 남아도는 곡식과 여러 물자들을 파니 균수관에 비단 500만 필의 이익이 생겼다. 백성들이 세금을 더 내지 않아도 천하國家의 비용이 풍요로웠다. 이에 상홍양은 좌서장左庶長의 작위를 하사받았고, 황금을 두 번에 걸쳐 100근씩 받았다. 이해 작은 가뭄이 있어 황상은 관리로 하여금 기우제를 지내게 했다. 복식이 진언하여 말했다.

"조정은 조세만으로 입을 것과 먹는 것을 충당해야 할 뿐인데, 지금 상홍양은 관리들로 하여금 시장에 늘어선 점포에 앉게 하고는 물건을 팔아 이익을 찾고 있습니다. 상홍양을 삶아 죽인다면 하늘이 비를 내릴 것입니다."

태사공은 말한다.

농업, 공업, 상업이 서로 교류하는 길이 통하게 되자, 구각龜殼, 패각貝

殼, 전錢농기구 모양의 화폐, 도폐刀幣농기구 모양의 돈, 포폐布幣주걱 모양의 돈와 같은 것이 나타나게 되었다. 그 유래된 바는 아주 오래되었으니, 고신씨 이전은 너무 오래되어서 기록할 수 없다고 한다. 그러므로 『상서』에서 말하는 당우 시대와 『시경』에서 서술하는 은주 시대는 〔천하가〕 평안하고 학교 교육을 중시하여 근본농업을 앞세우고 끝상공업은 내치며 예의에 의거하여 이익을 추구하는 것을 막았다. 그러나 일의 변고가 많아지면 이와는 정반대로 되었다. 이 때문에 사물이 극성하면 쇠락하고 시대도 극점에 이르면 전환하니, 한 번은 질박한 시대, 한 번은 화려한 시대가 번갈아 나타나 처음부터 끝까지 변화하는 것이다. 「우공」에 따르면 구주는 각기 그 토지에 적합하게 심은 작물들을 백성들의 많고 적음에 따라 공물을 바쳤다고 한다. 은나라 탕왕과 주나라 무왕은 앞 시대의 폐단을 이어받아 변혁했으며 백성으로 하여금 게으름을 피우지 않도록 하고 저마다 전전긍긍하면서 나라를 다스렸으나 점차적으로 쇠미해졌다. 제齊나라 환공은 관중管仲의 계책을 써서 물가를 안정시켰으며[50] 산업염철업을 경영하여 제후들의 조회를 받고 작디작은 제나라를 가지고 패주의 명성을 드러냈다. 위魏나라는 이극을 등용하여 지력地力농업 생산을 다 이용하고 강력한 군주가 되었다. 이때부터 천하는 다투어 전쟁만 일삼는 데

---

50 관중의 저작 『관자管子』에 집약되어 있는 사상이다. 이 책에는 정치, 경제, 군사, 교육 등 여러 문제뿐 아니라 사상적 측면에서, 법가, 도가, 유가, 묵가, 음양 오행가, 병가, 잡가 등 고대 사상의 유형이 대부분 언급되어 있다. 이 중에서 법가의 주장에 따라 군권君權 확립을 위해 법에 근거한 상벌 집행을 투명하게 하고, 정해진 한도 내에서 민생 문제에도 소홀히 하지 않았다는 점이 돋보인다. 우리에게 널리 알려진 관중의 유명한 "의식이 족해야 예절을 안다."라는 말은 이런 맥락에서 중요한 의미를 지닌다.

이르렀으니 거짓과 무력을 귀하게 여기고 인의를 하찮게 여기며, 부유함을 앞세우고 겸손을 뒤로 밀어냈다. 그러므로 백성들 가운데 부유한 사람들 중에는 어떤 이는 억만금을 쌓아 두었으며, 가난한 사람들 중에는 어떤 이는 술지게미나 겨도 배부르게 먹지 못했다. 나라가 강성하게 되면 약소한 나라를 집어삼켜서 제후들을 신하로 만들고 약한 나라는 간혹 제사도 끊어지고 후세가 끊기기도 했다. 진나라에 이르러서는 드디어 천하를 아우르게 되었다. 우하 시대에는 금속 화폐로 금을 세 등급으로 나누었으니, 어떤 것은 황黃, 어떤 것은 백白, 어떤 것은 적赤이었다. 또한 어떤 것은 전錢, 어떤 것은 포布, 어떤 것은 도刀, 어떤 것은 구각과 패각이었다. 진나라에 이르러 전국의 화폐를 나누어 두 등급으로 했는데 금은 일一을 단위로 하여 상폐上幣라 했고, 동전은 반량半兩이라고 표시하고 그 무게가 반량이었기에 하폐下幣라 했다. 주옥珠玉, 귀각과 패각, 은석銀錫과 같은 종류는 기물이나 장식품 및 진귀한 보물로 감추어 둘 뿐이지, 화폐로는 사용하지 않았다. 그러나 각기 때에 따라 경중輕重[51]이 일정치 않았다. 이에 밖으로는 오랑캐를 물리치고 안으로는 각종 공사를 일으켰으므로 천하의 남자들이 경작에 힘써도 식량이 부족하고 여자들이 베를 짜도 의복이 부족했다. 옛날에는 천하를 다 빼앗아 그들의 황상에게 바쳤으나 오히려 황상 스스로는 이것이 부족하다고 여겼던 것이다. 이것은 다른 이유가 아니라고 할 수 있으며, 사물의 발전의 흐름이 서로 부딪쳐 그렇게 만든 것인데 어찌 괴이하다고 할 만하겠는가.

---

51 한대의 경제 용어인데, 국가의 공권력을 통해 물자의 수요와 공급 및 가격을 조절하는 것을 말한다.

부록
○
보임 소경서
報任少卿書

「보임안서報任安書」라고도 하는 이 글은 임 소경任少卿, 즉 임안任安[1]에게 보내는 답장의 서신이다. 그 집필 시기와 연대 등에 관한 이설이 분분하지만, 대체적으로 한 무제 정화 2년기원전 91년 임안이 여庚 태자의 반란 음모 사건에 연루되어 요참형을 판결받고 특옥되어 형 집행 날[2]이 얼마 남지 않은 시기에 쓴 것으로 본다. 이 글은 『사기』에 실린 글이 아니고 『한서』 「사마천전」에 실린 것이다. 편지의 처음을 보면 임안의 충고에 대한 대답을 하는 듯하지만, 시종 자신의 고뇌를 일방적으로 서술하고 있는 독특한 형식의 글이다.

임안은 한 무제에게 그 충성을 인정받아 순탄한 관직 생활을 하고 있었는데, 어느 날 그가 낮은 벼슬아치에게 사소한 일로 매질을 하면서 비극이 시작되었다. 매질당한 자

---

1   사마천은 「전숙 열전田叔列傳」에서 전숙과 그의 아들 전인田仁, 그리고 임안의 일을 서술하고 있는데, 이들이 곤궁한 처지에서 일어나 태자의 난에 연루된 상황까지 비교적 소상하게 다루었다. 사마천은 저소손의 말을 인용하여 "임안은 형양 사람으로 어려서 부모를 여의어 가난하고 고달프게 살았다. 그는 남의 수레를 끌고 장안에 갔다가 그곳에 그대로 눌러앉아 하찮은 벼슬아치라도 되려고 했지만 기회가 없었다."라고 적었다.

2   한 무제에게 충성을 인정받던 그는 무제에게 교활하고 두 마음을 품은 자라고 내쳐져 결국 하옥된 후 사형에 처해진다. 그가 언제 죽었는지에 대해서는 설이 분분하지만, 전인이 사형에 처해진 7월 어느 날과 태자가 자결한 8월 신해일 사이가 될 것으로 반고는 분석하고 있다.

가 무제에게 상소하여 임안이 태자의 모반을 도왔다고 고발한 것이다. 임안은 투옥되기 직전인 기원전 93년에는 상당한 영향력을 발휘할 정도로 무제의 신임을 얻었던 익주益州 자사刺史였으나 결국 죽임을 당했다. 그러나 정치적 상황은 불분명한 것이 많은데 왕국유王國維의 지적처럼 이 편지가 기원전 93년에 쓴 것이라고 본다면 과연 어떤 경위로 이 위험천만한 편지가 임안에게 전달되었고 후세에 이렇게 온전한 형태로 보전될 수 있었는지 의문이 생긴다.

사마천은 이 글에서 이릉李陵의 화禍, 즉 궁형을 당한 구구절절한 마음을 편지로 썼는데 자신이 당한 억울한 처지와 임안이 당한 처지가 비슷하다는 일종의 동병상련의 의식이 자리잡고 있었던 셈이다. 이 글은 다섯 단락으로 구분되어 있는데, 자신이 궁형을 당하게 된 마음을 울분에 차 서술하고 있으며, 충정으로 나라에 보답하려고 하나 뜻대로 되지 않는 감정을 밝히고 이릉을 변호하다가 궁형을 당하게 된 사건의 시말과 이릉에 대한 인물평을 적었다. 그리고 자신이 궁형이란 치욕[3]을 받고 구차하게 살아가는데 많은 어려움이 있다는 점을 호소하면서 자신이 『사기』를 지은 목적과 이유를 명쾌하게 밝히고 자신이 살아가는 존재의 이유에 대해 다시 한 번 말하고 있다.

문장의 짜임새는 일목요연하며 사마천 자신의 심정이 절절히 배어 있어 감동을 준다. 이 편은 「태사공 자서」와 더불어 사마천의 거의 모든 것을 알 수 있는 명문장이다.

---

3 이 편지를 통해 사마천은 무려 열아홉 번에 걸쳐 '욕辱', 즉 치욕이란 단어를 사용하였다. 극도의 슬픔을 이런 반복적인 단어의 사용을 통해 극대화하면서 그가 느낀 고통의 처절함을 독자들에게 확실하게 전달하고 있는 것이다.

선비는 자신을 알아주는 사람을 위해 일하는 법

태사공太史公[4] 우마주牛馬走소나 말처럼 다른 사람을 위해 달려가는 존재라는 뜻의 스스로를 낮추는 말로 주로 편지의 앞에 씀 사마천은 소경少卿 족하에게 재배하고 다음과 같은 글을 올립니다.

지난번 저에게 편지를 보내시어 저로 하여금 삼가 교우 관계를 원만히 하고 어진 사람과 선비들을 추천하는 데에 힘쓰라고 하셨습니다. 그 말씀하시는 뜻이 대단히 간절했으나, 아마도 제가 당신의 가르침을 받아들이지 않고 속된 사람들의 말에 휩쓸린 것 같다고 하시는데 저는 절대로 이와 같이 하지 않았습니다. 저는 비록 재주가 어리석지만 또한 일찍이 장자長者덕이 있는 사람의 유풍이 무엇인지 곁에서 들은 적이 있습니다. 그러나 저 스스로 생각하기에 몸은 망가지고 더러운 곳에 처해지고 남의 비난을 받았으나 도리어 책망받고, 이익을 주려고 했으나 도리어 손해를 끼쳤고, 이로 인하여 홀로 우울하고 수심에 찼으니 누구와 함께 이야기할 수 있겠습니까?

속담에 "누구를 위해 그것을 하는가, 누구에게 들으라고 하는가?"라고 했습니다. 종자기種子期가 죽자 백아伯牙는 죽을 때까지 다시는 거문고를 타지 않았으니 무엇 때문이겠습니까? 선비는 자신을 알아주는 사

---

4 상나라 말기와 서주 시대에는 태사료太史寮의 장관이었고, 서주와 춘추 시대에는 사서 편찬과 천문과 역법과 제사 등을 관장했다. 진한 시대에는 그 지위가 낮아졌다.

람을 위하여 행동하고 여자는 자기를 좋아하는 사람을 위하여 단장하는 법입니다.

그러나 저와 같은 사람은 몸이 이미 망가졌으니, 비록 수후隨侯와 화씨華氏의 구슬과 같은 보물을 가지고 있고, 행동은 허유許由, 백이伯夷와 같이 곧고 깨끗함을 가지고 있다 하더라도, 끝내 영예를 얻지 못할 것이며, 도리어 남의 비웃음을 사고 스스로 욕을 당할 뿐입니다.

서신에 대해서는 마땅히 답을 올려야 했지만 때마침 황상한 무제을 따라 동쪽으로 다녀왔고[5] 또 자질구레한 일에 쫓겼습니다. 만나 뵌 지가 얼마 되지 않았지만 〔그때는〕 너무 다급하여 잠시만이라도 제 뜻을 다 아릴 수 있는 시간이 없었습니다. 지금 소경께서는 불측不測의 죄불경죄를 안고 〔투옥되어〕 계시는데 한 달이 지나 〔형을 집행하는〕 12월[6]이 얼마 남지 않았습니다. 저는 또 최근에 황상을 따라 옹雍[7]으로 가게 되는데 갑자기 〔당신께서〕 죽게 될까 두렵습니다. 저는 분노를 주변 사람에게 알려 줄 수도 없게 되었는데, 영원히 가는 것은 혼백이고 사사로운 원한은 끝이 없으니, 청컨대 저의 고루한 생각을 대략이나마 말씀드리고자 합니다. 오랫동안 답장 올리지 못한 것을 꾸짖지 않으신다면 다행으로 여기

---

5 사마천은 임안의 편지를 받고 나서 곧바로 무제를 수행하여 기원전 92년 5월에 장안에 도착했다. 이해 7월에 대사면이 있었는데, 임안은 이해 10월에서 11월 사이에 투옥된 것으로 추정되며 사마천은 11월에 이 편지를 보내 자신의 이야기를 하고 있다.

6 계동季冬을 번역한 것인데, 계동이란 겨울의 마지막 달로 음양가의 설에 의거하면 형을 집행하는 때이다. 특히 사형에 해당되는 죄를 지으면 대체로 겨울이 가기 전에 형을 집행하는 것이 일반적이었다.

7 장안의 서북쪽에 있었는데 이곳에서 희생의 제가 행해진다.

겠습니다.

나 같은 사람이 무슨 말을 하겠는가

제가 듣건대 자신을 수양하는 것은 지혜의 상징이며, 베풀기를 좋아하는 것은 어짊의 실마리이며, 주고받는 것은 의리의 표현이라 했습니다. 치욕이란 용기의 결단이며, 이름을 세우는 것은 행동의 목적인 것입니다. 선비는 이 다섯 가지가 있어야만 그런 연후에 세상에 의탁할 수 있으며 군자의 대열에 낄 수 있습니다. 따라서 이익을 탐내는 것보다 더 참혹한 화禍는 없으며 마음을 상하게 하는 것보다 더 고통스러운 슬픔은 없고, 선영先塋조상을 욕되게 하는 것보다 더 추악한 행동은 없으며 궁형宮刑을 당하는 것보다 더 큰 치욕은 없습니다.

궁형을 받은 사람은 헤아릴 수 없고 한 세대에만 있었던 게 아니라 오래전부터 있었습니다. 옛날 위衛나라 영공靈公이 환관인 옹거雍渠와 수레를 함께 탔기 때문에 공자는 〔그곳을 떠나〕 진陳나라로 갔습니다. 상앙이 경감景監의 주선을 받아 군주를 알현하자 조량趙良이 한심하게 여겼습니다.[8] 조담趙談이 군주의 수레를 함께 타자[9] 원사袁絲의 얼굴색이 변했으니, 옛날부터 이런 것들을 치욕스럽게 여겼습니다. 대개 중등의 재주를 가진 사람은 환관과 관련이 되면 지기志氣를 상하지 않음이 없었는데 하물며 강개한 선비는 어떻겠습니까? 지금처럼 조정에 비록 사람이 없다고 해서 저같이 궁형을 받고 살아남은 자더러 천하의 호걸을 추천하라는 것입니까?

저는 선친이 물려주신 사업태사령을 말함에 의지하여 천자의 수레 아래에서 벼슬하면서 죄를 받기를 기다린 지[10] 20여 년이 되었습니다. 따라서 스스로 생각하건대 위로는 충성을 바치고 믿음을 다하며 기이한 계책과 재능의 명예를 세우고서도 현명한 군주를 모시지 못했으며, 버린 것을 주워 담고 없어진 것을 보충하여 어진 사람을 추천하고 재능 있는 사람을 나아가게 하여 동굴에 숨은 선비를 [조정에] 드러나게 하지도 못했습니다. 밖으로는 또 전쟁에 참가하여 성城을 공격하고 들에서 싸워 적장의 목을 베거나 적군의 기旗를 빼앗는 공도 세우지 못했으며 아래로는 오랫동안 공로를 쌓아서 높은 지위와 후한 봉록을 얻어 종족과 우인友人들에게 영광과 은총을 가져다준 적도 없습니다. 저는 네 가지 중에서 하

---

8 상앙이 자신과 백리해 중에서 누가 더 뛰어나냐고 물어보자 조량은 "저 오고대부는 형荊초楚 땅의 보잘것없는 사람이었습니다. 그는 진나라 목공이 현명하다는 소문을 듣고 만나 보고 싶었지만 찾아갈 여비가 없자 자신을 진나라로 가는 식객에게 팔아 남루한 홑옷을 입고 소를 치며 따라갔습니다. 그로부터 1년이 지나서야 목공은 그를 알아보고 소의 여물이나 먹이던 미천한 그를 천거하여 백성의 윗자리에 두었는데, 진나라에서는 [이 일에] 감히 원망하는 자가 아무도 없었습니다."「상군 열전商君列傳」라고 하면서 백리해는 정녕 지혜를 얻은 자임을 분명히 말했다. 이에 비해 상앙에 대해서는 "당신은 당시 총애받고 있던 신하 경감의 소개를 통해 진나라 왕을 만났습니다. 이것은 명예로운 행위라고 할 수 없습니다. 진나라 재상이 되어서는 백성들의 이익을 중요한 일로 삼지 않고 큰 궁궐을 세웠으니 그것은 공적이라 할 수 없습니다."「상군 열전」라고 비꼰 것을 차용한 것이다.

9 한나라 문제와 함께 마차를 탄 것을 말한다. 여기서 조담은 이름이 사마천의 아버지인 사마담의 이름談과 같았으므로 사마천은 그 이름을 쓰지 않았다.

10 죄 받기를 기다린다는 것은 상투적으로 하는 겸허의 말로, 이는 무능하여 형벌을 받을 만하다는 의미이지만 사마천이 받은 궁형과는 별 상관 없는 말이다.

나도 성취하지 못했는데[11] 구차하게 용납되기를 구했지 길고 짧은 효험을 세운 바도 없었으니 이와 같은 것만을 보여 주었습니다.

　이전에 저는 일찍이 하대부下大夫의 대열에 끼여 외정外廷외조外朝에서 말단의 의석을 차지했습니다. 당시 올바른 기강을 이끌어 내지도 깊은 생각을 다하지도 못하고, 지금 이미 망가진 몸으로 청소나 하는 천한 노복이 되어 비천하고 낮은 오두막 집 속에 있으면서 여전히 머리를 들고 눈썹을 펴서[12] 옳고 그름을 논한다면 조정을 가벼이 여기고 동시대의 선비를 수치스럽게 하는 것이 아니겠습니까? 아아, 저 같은 사람이 또 무슨 말을 하겠습니까!

속된 사람들에게는 일일이 설명해서는 안 된다

　또한 사건의 본말은 쉽게 드러나는 것이 아닙니다. 저는 어려서 어떤 것에도 얽매이지 않는 재주에 자부심을 가졌지만 자라서는 고향 마을에서 어떤 칭찬도 들은 바가 없습니다. 그러나 다행스럽게도 주상께서 선친의 연고로 저의 얕은 재주나마 받아들여 궁궐을 드나들 수 있게 해

11　사마천이 언급한 네 가지 공적 중에 그 어느 것도 얻지 못했다는 것으로 그의 겸허한 태도를 드러낸다.

12　'앙수신미仰首申眉'를 번역한 것으로 주변의 상황을 아랑곳하지 않고 달려드는 모습을 비유한다.

주셨습니다. 제가 생각하기에 화분을 머리에 인 사람이 어떻게 하늘을 바라볼 수 있겠습니까? 따라서 빈객賓客과의 사귐을 끊고 집안의 일도 돌보지 않고 밤낮으로 못난 재능과 능력을 다하여 한마음으로 저의 직무에 힘씀으로써 주상의 눈에 들고자 노력했습니다만 일은 곧 옳지 않은 방향으로 크게 잘못되었던 것이지요.

저는 이릉李陵과 함께 문하시중門下侍中으로 있었으나,[13] 평소 서로 잘 아는 사이는 아니었습니다. 취향이 달라 함께 일찍이 술을 마신 적도 없고 마음을 담은 사귐의 즐거움을 이어 가지도 않았습니다. 그러나 제가 그의 사람됨을 보니 스스로 빼어난 선비 됨을 지켜 감을 알 수 있었습니다. 어버이를 모시는 것은 효성스럽고 선비들과 사귐에 믿음이 있으며 재물에 이르러서는 청렴하고 주고받음에 있어서는 의리가 있고 분별력이 있고 겸손하고 공손하고 검약하여 다른 사람보다 아래에 있었으며 늘 분발하고 제 몸을 돌보지 않고 나라의 다급함에 목숨을 바치려고 했습니다. 그가 평소에 쌓아 둔 바는, 제가 생각하기에 한나라의 선비의 풍모를 가지고 있다는 것입니다.

다른 사람의 신하 된 자로서 만 번 죽는다 해도 자신의 목숨을 한 번도 돌아보지 않고 나라의 위급함을 위해 달려가는 것, 이것이 매우 뛰어난 것입니다. 지금 큰일을 하다가 한 번 마땅치 않다고 해서, 제 몸을 온전히 하고 처자를 보호하려는 신하들이 뒤이어 그 단점을 지어 내어 해를 끼치고 있으니 저는 진실로 마음으로 비통해하는 것입니다.

---

13 당시 이릉은 조정의 시종侍從으로 임명되었다.

또한 이릉은 보병步兵 5000명이 채 되지 않은 무리를 지휘하여[14] 오랑캐 땅에 깊숙이 들어가 왕정王庭을 걸어 다녔으며 마치 호랑이 입에 미끼를 들이대며 강성한 오랑캐에게 종횡으로 휘집고 억만의 군사를 맞이하여 싸운 것입니다. 선우單于와 연이어 싸워 10여 일 만에 죽인 자가 절반을 넘었습니다. 오랑캐는 죽거나 다친 자들을 구조하지도 못하고[15] 갖옷을 입은 군장君長들은 모두 전율하고 공포에 질려 즉시 주변의 현왕賢王을 소집하고, 활을 잘 쏘는 사람을 모두 동원하여 온 나라가 함께 공격하여 이릉을 에워쌌던 것입니다. (이릉은) 1000리 길을 전전하면서 싸웠으나 화살은 다하고 길은 막다른 곳에 이르렀는데 (구원하는) 병력은 오지 않고 병졸들은 죽거나 다친 자들이 쌓였습니다. 그러나 이릉이 한 번 외쳐 위로하면 군사들은 (몸을) 일으키지 않는 자가 없었으며 저마다

---

14 이릉이 출전하여 패배하기까지의 구체적인 상황에 대해 사마천은 「이 장군 열전李將軍列傳」에서 이렇게 말한다. "이릉은 장성하자 건장감建章監이 되어 여러 기병을 감독했다. 그는 활을 잘 쏘고 병사들을 아꼈다. 천자는 이씨 집안이 대대로 장군을 지낸 것을 생각하여 이릉에게 기병 800명을 이끌도록 했다. (이릉은) 일찍이 흉노 땅 안으로 2000여 리나 깊숙이 들어가 거연현居延縣을 지나 지형을 살폈지만 오랑캐를 보지도 못하고 돌아왔다. …… 이릉에게 궁사와 보병 5000명을 이끌고 거연 북쪽에서 1000여 리나 나가도록 하여, 흉노 군대를 둘로 나누어 적병이 이사장군에게만 모이지 않도록 하려고 했다. 이릉이 기일이 되어 돌아오려는데 선우가 군사 8만 명으로 이릉의 군대를 에워싸고 공격해 왔다. 이릉의 군사 5000명은 무기와 화살이 이미 다 떨어지고 싸우다 죽은 자도 절반을 넘었다. 그러나 죽인 흉노 병사도 1만여 명이나 되었다. 이릉은 한편으로는 물러나고 한편으로는 싸워 가며 8일 동안 싸움을 계속했다. 거연에서 100여 리쯤 떨어진 곳에 이르렀을 때 흉노는 좁은 길을 막아 끊었다. 이릉의 군대는 양식이 떨어진 데다가 구원병도 오지 않았다. 오랑캐는 거세게 공격하며 이릉에게 항복을 권하였다. 이릉이 이렇게 말했다. '폐하께 보고할 면목이 없다.' 그는 마침내 흉노에게 항복했다."
15 당시 흉노의 습속에 의하면 전쟁터에서 죽은 사람의 시신을 거두어 오면 죽은 자의 재산을 요구할 수 있었다.

몸소 눈물을 흘리며 피로 얼굴을 씻고 울음을 삼키며 다시 맨주먹을 쥐고 흰 칼날을 무릅쓰며 북쪽을 향해 죽음으로 적과 맞서 싸웠습니다.

이릉이 아직 함락되지 않았을 때, 사자가 와서 보고하자 한나라의 공경과 왕후들은 모두 잔을 들어 〔황제의〕 장수를 기원했습니다. 며칠 뒤에 이릉이 패배했다는 소문이 전해지면서 주상께서는 입에 맞는 음식을 먹지도 않고 조회를 들으면서도 달갑게 여기지 않았습니다. 대신들은 근심하고 두려워하여 어떻게 표출해야 할지 알지 못했습니다. 저는 스스로 저의 낮고 천함을 헤아리지 않은 채 주상의 크나큰 슬픔과 번뇌를 보고는 저의 어리석은 충성을 다하고자 했던 것입니다.

〔제가〕 생각해 보건대 이릉은 평소에 부하들과 기꺼이 어려움도 함께하고 사소한 것도 나누어 가져 병사들은 사력을 다했으니 비록 옛날의 이름난 장수라도 그를 넘어설 수 없을 것입니다. 자신은 비록 패배에 빠졌으나 그 뜻을 보면 적당한 기회를 얻어 한나라에 보답하고자 했던 것입니다. 일은 이미 어쩔 수 없게 되었지만 그가 무찌르고 패배시킨 공적은 또한 천하에 드러내기에 충분합니다. 저는 이런 생각을 말씀드리고자 했으나 길이 없었는데 때마침 주상께서 하문하셨기에 즉시 이런 뜻으로써 이릉의 공적을 말하여 주상의 뜻을 넓히고 다른 신하들의 〔비방의〕 말을 막으려 했던 것입니다.[16]

---

16 사실 이러한 사마천의 평가는 사마천이 「이 장군 열전」의 말미에 "선우는 이릉을 잡은 뒤, 평소에 그의 집안 명성을 들은 데다 싸움에 임해서도 용감했으므로 자기 딸을 이릉에게 아내로 주고 귀하게 대우했다. 한나라에서는 이 소식을 듣고 이릉의 어머니와 처자식을 몰살했다. 이 뒤부터 이씨 일가의 명성이 실추되어 농서군의 선비는 모두 이씨 문하에 있었던 것을 부끄럽게 여겼다."라고 한 부분과 대비를 이룬다. 당시 사마천도 인정한 것처럼 이릉의 처신은 한 무제의 노여

〔그런데 제 생각을〕다 밝힐 수 없었는데 현명한 황상께서는 이해하지도 않으시고 제가 이사장군貳師將軍[17]을 비방하고 이릉을 위해 유세한다고 생각하시게 되어 결국 옥리에게 넘겨졌습니다. 그리고 충성스러운 마음은 결국 스스로 진술되지도 않았습니다. 그러고는 〔주상을〕기만했다는 죄[18]로 결국 하급 관리의 재판에서 굴복하지 않으면 안 되었습니다. 〔저는〕집이 가난하여 스스로 속죄할 만큼의 재물도 없었고[19] 사귀던 벗 중에서 아무도 나를 구하려 하지 않았으며, 주변의 친한 이들 중에서도 한마디 말도 거들어 주지 않았습니다. 제 몸은 목석木石이 아니지만, 홀로 법리法吏법정의 벼슬아치와 마주하고 깊고 그윽한 곳에 갇혀 있으니 누구에게 하소연할 수 있었겠습니까? 이것은 정녕 소경께서도 몸소 겪으신 것인데, 저의 처지가 어찌 그렇지 않겠습니까? 이릉은 이미 살아서 투항함으로써 그 가문의 명성을 무너뜨렸고 저 또한 거세되어 잠실蠶室에 던져져 거듭하여 천하의 비웃음거리가 되었습니다. 슬픕니다! 슬픕니다! 일이란 속된 사람들에게 일일이 거론하여 말하기가 쉬운 것이 아닙니다!

움을 사기에 충분했던 것이었으니 말이다.

17 이광리李廣利를 말하는데 그가 대완의 수도 이사貳師로 향하는 원정군을 지휘하여 큰 성공을 거둔 데서 붙여진 이름이다. 당시 그는 무제가 총애하던 이 부인과 남매지간이었으므로 그를 비판한다는 것은 위험천만한 일이었다.

18 그 죄는 보통 극형에 처할 수 있는 것이었는데 사마천이 사형 대신에 궁형에 처해질 수 있었던 것은 한 무제가 사마천의 재능을 높이 샀기 때문이다.

19 한 무제는 형벌을 받은 자에게 거액을 받고 처벌을 면하게 하는 제도를 시행했다. 그러다 보니 가난한 자들은 형벌을 면할 수 없었고 부유한 자들만 벗어날 수 있게 되어 그의 정책 중 가장 비판받는 시책 중 하나가 되었다.

치욕 속에서 대작이 탄생하다

저의 선친은 할부割符나 단서丹書[20]를 받는 공적도 없었으며, 문사文史와 성력星曆천문과 역법에 관한 일을 하여 점쟁이나 무당에 가까웠으며, 진실로 주상께서 희롱한 바가 있으며 배우의 부류로 기르셨고 속세의 사람들이 경멸하던 바였습니다. 가령 제가 법에 굴복하여 주살된다고 하더라도 아홉 마리 소 가운데서 터럭 한 개가 없어지는 것과 같으니 땅강아지나 개미와 (제가) 무슨 차이가 있겠습니까? 그리고 또 세상에서는 제가 죽는다 해도 절개 때문에 죽을 수 있는 자와는 비슷하게 생각하지 않을 것이며, 단지 저의 지혜가 다하고 죄는 끝이 없어 스스로 피할 수 없게 되어 결국 죽었다고 여길 것이니 어찌하겠습니까? 평소에 제가 수립해 놓은 것이 그렇게 여기게 만드는 것입니다.

사람이란 진실로 한 번 죽지만 어떤 경우에는 태산보다 무겁고 어떤 경우에는 기러기 깃털보다 가벼우니 그것을 다루는 방향이 다른 까닭입니다. 가장 좋은 것은 선조를 욕되게 하지 않는 것이고, 그다음은 자신을 욕되게 하지 않는 것이며, 그다음은 (자신의) 도리와 얼굴을 욕되게 하지 않는 것이고, 그다음은 자신의 언사와 교령敎令을 욕되게 하지 않는 것입니다. 그다음은 몸이 구속되어 욕을 당하는 것이고, 그다음은 죄수의 옷을 입고 치욕을 당하는 것이고, 그다음은 손발이 묶이고 매질당

---

20 할부와 단서는 공적을 세운 신하에게 땅을 주고 특권을 부여할 때 황제가 내리는 것이다.

하고 치욕을 받는 것이며, 그다음은 머리카락을 잘리고 쇠고랑을 차고 치욕을 받는 것이며, 그다음은 몸이 망가지고 손발이 잘려 치욕을 당하는 것이고, 가장 아래가 부형腐刑궁형이니 극형인 것입니다. 전하여 말하기를 "형벌은 상대부上大夫[21]에게는 해당되지 않는다."[22]라고 했으니, 이 말은 선비는 절개를 위해 힘쓰지 않을 수 없다는 뜻입니다.

사나운 호랑이가 깊은 산중에 있으면 온갖 짐승들이 두려움에 떨지만, 함정에 빠지게 되면 꼬리를 흔들어 음식을 구걸하니 이는 점차 위세에 눌렸기 때문인 것입니다. 그러므로 선비란 땅에다 금을 긋고 감옥이라고 한다고 해서 그 형세로 보면 들어갈 수 없으며, 나무를 깎아 형리刑吏로 대신해도 (이런저런) 논의를 하면서 대꾸할 수 없는 것입니다. 그러므로 (형벌을 받기 전에) 미리 결단을 내려야 하는 것입니다. 손발을 교차시키고 널빤지나 새끼줄에 묶이고 살갗을 드러내고 매질당하며 감옥에 갇혔을 때 옥리를 보면 머리를 땅에 찧고, 감옥의 병졸을 보아도 전전긍긍하여 숨을 헐떡일 지경이 됩니다. 무엇 때문이겠습니까? 이는 형세가 위세에 눌려서 그렇게 된 것입니다. 이런 지극한 경지에 이르고도 치욕을 당하지 않았다고 말한다면 음흉한 것이니 사람들이 어찌 그를 귀하게 대접하겠습니까?

서백西伯은 백작伯爵이었지만 유리羑里라는 곳에 갇히게 되었고[23] 이

---

21 한나라 대부는 상중하 세 등급이 있었는데, 태사령은 600석의 하대부였다.

22 조정의 관리는 도덕적 자질을 갖추고 있기에 자신이 죄를 범하면 그 죄를 스스로 인정하여 목숨을 끊을 수 있는 양심을 가진 사람이라는 의미이다.

23 은나라 주왕이 서백 문왕을 가둔 것을 말한다. 사마천이 형벌을 당한 인물군 가운데 성인을 거론한 것은 그의 대담한 역사 기술 방식을 짐작게 한다. 이는 사마천의 사상이 유가에서 벗어난

사李斯는 재상이었지만 다섯 가지 형벌에 다 처해졌습니다. 회음淮陰한신을 말함은 왕이었으나 진陳나라에 묶이게 되었고,[24] 팽월彭越과 장오張敖는 남쪽을 향하고 왕 노릇까지 했으나 감옥에 갇혀 죄를 받았습니다.[25] 강후絳侯는 여씨呂氏들을 무찔러 권세가 오패五霸를 넘어설 정도였으나 죄를 다루는 방에 갇히게 되었고,[26] 위기후魏其侯는 대장大將의 신분으로 붉은 죄수복을 입고 목과 손발에는 쇠고랑을 찼습니다.[27] 계포季布는 주가朱家 때문에 목에 칼 쓴 노예가 되었고,[28] 관부灌夫는 거실居室에서 치욕을 당했습니다.[29] 이들은 모두 왕이나 제후 및 장군이나 재상의 지위

황로 사상이었기 때문에 가능하다.

24 한신은 모반 혐의를 받아 진 땅에 있는 고조를 찾아갔다가 도리어 체포되자 토사구팽兎死狗烹이란 유명한 말을 남겼으니 "정말 사람들의 말에 '날랜 토끼가 죽으면 훌륭한 사냥개를 삶아 죽이고, 높이 나는 새가 모두 없어지면 좋은 활은 치워 버린다. 적을 깨뜨리고 나면 지모 있는 신하는 죽게 된다.'라고 하더니, 천하가 이미 평정되었으니 내가 삶겨 죽는 것은 당연하구나!"「회음후 열전淮陰侯列傳」라고 했다. 하지만 토사구팽이란 말을 한신보다 먼저 사용한 자는 다름 아닌 범려范蠡인데 범려는 문종文種과 함께 구천句踐을 도와 오왕 부차夫差에게 설욕하게 한 일등 공신이다. 그가 월나라를 떠나면서 문종에게 보낸 편지에서 한 말이다. 「월왕 구천 세가越王句踐世家」에 자세히 나온다.

25 팽월은 거야택에서 도둑질이나 일삼다가 나중에 주변의 무리들에게 추대되고 단호한 결단력에 힘입어 결국 고조에 의해 양나라 왕으로 옹립되었으나 나중에 박탈당하고 투옥까지 당했다. 장오는 아버지를 뒤이어 조나라 왕까지 되었으나 모반에 연루되어 투옥되었다.

26 주발은 쿠데타를 일으켜 여씨 일가로부터 권력을 쟁취했으나 다시 나중에 모반죄로 투옥되었다.

27 두영은 칠국의 난 때 장군이 되어 공을 세웠으나 훗날 조정의 분쟁에 연루되어 처형되었다.

28 계포는 항우와 함께 고조에 대항해서 싸웠는데 고조가 나라를 세우자 형벌을 피하려고 숨어 살았다. 그러고는 항우를 꾸짖을 만큼 기개가 있던 주가의 노예가 되어 자신의 신분을 숨겼다.

29 두영의 신하인 관부는 많은 재산을 거머쥐고 권세도 누렸지만 결국 주인과 함께 다툼에 휘말려 사형에 처해졌다.

에 오르고 이름은 이웃 나라에도 알려졌지만 죄를 지어 판결을 받았을 때 자결하여 스스로 결단하지 못했습니다. 티끌이나 진흙 속에 처해지는 것은 예나 지금이나 매한가지인데 어찌 치욕을 당하지 않을 수 있겠습니까?

이런 점에서 말한다면 용기와 비겁은 형세에 의한 것이고, 강인함과 나약함도 상황에 의한 것임을 살펴볼 수 있으니 어찌 괴이하다고 할 수 있겠습니까? 무릇 사람이란 법을 어겨 처벌되기 이전에 일찌감치 혼자 결단하지 못하고 계속 꾸물거리다가 매질을 당하는데 이런 지경에 이르러서야 절개를 지키려 해도 이 또한 요원한 것 아니겠습니까! 옛사람들이 대부들에게는 형벌을 쉽게 내리지 못한 것은 아마도 이 때문인 듯합니다.

무릇 사람의 정서란 어떻게 해서든 살려고 하고 죽기를 싫어하며 부모를 생각하고 처자를 돌보는 것입니다. 그러나 의리義理에 감정이 격해지면 그렇게 되지 않으니 이는 어찌할 수 없기 때문입니다. 지금 저는 불행히도 부모님을 일찍 잃었고 가까운 형제도 없으며 홀몸으로 고독하게 살아왔습니다. 소경께서 저를 보시기에 처자에 대해 어떻다고 생각하십니까?[30] 또 용기 있는 자라고 반드시 절개를 위해 죽는 것도 아니며 비겁한 사내라도 의로움을 사모하면 어떤 문제도 힘쓸 수 있습니다. 제가 비록 비겁하고 나약하며 구차히 살고자 하는 마음이 있으나 물러가고 나아감을 구분할 수 있습니다. 어찌 스스로 몸이 속박되는 치욕 속으로 밀어

---

30 사마천의 이 말은 자신이 자살을 택하지 않은 것이 가족 때문이 아니라는 점을 분명히 암시한 것이다. 그에게는 단지 딸이 하나 있으며 부인에 대한 확인된 사실은 없다.

넣겠습니까?

또한 천한 노복이나 하녀조차도 자결할 수 있는 법인데, 하물며 저와 같은 사람이 어째서 자결하지 못했던 것이겠습니까? 고통을 견디면서 더러운 치욕 속에 구차하게 살면서도 마다하지 않는 이유는 제 마음을 다 드러내지 못한 것이 있어 비겁하게 세상에서 없어지게 될 경우에 문채文彩가 후세에 드러나지 않을 것을 한스럽게 여기기 때문입니다.

옛날에도 잘살고 신분이 귀했지만 이름이 닳아 없어져 버린 사람은 이루 다 기록할 수가 없으며 오직 평범하지 않은 사람만이 거론될 뿐입니다.[31] 대체로 문왕文王은 갇힌 몸이 되어 『주역』을 풀이했고 중니仲尼공자는 [진陳나라와 채나라에서] 고난을 당하여 『춘추』를 지었습니다. 굴원屈原은 쫓겨나는 신세가 되어 『이소』를 지었으며, 좌구左丘좌구명左丘明는 실명하여 그의 『국어』가 남겨졌습니다. 손자孫子는 발이 잘리고 나서 『손자병법』을 지었고, 여불위呂不韋는 촉蜀나라로 좌천되어 세상에 『여람呂覽여씨춘추』을 전하게 되었습니다. 한비韓非는 진秦에 갇혀 「세난說難」과 「고분孤憤」 두 편을 지었으며, 『시경』의 300편은 대체로 현인과 성현이 발분하여 지은 것입니다. 이런 사람들은 모두 마음속에 울분이 맺혀 있는데 그것을 발산시킬 도리가 없었기 때문에 지나간 일을 서술하여 앞으로 다가올 일을 생각한 것입니다. 좌구는 눈이 없고 손자는 발이 잘려 결국 세상에서 쓸모가 없게 되었지만, 물러나 서책書冊을 논하여 그들의 울분을 펼치고 문장을 세상에 전해 주어 스스로를 드러냈습니다.

---

31 이하 내용은 사마천의 「태사공 자서」에도 등장한다.

제가 곰곰이 생각해 보니 겸손하지 못하게도 가까이로는 무능한 문사에 스스로를 맡기려고 했는데, 천하에 내팽개쳐진 옛 구문을 두루 수집하여 그 행해진 일을 개략적으로 고찰하고 그 처음과 끝을 종합하고 그 성패와 흥망의 벼리를 깊이 고찰하여 위로는 헌원을 계상하고 아래로는 이 한 무제에 이르기까지 10표表를 만들고 본기本紀 12편, 서書 8편, 세가世家 30편, 열전列傳 70편, 모두 130편을 저술했습니다. 또한 하늘과 인간의 관계를 탐구하고 고금의 변화에 통달하여 일가一家의 말을 이루고자 했습니다.[32] 초고가 다 완성되기 전에 이런 화를 당했으니, 이 일이 완성되지 못할 것을 애석하게 생각했으므로 극형을 당하고도 부끄러워할 줄 몰랐던 것입니다. 저는 진실로 이 책을 저술하여 그것을 명산名山에 감추어 두었다가[33] 〔제 뜻을 알아줄〕 사람에게 전하여 성읍과 큰 도시에 유통되게 한다면, 제가 이전에 받은 치욕에 대한 질책을 보상받을 수 있을 것이니, 비록 만 번 도륙을 당한다 해도 어찌 후회할 수 있겠습니까? 그러나 이것은 지혜로운 사람에게 말할 수 있지, 속인에게는 하기 어려운 법입니다.

---

32 이 말은 사마천이 자신의 책에 대해 확고한 의미를 부여한 것이다.

33 이 말은 "정본正本은 명산名山에 깊이 간직하고 부본副本은 수도에 두어 후세 성인군자들의 열람을 기다린다."「태사공 자서」라는 문장과 거의 유사한 말로서 사마천은 자신의 책이 쉽게 읽힐 수 없음을 알았던 것이다.

치욕을 생각하면 하루에도 아홉 번 창자가 끊어진다

또한 낮은 무리 속에 사는 것은 쉽지 않고 하층 사람들은 비방의 말들이 많습니다만, 제가 말을 잘못하여 이런 화를 만나 향리에서 거듭하여 비웃음거리가 되었고 돌아가신 아버지를 욕되게 했으니 무슨 면목으로 다시 부모님의 무덤에 오를 수 있겠습니까? 비록 백세百世백대百代가 지나더라도 더러운 치욕은 더욱 심해질 것입니다. 하루에도 창자가 아홉 번씩 끊어지는 듯하고 집 안에 있으면 갑자기 망연자실하고 집을 나서면 어디로 가야 할지를 알지 못합니다. 매번 이 치욕을 생각할 때마다 땀이 등줄기를 흘러 옷을 적시지 않는 적이 없습니다.[34] 저 자신은 줄곧 궁정의 신하인 몸으로 어찌 스스로 깊은 바위 동굴 속에 숨어 살 수 있겠습니까? 그러므로 또한 세속을 좇아 부침하고 시대와 더불어 부앙하며 미친 듯 미혹되어 살아가고 있습니다.

지금 소경께서는 저더러 어진 선비라고 [자신을] 밀어 주라고 충고하시지만, 아마도 그와 같은 일은 저의 뜻과는 어긋나는 게 아니겠습니까? 지금 비록 아름다운 문사로 스스로를 꾸민다고 한들 세속에는 아무런 유익함도 없을 것이고 [다른 사람들의] 믿음을 얻지도 못하고 단지 욕이나 얻기에 맞을 것입니다. 죽을 날을 기다리고 나서 옳고 그름은 정해지

---

34 사마천은 이 상황을 「태사공 자서」에서 이렇게 기록했다. "태사공(사마천을 말함)은 이릉의 화를 입고 감옥에 갇히고 말았다. 그는 한숨을 쉬고 탄식하며 말했다. '이것이 내 죄인가? 이것이 내 죄인가? 몸이 망가져 쓸모없게 되었구나.'"

는 법입니다. 글로써 제 뜻을 다할 수는 없으나 저의 고루한 생각을 대략 말씀드렸습니다. 삼가 두 번 절하는 바입니다.

:「참고 문헌」:

司馬遷, 『史記』(北京: 北京中華書局 標點本, 1959 초판, 2013 수정판).

韓兆琦, 『史記箋證』(全10冊)(南昌: 江西人民出版社, 2009).

張大可, 『史記硏究』(北京: 商務印書館, 2011).

_____, 『史記選評』(上海: 上海古籍, 2010).

_____, 『史記十五講』(北京: 北京圖書館, 2010).

_____, 『司馬遷評傳』(北京: 華文出版社, 2005).

_____, 『史記文獻硏究』(北京: 民族出版社, 2001).

_____, 『史記新注』(北京: 華文出版社, 2000).

瀧川資言, 『史記會注考證』(北京: 北岳文藝出版社, 1998).

徐日輝, 『史記八書與中國文化硏究』(西安: 人民敎育出版社, 1998).

薑樹, 「試論司馬遷關於農工商虞的整體構想: 讀『平准書』和『貨殖列傳』」, 《齊齊哈爾社會科學》(1991年 3期).

曲潁生, 「史記八書存之眞僞疏辨」, 《大陸雜誌》(1954年 12期).

鄧夢琴, 「讀史記樂書後」, 『國朝文錄』卷23(年終南山館刊本, 1851).

苓仲勉, 「"堯典"中的四仲星和"史記·天官書"的東官蒼龍是怎樣錯排的」, 《中山大學學報》(1957年 1期).

劉逢祿, 「天官書經星補考附占經所引甘氏歲星經」, 『劉禮部集』卷8(1892).

劉朝陽, 「史記·天官書之硏究」, 《中山大學語言歷史學硏究週刊》(1929年 73~74期).

劉澤根,「史記·平准書大觀及若干經濟史實」,《陝西財經學院學報》(1985年 1期).

李鏡池,「封禪書著作問題」,《中山大學文史學研究所月刊》(1934年 5期).

李慈銘,『史記箚記』2卷(北平圖書館藏本, 1931).

馬其昶,「讀封禪書」,《民彝雜誌》(1928年 5期).

馬持盈,『史記今註』(臺北: 臺灣商務印書館, 1979).

萬國鼎,『中國歷史紀年表』(北京: 中華書局, 2004).

徐朔方,『史漢論稿』(上海: 江蘇古籍出版社, 1984).

宋紋演,「史記·天官書略論」,《人文雜誌》(1985年 5期).

施之勉,「史記八書存之眞僞疏辨」,《大陸雜誌》(1970年 7期).

安平秋,『史記通論』(北京: 華文出版社, 2005).

楊樹增,『史記藝術研究』(北京: 學苑出版社, 2004).

楊燕起,『史記集評』(北京: 華文出版社, 2005).

_____,『史記全譯』(貴陽: 貴州人民出版社, 2001).

_____,『『史記』的學術成就』(北京: 北京師範大學出版社, 1996).

閻崇東,『史記史學研究』(北京: 華文出版社, 2005).

阮芝生,「史記·河渠書析論」,《國立臺灣大學歷史學系學報》(1980年 15期).

王利器 主編,『史記注譯』(北京: 三秦出版社, 1988).

王明信,『司馬遷思想研究』(北京: 華文出版社, 2005).

王培華,『史記讀本』(北京: 北京師範大學出版社, 2001).

汪錫鵬,「史記·封禪書發微」,《江西師大學報》(1990年 4期).

王杏東,「史記·律書的樂律學」,《山東大學學報》(1967年 2期).

姚永槪,「讀封禪書」,『愼宜軒文集』卷2(1916).

姚奠中,「史記律·曆本爲一書說」,《文獻》(1988年 1期).

魏元曠, 『史記達旨』(『潛園類編』本, 1933).

子水, 「史記·曆書·曆術甲子篇의 讀法」, 《益世報讀書週刊》(1936年 68期).

張立楷, 「左轉"日南至"辨正 ― 兼談『史記·曆術甲子篇』冬至的推」, 《貴州敎育學院院報》(1989年 4期).

張新科, 『史記學槪論』(北京: 北京商務印書館, 2003).

程生田 外 編著, 『司馬遷的人才觀』(西安: 西北大學出版社, 1998).

丁一, 「讀書偶記『史記』的"律書』,『曆書』本爲一書」, 《山西師院報》(1957年 2期).

趙季, 「史記·樂書錯簡發覆擧隅」, 《文獻》(1986年 3期).

朱文鑫, 「史記·天官書恒星圖考』(北京: 中華書局, 排印本, 1927).

周嘯天 外, 『史記全本導讀辭典』(成都: 四川辭書出版社, 1997).

陳連慶, 「史記·平准書·貨殖列傳與『漢書』有關部分校對」, 『中國古代史硏究』(吉林: 吉林文史出版社, 1992).

陳萬鼎, 「史記曆書"曆太甲子篇"理論之硏究」, 《中山學術文化集刊》(1979年 24期).

陳三立, 「書史記·禮書·樂書後」, 『散原精舍文集』 卷5(北京: 中華書局, 1949).

陳之今, 「史記·天官書和歷史新注釋例」, 《自然學史硏究》(1987年 1期).

陳直, 『史記新證』 不分卷(天津: 天津人民出版社, 1979).

陳澧, 「書天官書後」, 『東塾集』 卷2(菊坡精舍刊本, 1882).

昌廣生, 「史記·律書釋文」, 《學海月刊》(1994年 1期).

沈湛鈞, 「書史記·封禪書後」, 『知非齋古文錄』(劉明琪排印本, 1905).

沈濤, 「史記·太初元年歲名辨」, 『十經齋文集』 卷2(1844).

湯金名, 「史記·天官書書後」, 『學海堂四集』 卷27(啓秀山莊刊本, 1886).

彭淸深, 「司馬遷經濟思想準則:『史記·平准書』『貨殖列傳』學習箚記」, 《靑海民族學院學報》(1992年 4期).

馮桂芳, 「讀史記·律書書後」, 『顯志堂稿』 卷12(校邠廬刊本, 1876).

馮廣宏, 「史記·河渠書中的"沫水"考」, 《四川師院學報》(1984年 1期).

吉田賢抗, 『史記4』(八書)(東京 明治書院 2005).

Burton Watson, *Records of the Historian*(New York: Columbia Univ. Press, 1969).

이성규 편역, 『사기』(서울: 서울대 출판부, 2007).

정범진 외 역, 『사기 표서·서』(서울: 까치, 1996).

박기수 외 역, 『사료로 읽는 중국 고대 사회경제사』(서울: 청어람미디어, 2005).

박일봉 역, 『사기 본기·표·서』(서울: 육문사, 2000).

김원중 역, 『사기 열전 1·2』(서울: 민음사, 2015).

_____, 『사기 본기』(서울: 민음사, 2015).

_____, 『사기 세가』(서울: 민음사, 2015).

_____, 『사기 표』(서울: 민음사, 2011).

_____, 『노자』(파주: 글항아리, 2013).

_____, 『논어』(파주: 글항아리, 2012).

_____, 『손자병법』(파주: 글항아리, 2011).

_____, 『한비자』(파주: 글항아리, 2011).

_____, 『정사 삼국지』(서울: 민음사, 2007).

찾아보기

옮긴이 김원중 金元中

성균관대학교 중문과에서 문학박사 학위를 받았다. 대만 중앙연구원과 중국 문철연구소 방문학자와 대만사범대학 국문연구소 방문교수, 건양대 중문과 교수를 지냈고, 현재 단국대학교 사범대학 한문교육과 교수 겸 단국대 부설 교과교육연구소장으로 재직하고 있으며, 한국학진흥사업위원장과 문화융성위원회 인문특위 위원, 한국중국문화학회 부회장을 맡고 있다.

동양의 고전을 우리 시대의 보편적 언어로 섬세히 복원하는 작업에 매진하여, 고전 한문의 응축미를 담아 내면서도 아름다운 우리말의 결을 살려 원전의 품격을 잃지 않는 번역으로 정평 나 있다. 《교수신문》이 선정한 최고의 번역서인 『사기 열전』을 비롯해 『사기 본기』, 『사기 표』, 『사기 서』, 『사기 세가』 등 개인으로서는 세계 최초로 『사기』 전체를 완역했으며, 그 외에도 『삼국유사』, 『논어』, 『명심보감』, 『손자병법』, 『한비자』, 『정관정요』, 『정사 삼국지』(전 4권), 『채근담』, 『당시』, 『송시』 등 20여 권의 고전을 번역해 냈다. 또한 『고사성어 역사문화사전』, 『한문 해석 사전』, 『중국 문화사』, 『중국 문학 이론의 세계』 등의 저서를 출간했고 40여 편의 논문을 발표했다. 2011년 환경재단 '2011 세상을 밝게 만든 사람들'(학계 부문)에 선정되었다.

사기 서

1판 1쇄 펴냄 2011년 9월 23일
1판 7쇄 펴냄 2014년 6월 18일
2판 1쇄 펴냄 2015년 11월 6일
2판 8쇄 펴냄 2020년 4월 27일

지은이 사마천 司馬遷
옮긴이 김원중
발행인 박근섭, 박상준
펴낸곳 (주)민음사
출판등록 1966. 5. 19 (제16-490호)
주소 서울특별시 강남구 도산대로1길 62(신사동) 강남출판문화센터 5층 (06027)
대표전화 02-515-2000
팩시밀리 02-515-2007
www.minumsa.com

ⓒ 김원중, 2011, 2015. Printed in Seoul, Korea

ISBN 978-89-374-2684-1 04910
ISBN 978-89-374-2595-0 (세트)

* 잘못 만들어진 책은 구입처에서 교환해 드립니다.

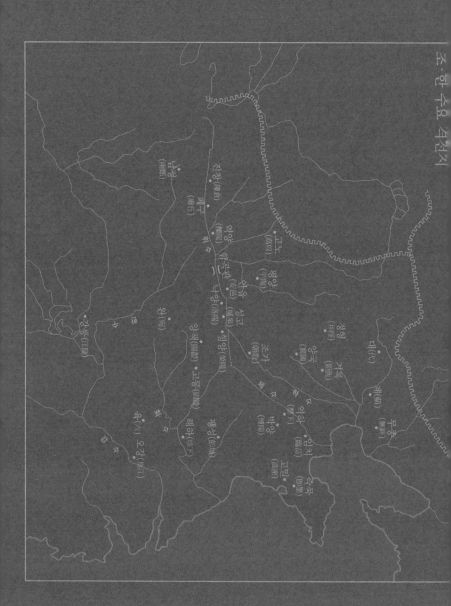